復刻版

末代皇帝自傳 上

愛新覺羅・溥儀 著

高陽 作序

末代皇帝自傳 上

〈目錄〉

代序　命中注定作傀儡的溥儀

高陽

在大陸拍攝的電影「末代皇帝」，創造了自有奧斯卡金像獎以來，最輝煌的業績。這部電影改編自溥儀的自傳「我的前半生」——自出生至爲蘇聯俘虜，移交中共，加以思想改造後「特赦」爲止，前後涵蓋了五十四年的歲月（一九〇六—一九五九）。

溥儀在中國歷史上創造了好幾項紀錄，細算一算，共有如下八項：

一、結束了中國四千餘年帝制之局，即所謂「末代皇帝」。

二、唯一曾做過三次皇帝的皇帝（包括丁巳復辟）。

三、唯一由於非征伐的原因而曾到過外國的皇帝。

四、唯一在亡國後還能居住深宮，保持朝廷體制的皇帝。

五、唯一能通外語的皇帝。

六、唯一能廣泛接觸到現代文明的皇帝。

七、唯一爲自己作傳的皇帝。

最後，由於「末代皇帝」這部電影之得獎，勢將造成極高的票房紀錄，因而他將是中國歷代皇帝中，最爲全世界所熟悉的一位。

溥儀的一生，充滿了離奇曲折的情節，但都是身不由己，無時無刻不是在做傀儡——太平洋戰爭期間，汪精衛訪問「滿洲國」，兩個傀儡相見，爲人製爲文虎的謎面，打西片名一，謎底是「木偶奇遇記」；因爲汪精衛曾行刺過溥儀的父親，攝政王載灃，殺父之仇，握手言歡，不能不謂之奇遇。

溥儀是命中注定要做傀儡的；這只要看他的命造就可以知道。他生於光緒三十二年正月十四日午時；八字是：

偏財	丙午	正財	火火
偏印	庚寅	食神	金木
日元	壬午	正財	水火
偏財	丙午	正財	火火

他是水命，而唯一的一點水源庚金，爲丙火所制，日元無根，只能棄命從財，一生

受人擺佈。我甚至認爲，他即令不是這樣一個八字，只要生下來是個男孩，就必然要當傀儡。

此話怎講？要從慈禧太后談起。光緒二十七年十月，慈禧在回鑾途中，撤銷了「大阿哥」的名號，自此開始，慈禧就必須考慮皇位的繼承問題，因爲光緒絕嗣，已可肯定；身體羸弱，將不永年，亦可預見，而慈禧則健康狀況一直很好，在她自己看，將會比光緒活得更長。易言之，她自信還有以太皇太后的身分，再度垂簾聽政之一日。

這樣，她就必須預先選定一個皇位繼承人。這個人應該是醇賢親王的孫子，因爲醇王是最忠於她的，而醇王福晉是她的胞妹，「便宜不落外方」，皇位爲甚麼不給胞妹的孫子？及至以榮祿之女「拴婚」給襲醇王的載灃後，等於已經預定好了載灃生子，必將入繼大統；因爲這也是「便宜不落外方」，榮祿是慈禧言聽計從的寵臣。當然最要緊的是，嗣君必能對她效忠；載灃之子出於這樣一種血統背景，在任何情況下都會對她絕對尊重。

因此可以說，溥儀是慈禧特意製造的一個傀儡。現在已有各種證據，得以證明光緒死於慢性謀殺，而此慢性謀殺，很可能始於溥儀出生以後。

溥儀之第二次做日本軍閥的傀儡，則黃郛應該負大部分責任。民國十三年十月第二次直奉戰爭，馮玉祥倒戈，導致奉軍大勝，曹錕被幽，吳佩孚一蹶不振；此事爲黃郛一手所策畫，稱之爲「首都革命」，自道爲平生得意傑作，但依我看，魯莽割裂，跟翁同龢一樣，都是「書生誤國」。

何以言之？第一、其時國父孫中山先生正在進行與張作霖、段祺瑞結成「三角聯盟」；馮玉祥亦表示信仰三民主義，擁護孫中山先生，既然如此，在發動首都革命以前，至少應該先通知廣州的革命政府，俾中山先生有北上參預大計的準備，而事先竟一無聯絡，結果便宜了段祺瑞，而段祺瑞基本上是願意承認列強所加諸中國的不平等條約，以及維持清室的地位的。

第二、便是不謀善後，只讓鹿鍾麟將溥儀趕出故宮了事。當時或許還看不出溥儀是潛在的禍水，但民國十六年以後，日本謀滿蒙日亟；尤其是在十七年二月黃郛擔任外交部長以後，應該對天津日本軍人及浪人與溥儀的交往，加以注意，而竟疏忽了。溥儀在出宮前夕，曾約晤胡適之先生，事後又致函適之先生，表示贊成「國家主義」，又盛道日本「不惜巨費，派人留學泰西，不數年歸國，改革一切政治，遂一躍而為大國」，嚮往之情，溢於言表。當時教育界人士，亦有主張送溥儀至歐洲者，如陳寅恪先生；此事在他人可以疏忽，黃郛不能，因為僅就他對溥儀個人而言，亦有道義上的責任，應有以善其後。

溥儀的「前半生」，可說是現代中國革命過程的反映；他的「後半生」，只是日暮崦嵫的餘年。有個筆名「秦雲」的前軍統人員，以約四萬字的篇幅，記述溥儀自「特赦」，以迄死於「文化大革命」的七年日子，題名「溥儀的後半生」，刊載於日本「中央公論」一九七一年四月號。

這篇文章純以旁觀者的立場來描寫，我覺得其價值並不比溥儀的自傳來得低；甚至有些地方還要超過。因爲人苦於不自知，溥儀性格上的缺點，他自己不知道，或雖知而諱言；尤其是因爲從小做皇帝而養成的特殊的生活習慣，在他認爲理所當然，更必須有個客觀的人指出來，才能活生生地顯出他的全人格。

一九八八年四月十二日

第一章 我的家世

一、醇賢親王的一生

西元一九〇六年，即清朝光緒三十二年的舊曆正月十四，我出生於北京的醇王府。我的祖父奕譞，是道光皇帝的第七子，初封郡王，後晉親王，死後謚法「賢」，所以後來稱做醇賢親王。

我的父親載灃，是祖父的第五子，因爲第一和第三、四子早殤，第二子載湉被姨母慈禧太后接進宮裏，當了皇帝（即光緒皇帝），所以祖父死後，由父親襲了王爵。

我是第二代醇王的長子。在我三歲那年的舊曆十月二十日，慈禧太后和光緒皇帝病篤，慈禧突然決定立我爲嗣皇帝，承繼同治（載淳，是慈禧親生子，載湉的堂兄弟），兼祧光緒。

在我入宮後的兩天內，光緒與慈禧相繼去世。十一月初九日，我便登極爲皇帝——清朝的第十代，也是最末一代的皇帝。年號宣統。不到三年，辛亥革命爆發，我退了位。

我的記憶是從退位時開始的。但是敘述我的前半生，如果先從我的祖父和我的老家醇王府說起，事情就會更清楚些。

醇王府，在北京曾佔據過三處地方。咸豐十年，十九歲的醇郡王奕譞奉旨與懿貴妃葉赫那拉氏的妹妹成婚，依例先行分府出宮，他受賜的府邸坐落在宣武門內的太平湖東岸，即現在中央音樂學院所在地。這就是第一座醇王府。

後來，載湉做了皇帝，根據雍正朝的成例，「皇帝發祥地」（又稱為「潛龍邸」）須升爲宮殿，或者空閒出來，或者仿雍王府（雍正皇帝即位前住的）升爲雍和宮的辦法，改成廟宇，供奉菩薩。爲了騰出這座「潛龍邸」，慈禧太后把什刹後海的一座貝子府❶賞給了祖父，撥出了十六萬兩銀子重加修繕。這是第二座醇王府，也就是被一些人慣稱爲「北府」的那個地方。

我做了皇帝之後，我父親做了監國攝政王，這比以前又加了一層搬家的理由，因此隆裕太后（光緒的皇后，慈禧太后和我祖母的侄女）決定給我父親建造一座全新的王府，這第三座府邸地址選定在西苑三海集靈囿紫光閣一帶。

正在大興土木之際，武昌起義掀起了革命風暴，於是醇王府的三修府邸、兩度「潛龍」、一朝攝政的家世，就隨著清朝的歷史一起告終了。

在清朝最後的最黑暗的年代裏，醇王一家給慈禧太后做了半世紀的忠僕。我的祖父更爲她效忠了一生。

我祖父爲道光皇帝的莊順皇貴妃烏雅氏所出，生於道光二十二年，死於光緒十六年。

翻開皇室家譜「玉牒」來看，醇賢親王奕譞在他哥哥咸豐帝在位的十一年間，除了他十歲時因咸豐登極而按例封為醇郡王之外，沒有得到過什麼「恩典」，可是在咸豐帝死後那半年間，也就是慈禧太后的尊號剛出現的那幾個月間，他忽然接二連三地得到了一大堆頭銜：正黃旗漢軍都統、正黃旗領侍衛內大臣、御前大臣、後扈大臣、管理善撲營事務、署理奉宸苑事務、管理正黃旗新舊營房事務、管理火槍營事務、管理神機營事務……。這一年，他只有二十一歲。

一個二十一歲的青年，能出這樣大的風頭，當然是由於妻子的姐姐當上了皇太后。但是事情也並非完全如此。我很小的時候曾聽說過這樣一個故事。

有一天王府裏演戲，演到「鍘美案」最後一場，年幼的六叔載洵看見陳士美被包龍圖鍘得鮮血淋漓，嚇得坐地大哭，我祖父立即聲色俱厲地當眾喝道：「太不像話！想我二十一歲時就親手拿過肅順，像你這樣，將來還能擔當起國家大事嗎？」

原來，拿肅順這件事才是他飛黃騰達的真正起點。

這事發生在一八六一年。第二次鴉片戰爭以屈辱的和議宣告結束，逃到熱河臥病不起的咸豐皇帝，臨終之前，召集了隨他逃亡的三個御前大臣和五個軍機大臣，立了六歲的兒子載淳為皇太子，並且任命這八位大臣為贊襄政務大臣。

第二天，咸豐帝「駕崩」，八位「顧命王大臣」按照遺命，扶載淳就位，定年號為「祺祥」，同時把朝政抓在手裏。

這八位顧命王大臣是怡親王載垣、鄭親王端華、協辦大學士戶部尚書肅順和軍機大臣景壽、穆蔭、匡源、杜翰、焦佑瀛，其中掌握實權的是兩位親王和一位協辦大學士，而肅順更是其中的主宰。

肅順在咸豐朝很受器重，據說他善於擢用「人才」，後來替清廷出力鎭壓太平天國革命的漢族大地主曾國藩、左宗棠之流，就是由他推薦提拔的。因爲他重用漢人，貴族們對他極其嫉恨。有人說他在太平軍聲勢最盛的時期，連納賄勒索也僅以旗人❷爲對象。又說他爲人凶狠殘暴，專權跋扈，對待異己手腕狠毒，以致結怨內外，種下禍根。

其實，肅順遭到殺身之禍，最根本的原因，是他這個集團與當時新形成的一派勢力水火不能相容，換句話說，是他們沒弄清楚在北京正和洋人拉上關係的恭親王，這時已經有了什麼力量。

恭親王奕訢❸，在咸豐朝本來不是個得意的人物。咸豐把奕訢丟在北京去辦議和，這件苦差事卻給奕訢造成了機運，奕訢代表清廷和英法聯軍辦了和議，接受了空前喪權辱國的北京條約，頗受到洋人的賞識。

這位得到洋人支持的「皇叔」，自然不甘居於肅順這班人之下，再加上素來嫉恨肅順的王公大臣的慫恿，恭親王於是躍躍欲試了。正在這時，忽然有人秘密地從熱河「離宮」帶來了兩位太后的懿旨。

這兩位太后一位是咸豐的皇后鈕祜錄氏，後來尊號叫慈安，又稱東太后，另一位就是慈禧，又稱西太后。

西太后原是一個宮女，由於懷孕，升爲貴妃，兒子載淳是咸豐的獨子，後來當了皇帝，母以子貴，她立時成了太后。不知是怎麼安排的，她剛當上太后，便有一個御史奏請兩太后垂簾聽政。這主意遭到肅順等人的狠狠駁斥，說是本朝根本無此前例。

這件事對沒有什麼野心的慈安太后說來，倒無所謂，在慈禧心裏卻結下了深仇。她首先讓慈安太后相信了那些顧命大臣心懷叵測，圖謀不軌，然後又獲得慈安的同意，秘密傳信給恭親王，召他來熱河離宮商議對策。

當時肅順等人爲了鞏固既得勢力，曾多方設法來防範北京的恭親王和離宮裏的太后。關於太后們如何避過肅順等人的耳目和恭親王取得聯繫的事，有種種不同的傳說。有人說太后的懿旨是由一個廚役秘密帶到北京的，又有人說是慈禧先把心腹太監安德海公開責打一頓，然後下令送他到北京內廷處理，懿旨就這樣叫安德海帶到了北京。總之，懿旨是到了恭親王手裏。

恭親王得信後，立即送來奏摺，請求覲見皇帝。肅順等人用「留守責任重大」的「上諭」堵他，沒能堵住。肅順又用叔嫂不通問的禮法，阻他和太后們會見，依然沒有成功。關於恭親王與太后的會見，後來有許多傳說，有的說是恭親王化妝成「薩滿」[4]進去的，有的說是恭親王直接將了肅順一軍，說既然叔嫂見面不妥，就請你在場監視好了，肅順一時臉上下不來，只好不再阻攔。

還有一個說法是恭親王祭拜咸豐靈位時，慈禧太后讓安德海送一碗麵賞給恭親王吃，碗底下藏著慈禧寫給奕訢的懿旨。總之，不管哪個傳說可靠，反正恭親王和太后們把一切都商議好了。結果是，太后們回到北京，封奕訢爲議政王，八個顧命王大臣全部被捕，兩個親王賜自盡，肅順砍了頭，其餘的充軍的充軍，監禁的監禁。載淳的年號也改爲「同治」，意思是兩太后一同治政。從此開始了西太后在同光兩代四十七年垂簾聽政的歷史。

我的祖父在這場政變中的功勳，是爲慈禧在半壁店捉拿了護送「梓宮」❺返京的肅順。我祖父於是獲得了前面所說的那一串頭銜。

此後，同治三年，奕譞又被賜以「加親王銜」的榮譽，同治十一年正式晉封爲親王。同治十三年，同治皇帝去世，光緒皇帝即位，他更被加封親王「世襲罔替」，意思是子孫世代承襲王爵，而不必按例降襲。在光緒朝，恭親王曾幾度失寵，但醇親王受到的恩典卻是有增無已，極盡人世之顯赫。

我在醇王府裏看見過祖父留下的不少親筆寫的格言家訓，有對聯，有條幅，掛在各個兒孫的房中。有一副對聯是：「福祿重重增福祿，恩光輩輩受恩光」。當時我覺得祖父似乎是心滿意足的。但我現在卻另有一種看法，甚至覺得前面說到的那個看戲訓子的舉動，祖父都是另有用意。

如果說二十一歲的醇郡王缺乏閱歷，那麼經歷了同治朝十三年的醇親王，就該有足夠的見識了。特別是關於同治帝后之死，醇親王身爲宗室親貴，是比外人知之尤詳，感之尤深的。

在野史和演義裏，同治是因得花柳病不治而死的，據我聽說，同治是死於天花（翁同龢的日記也有記載）。按理說天花並非必死之症，但同治在病中受到了刺激，因此發生「痘內陷」的病變，以致搶救無術而死。

據說經過是這樣：有一天同治的皇后去養心殿探病，在同治床前說起了婆婆又爲了什麼事責罵了她，失聲哭泣。同治勸她忍受著，說將來會有出頭的日子。慈禧本來就不喜歡這個兒媳，對兒子和媳婦早設下了監視的耳目。

這天她聽說皇后去探視同治，就親自來到養心殿東暖閣外，偷聽兒子和媳婦的談話。這對小夫妻萬沒料到幾句私房話竟闖下滔天大禍，只見慈禧怒氣沖沖地闖了進來，一把抓住皇后的頭髮，舉手痛打，並且叫內廷準備棍杖伺候。同治嚇得昏厥過去了，慈禧因此沒有對皇后用刑。

同治一死，慈禧把責任全部安到皇后的頭上，下令限制皇后的飲食。兩個月後，皇后也就被折磨死了。

皇后死後，慈禧的怒氣還不消，又革掉了皇后的父親崇綺的侍郎職位。第二年，有個多事的御史上了一個奏摺，說外邊傳說很多，有說皇后死於悲痛過度，有說死於絕粟，總之，節烈如此，應當表彰，賜以美謚云云。結果皇后的謚法沒有爭到，這位御史把自己的官也丟了。

在同治死前，慈禧同治母子不和，已是一件公開的秘密。我在故宮時就聽到老太監說過，同治給東太后請安，還留下說一會話，在自己親生母親那裏，簡直連一句話也說不出來。

同治親政時，慈禧在朝中的親信羽翼早已形成，東太后又一向不大問事，皇帝辦起事來如果不先問問西太后，根本行不通。這就是母子不和的真正原因。

慈禧是個權勢欲非常強烈的人，絕不願丟開到手的任何權力。對她說來，所謂三綱五常、祖宗法制只能用來適應自己，決不能讓它束縛自己。為了保持住自己的權威和尊嚴，什麼至親骨肉、外戚內臣，一律順我者昌，逆我者亡。

同治帝后之死，可以說是慈禧面目的進一步暴露。我祖父如果不是看得很清楚，他決不會一聽說叫兒子去當皇帝就嚇得魂不附體。參加了那次御前會議的翁同龢在日記裏寫過，當慈禧宣佈立載湉為嗣的話一出口，我祖父立即「碰頭痛哭，昏迷伏地，掖之不能起……」

按照祖制，皇帝無嗣就該從近支晚輩裏選立皇太子。載淳死後，自然要選一個溥字輩的，但是那樣一來，慈禧成了太皇太后，再去垂簾聽政就不成了。因此她不給兒子立嗣，卻把外甥載湉要去做兒子。

當時有個叫吳可讀的御史，以「屍諫」為同治爭嗣，也沒能使她改變主意。她只不過許了一個願，說新皇帝得了兒子，就過繼給同治。

有一位侍讀學士的後人，也是我家一位世交，給我轉述過那次御前會議情形時說，那天東太后沒在場，只有西太后一人，她對那些跪著的王公大臣們說：「我們姐兒倆已商議好了，挑個年歲大點兒的，我們姐兒倆也不願意。」連唯一能控制她一點的東太后也沒出來表示意見，別人自然明白，無論是「尸諫」還是痛哭昏迷，都是無用的了。

從那以後，在我祖父的經歷上，就出現了很有趣的記載。一方面是慈禧屢賜恩榮，一方面是祖父屢次的辭謝。光緒入宮的那年，他把一切官職都辭掉了。「親王世襲罔替」的恩典是力辭不准才接受的。

這以後幾年，他的唯一差使是照料皇帝讀書。他幹得兢兢業業，誠惶誠恐，於是慈禧又賞了他「親王雙俸」、「紫禁城內乘坐四人轎」。後來恭親王失寵，革掉了議政王大臣，慈禧太后又命軍機大臣們，今後凡有重大政務要先和醇親王商議，這等於給了他更高的職務。按例，男子結婚便算成年。光緒如果結了婚，太后理應歸政。這是慈禧極不情願的事，於是就在光緒婚前，由奕譞帶頭向太后叩請繼續「訓政」。

清朝創建新式海軍，奕譞接受了這個重任。海軍初步建成之後，他須代表太后去檢閱，偏要拉著一位太監同去，因爲這位李蓮英大總管是慈禧的心腹人。

慈禧賜他夫婦坐杏黃轎，他一次沒敢坐進去。這種誠惶誠恐的心理，不僅表現在他的一切言行之中，連家裏的陳設上也帶著痕跡。他命名自己住的正房爲「思謙堂」，命名書齋爲「退省齋」。書齋裏條几上擺著「欹器」[6]，刻著「滿招損，謙受益」的銘言。子女的房中，到處掛著格言家訓，裏面有這樣一段話：「財也大，產也大，後來子孫禍也大，若問此理是若何？子孫錢多膽也大，天樣大事都不怕，不喪身家不肯罷。」其實問題不在錢財，而是怕招災惹禍。

最有意思的是，他在光緒二年寫了一個奏摺，控告一個沒有具體對象的被告，說是將來可能有人由於他的身分，要援引明朝的某些例子，想給他加上什麼尊崇；如果有這樣的事，就該把倡議人視爲小人。他還要求把這奏摺存在宮裏，以便對付未來的那種小人。過了十幾年之後，果然發生了他預料到的事情。

光緒十五年，河道總督吳大澂上疏請尊崇皇帝本生父以稱號。慈禧見疏大怒，嚇得吳大澂忙借母喪爲由，在家裏待了三年沒敢出來。

毫無疑問，自從光緒入宮以後，我祖父對於他那位姻姊的性格一定有更多的了解。在光緒年間，她的脾氣更加喜怒無常。

有一個太監陪她下棋，說了一句「奴才殺老祖宗的這隻馬」，她立刻大怒道：「我殺你一家子！」就叫人把這太監拉了出去活活打死了。

慈禧很愛惜自己的頭髮，給她梳頭的某太監有一次在梳子上找到一根頭髮，不由得心裏發慌，想悄悄把這根頭髮藏起來，不料被慈禧從鏡子裏看到了，這太監因此挨了一頓板子。

伺候過慈禧的太監都說過，除了李蓮英之外，誰輪著在慈禧的跟前站班，誰就提心吊膽。慈禧年歲漸老，有了顏面肌抽搐的毛病，她最不願意人家看見。有個太監大概是多瞧了一眼，她立刻問：「你瞧什麼？」太監沒答上來，就挨了幾十大板。別的太監知道了，站班時老是不敢抬頭，她又火了：「你低頭幹什麼？」這太監無法回答，於是也挨了幾十大板。

還有一回，慈禧問一個太監天氣怎樣，這個鄉音未變的太監說：「今兒個天氣生冷生冷的。」慈禧對這個「生冷生冷」聽著不順耳，也叫人把這太監打了一頓。除了太監，宮女也常挨打。

奴僕挨打以至杖斃，在北京王府裏不算什麼稀奇事，也許這類事情並不足以刺激醇親王。如果這都不算，那麼光緒七年的關於東太后的暴卒，對醇親王來說，就不能是一件平常事了。

據說咸豐去世前就擔心懿貴妃將來母以子貴做了太后，會恃尊跋扈，那時皇后必不是她的對手，因此特意留下一道朱諭，授權皇后，可在必要時制裁她。生於侯門而毫無社會閱歷的慈安，有一次無意中把這件事向慈禧洩露出來。慈禧從此下盡功夫向慈安討好，慈安竟被她哄弄得終於當她的面前燒掉了咸豐的遺詔。過了不久，東太后就暴卒宮中。

有的說是吃了慈禧送去的點心，有的說喝了慈禧給慈安親手做的什麼湯。這件事對醇親王說來無疑地是個很大刺激，因爲後來的事實就是如此：他更加謹小慎微，兢兢業業，把取信、討好慈禧，看做是他唯一的本分。

他負責建設海軍的時候，李鴻章是會辦大臣，爲了讓太后有個玩的地方，便將很大一部分海軍經費挪出來修建了頤和園。這座頤和園修建工程最緊張的階段，正值直隸省和京師遭受特大水災，御史吳兆泰因爲怕激起災民鬧事，建議暫時停工，因此奪官，「交部議處」。而醇親王卻一言不發，鞠躬盡瘁地完成了修建任務。

一八九〇年頤和園完工，他也與世長辭了。四年後，他手創的所謂海軍慘敗於甲午之役。花了幾千萬兩白銀所建造的船隻，除了頤和園的那個石舫，大概沒有再剩下什麼了。

二、外祖父榮祿

醇賢親王有四位「福晉」[7]，生了七子三女。他去世時，遺下三子一女，最長的是第五子，即我的父親載灃，那年八歲，承襲了王爵。我的兩個叔父，五歲的載洵和三歲的載濤，同時晉封爲公爵。我家從此又開始蒙受著新的「恩光福祿」。

然而，醇王府這最後十幾年的恩光福祿，比過去的幾十年摻和著更多的中國人民的苦難與恥辱，也同樣的和慈禧這個名字不能分開。

一件大事是慈禧給我父親母親指婚。這次的「恩光」也可以說是戊戌政變和庚子事件的一件產物。首先，這是對於戊戌政變中給她立下大功的忠臣榮祿的恩典。我外祖父榮祿是瓜爾佳氏滿洲正白旗人，咸豐年間做過戶部銀庫員外郎，因為貪汙幾乎被肅順殺了頭。不知他用什麼方法擺脫了這次厄運，又花錢買得候補道員的銜。這種做法就是清末廣泛推行的「捐班」，是與「科舉」同樣合法的出身。

同治初年，我祖父建立神機營（使用火器的皇家軍隊），榮祿被派去當差，做過翼長和總兵，經過一番累遷，由大學士文祥推薦授工部侍郎，以後又做過總管內務府大臣，光緒初年，升到工部尚書。後來因為被告發貪汙受賄，革職降級調出北京。

甲午戰爭這年，恭親王出辦軍務，榮祿藉進京為慈禧太后祝壽的機會，鑽營到恭親王身邊，得到了恭親王的信賴。甲午戰後他推薦袁世凱練新軍時，已經當上了兵部尚書。他這時已遠比從前老練，善於看準關節，特別肯在總管太監李蓮英跟前花銀子，因此漸漸改變了慈禧太后對他的印象。

他回到北京的第二年，得到了一件覆查慈禧陵寢工程雨損的差使。這個工程先經一個大臣檢查過，報稱修繕費需銀三十萬。

據說這位大臣因為工程原由醇親王奕譞生前監工督辦，不便低估原工程的質量，所以損毀情形也報得不太嚴重。

但榮祿另是一個做法。他摸準了太后的心理，把損毀程度誇張了一番，修繕費報了一百五十萬兩。結果太后把那位大臣罵了一通，對已死的醇親王的忠心也發生了疑問，而對榮祿卻有了進一步的賞識。

榮祿有了李蓮英這個好朋友，加上他的妻子很會討好太后，常被召進宮去陪伴太后聊天，所以他對慈禧的心理越摸越熟。他知道慈禧光緒母子不和的內情，也深知這場不和對自己前途的關係，當然他更願意在這場內訌中給慈禧出主意。

在光緒皇帝發出變法維新的各種上諭時，那些被罷黜和擔心被擠掉位置的人只知哭哭啼啼，而他早已給慈禧安排好計策。

當時有人把皇帝太后身邊這兩派勢力稱爲帝黨和后黨。榮祿是當權派后黨的頭腦，翁同龢是沒有實權的帝黨的頭腦。

維新派之能夠和皇帝接觸上，是由於翁同龢對康有爲的推薦，慈禧按照事先安排好的計策，先強逼著光緒叫他的老師翁同龢退休回了家。

據說，翁同龢行前，榮祿還握著他的手揮淚問他：「您怎麼把皇帝給得罪了？」翁同龢離開北京不多天，榮祿就走馬上任，做了文淵閣大學士兼直隸總督和北洋大臣，位居首輔，統轄近畿三軍。

榮祿得到了這個職位後，本想接著用六部九卿聯名上疏的辦法，廢掉光緒，由太后恢復聽政，但因甲午戰敗之後，當權派受到各方指責，有人很怕這一舉動會引起民憤，不敢附議，只得作罷。

但是榮祿的願望終於在戊戌政變時乘機達到了。這件事的經過，據說是這樣：

先是榮祿定計要在太后和光緒在天津檢閱新軍時實行政變。光緒知道了這個消息，秘密通知維新派設法營救。維新派人士把希望寄託在統轄新軍的直隸按察使袁世凱身上，結果反而斷送了光緒。

在舉國以談維新為時髦的時候，袁世凱曾參加過維新人士的團體「強學會」，翁同龢革職返鄉路過天津時，袁世凱還向他表示過同情，並且申述了對皇帝的無限忠誠。因此，維新派對他抱有很大幻想，建議光緒加以籠絡。

光緒召見了他，破格升他為兵部侍郎，專司練兵事務，然後維新派譚嗣同❽又私下到他的寓所，說出了維新派的計劃：在慈禧和光緒閱兵時，實行兵諫，誅殺榮祿，軟禁慈禧，擁戴光緒。

袁世凱聽了，慷慨激昂，一口承擔，說：「殺榮祿像殺一條狗似的那麼容易！」譚嗣同有意試探地說：「你要不幹也行，向西太后那邊告發了，也有榮華富貴。」他立刻瞪了眼：「瞧你把我袁世凱看成了什麼人！」

可是他送走了譚嗣同，當天就奔回天津，向他的上司榮祿作了全盤報告。榮祿得訊，連忙乘火車北上，在豐台下車直奔頤和園，告訴了慈禧。

結果，光緒被幽禁，譚嗣同等六位維新派人士被殺，康有為逃到日本，百日維新曇花一現，而我的外祖父，正如梁啓超說的，是「身兼將相，權傾舉朝」。

《清史稿》裏也說是「得太后信杖眷顧之隆，一時無比，事無巨細，常待一言決焉」。

在庚子那年，慈禧利用義和團殺洋人，又利用洋人殺義和團的一場大災難中，榮祿對慈禧太后的忠誠，有了進一步表現。

慈禧在政變後曾散佈過光緒病重消息，以便除掉光緒。這個陰謀不料被人發覺了，後來鬧到洋人出面要給光緒看病，慈禧不敢惹洋人，只好讓洋人看了病。

此計不成，她又想出先爲同治立嗣再除光緒的辦法。她選的皇儲是端王載漪的兒子溥儁，根據榮祿的主意，到元旦這天，請各國公使來道賀，以示對這件舉動的支持。

可是李鴻章的這次外交沒辦成功，公使們拒絕了。這件事情現在人們已經很清楚了，不是公使們對慈禧的爲人有什麼不滿，而是英法美日各國公使不喜歡那些親近帝俄的后黨勢力過分得勢。

當然，慈禧太后從上台那天起就沒敢惹過洋人。洋人殺了中國百姓，搶了中國的財寶，這些問題對她還不大，但洋人保護了康有爲，又反對廢光緒和立皇儲，直接表示反對她的統治，這是她最忍受不了的。

榮祿勸告她，無論如何不能惹惱洋人，事情只能慢慢商量，關於溥儁的名分，不要弄得太明顯。

《清史稿》裏有這樣一段記載：「患外人爲梗，用榮祿言，改稱大阿哥。」

慈禧聽從了榮祿的意見，可是溥儁的父親載漪因爲想讓兒子當上皇帝，夥同一批王公大臣如剛毅、徐桐等人給慈禧出了另一個主意，利用反對洋人的義和團，給洋人壓力，以收兩敗俱傷之效。

義和團的問題，這時是清廷最頭痛的問題。在洋人教會的欺凌壓榨之下，各地人民不但受不到朝廷的保護，反而受到洋人和朝廷的聯合鎮壓，因此自發地爆發了武裝鬥爭，各地都辦起了義和團，提出滅洋口號。

義和團經過不斷的鬥爭，這時已形成一支強大的武裝力量，朝廷裏幾次派去軍隊鎮壓，都被他們打得丟盔棄甲。對團民是「剿」是「撫」，成了慈禧舉棋不定的問題。

載漪和大學士剛毅爲首的一批王公大臣主張「撫」，先利用它把干涉廢立的洋人趕出去再說。兵部尙書徐用儀和戶部尙書立山、內閣學士聯元等人堅決反對這種辦法，認爲利用團民去反對洋人必定大禍臨門，所以主張「剿」。

兩派意見正相持不下，一件未經甄別的緊急情報讓慈禧下了決心。這個情報把洋人在各地的暴行解釋爲想逼慈禧歸政於光緒。慈禧大怒，立刻「宣撫」團民，下令進攻東交民巷使館和兵營，發出內帑賞給團民，懸出賞格買洋人的腦袋。

爲了表示決心，她把主「剿」的徐用儀、立山、聯元等人砍了頭。後來，東交民巷沒有攻下，大沽炮台和天津城卻先後失守，聯軍打向北京來了。慈禧這時又拿出了另一手，暗中向洋人打招呼，在炮火連天中派人到東交民巷去聯絡。

北京失陷，她逃到西安，爲了進一步表示和洋人作對的原來不是她，她又下令把主「撫」的剛毅、徐桐等一批大臣殺了頭。

在這一場翻雲覆雨中，榮祿盡可能不使自己捲入漩渦。他順從地看慈禧的顏色行事，不忤逆慈禧的意思，同時，他也給慈禧準備著「後路」。他承旨調遣軍隊進攻東交民巷外國兵營，卻又不給軍隊發炮彈，而且暗地還給外國兵營送水果，表示慰問。

八國聯軍進入北京，慈禧出走，他授計負責議和的李鴻章和奕劻，在談判中掌握一條原則：只要不追究慈禧的責任，不讓慈禧歸政，一切條件都可答應。

就這樣，簽訂了賠款連利息近十億兩、讓外國軍隊駐兵京城的辛丑條約。榮祿辦了這件事，到了西安，「寵禮有加，賞黃馬褂❾。雙眼花翎❿紫貂，隨扈還京，加太子太保⓫，轉文華殿大學士」——除了《清史稿》裏這些記載外，另外值得一說的，就是西太后爲榮祿的女兒「指婚」，嫁與醇親王載灃爲福晉。

關於我父母親這段姻緣，後來聽到家裏的老人們說起，西太后的用意是很深的。

原來政變以後，西太后對醇王府頗爲猜疑。據說在我祖父園寢（墓地）上有棵白果樹，長得非常高大，不知是誰在太后面前說，醇王府出了皇帝，是由於醇王墳地上有棵白果樹，「白」和「王」連起來不就是個「皇」字嗎？慈禧聽了，立即叫人到妙高峰把白果樹砍掉了。

引起她猜疑的其實不僅是白果樹，更重要的是洋人對於光緒和光緒兄弟的興趣。庚子事件前，她就覺得可怕的洋人有點傾心於光緒，對她卻是不太客氣。庚子後，聯軍統帥瓦德西提出，要皇帝的兄弟做代表，去德國爲克林德公使被殺事道歉。父親到德國後，受到了德國皇室的隆重禮遇，這也使慈禧大感不安，加深了她心裏的疑忌：洋人對光緒兄弟的重視，這是比維新派康有爲更叫她擔心的一件事。

爲消除這個隱患，她終於想出了辦法，就是把榮祿和醇王府撮合成爲親家。

西太后就是這樣一個人，凡是她感到對自己有一絲一毫不安全的地方，她都要仔細加以考慮和果斷處理，她在庚子逃亡之前，還不忘叫人把珍妃推到井裏淹死，又何嘗不是怕留後患而下的毒手？維護自己的統治，才是她考慮一切的根據。

就這樣，我父親於光緒二十七年在德國賠了禮回來，在開封迎上回京的鑾駕，奏覆了一番在德國受到的種種「禮遇」，十一月隨駕走到保定，就奉到了「指婚」的懿旨。

三、慈禧太后的決定

庚子後，載漪被列爲禍首之一，發配新疆充軍，他的兒子也失去了大阿哥的名號。此後七年間沒有公開提起過廢立的事。

光緒三十四年十月，西太后在頤和園度過了她的七十四歲生日，患了痢疾，臥病的第十天，突然做出了立嗣的決定。跟著，光緒和慈禧就在兩天中相繼去世。我父親這幾天的日記有這樣的記載：

十九日。上朝。致慶邸急函一件……

二十日。上疾大漸。上朝。奉旨派載灃恭代批折，欽此。慶王到京，午刻同詣〇〇儀鸞殿面承召見，欽奉懿旨：醇親王載灃著授為攝政王，欽此。又面承懿旨：醇親王載灃之子溥〇著在宮內教養，並在上書房讀書，欽此。叩辭至再，未邀俞允，即命攜之入宮。萬分無法，不敢再辭，欽遵於申刻由府攜溥〇入宮。又蒙召見，告知已將溥〇交在〇〇皇后宮中教養，欽此。即謹退出，往謁慶邸。

二十一日。癸酉酉刻，小臣載灃跪聞皇上崩於瀛台。亥刻，小臣同慶王、世相、鹿協揆、張相、袁尚書、增大臣崇詣福昌殿。仰蒙皇太后召見。面承懿旨：攝政王載灃之子〇〇著入承大統為嗣皇帝，欽此。又面承懿旨：

前因穆宗毅皇帝未有儲貳，曾於同治十三年十二月初五日降旨，大行皇帝生有皇子即承繼穆宗毅皇帝為嗣。現在大行皇帝龍馭上賓，亦未有儲貳，不得已以攝政王載灃之子〇〇承繼穆宗毅皇帝為嗣並兼承大行皇帝之祧。欽此。又面承懿旨：現在時勢多艱，嗣皇帝尚在沖齡，正宜專心典學，著攝政王載灃為監國，所有軍國政事，悉秉予之訓示裁度施行，俟嗣皇帝年歲漸長，學業有成，再由嗣皇帝親裁政事，欽此。是日住於西苑軍機處。

這段日記，我從西太后宣佈自己的決定的頭一天，即十九日抄起，是因爲十九日那句「致慶邸急函」和二十日的「慶王到京」四個字，與立嗣大有關係。這是西太后爲了宣佈這個決定所做的必要安排之一。爲了說清楚這件事，不得不從遠處說起。

慶王就是以辦理賣國外交和賣官鬻爵而出名的奕劻⓬。

在西太后時代，能得到太后歡心就等於得到了遠大前程。要想討西太后的歡心，首先必須能隨時摸得著太后的心意，才能做到投其所好。

榮祿賄賂太監李蓮英，讓太太陪伴太后游樂，得到不少最好最快的情報，因此他的奉承和孝敬，總比別人更讓太后稱心滿意。如果說奕劻的辦法和他有什麼不同的話，那就是奕劻在李蓮英那裏花了更多的銀子，而奕劻的女兒即著名的四格格⓭也比榮祿太太更機伶。如果西太后無意中露出了她喜歡什麼樣的坎肩，或者嵌鑲著什麼飾品的鞋子，那麼不出三天，那個正合心意的坎肩、鞋子之類的玩意就會出現在西太后的面前。奕劻的官運就是從這裏開始的。

在西太后的賞識下，奕劻一再加官晉爵，以一個遠支宗室的最低的爵位輔國將軍，逐步進到親王，官職做到總理各國事務衙門。他得到了這個左右逢源的差使，身價就更加不同，無論在太后眼裏和洋人的眼裏，都有了特殊的地位。

辛丑議和是他一生中最重要的事件。在這一事件中，他既爲西太后盡了力，使她躲開了禍首的名義，也讓八國聯軍在條約上滿了意。

當時人們議論起王公們的政治本錢時，說某王公有德國後台，某王公有日本後台……都只不過各有一國後台而已，一說到慶王，都認爲他的後台誰也不能比，計有八國之多。因此西太后從那以後非常看重他。

光緒二十九年，他進入了軍機處，權力超過了其他軍機大臣，年老的禮親王的領銜不過是掛個虛名。後來禮王告退，奕劻正式成了領銜軍機大臣，他兒子載振也當了商部尚書，父子顯赫不可一世。儘管有反對他的王公們暗中搬他，御史們出面參他貪贓枉法，賣官鬻爵，都無濟於事，奈何他不得。

有位御史彈劾他「自任軍機，門庭若市，細大不捐，其父子起居飲食車馬衣服異常揮霍，……將私產一百二十萬兩送往東交民巷英商匯豐銀行存儲」，有位御史奏稱有人送他壽禮十萬兩，花一萬二千兩買了一名歌妓送給他兒子。結果是一個御史被斥回原衙門，一個御史被奪了官。

西太后對奕劻是否就很滿意？根據不少遺老們側面透露的材料，只能這樣說：西太后後來對於奕劻是又擔心又依賴，所以既動不得他，並且還要籠絡他。

使西太后擔心的，不是貪汙納賄，而是袁世凱和奕劻的特殊關係。單從袁在奕劻身上花錢的情形來看，那關係就很不平常。袁世凱的心腹朋友徐世昌後來說過：慶王府裏無論是生了孩子，死了人，或是過個生日等等，全由直隸總督衙門代為開銷。奕劻正式領軍機處之前不久，有一天慶王府收到袁家送來十萬兩（一說二十萬兩）白銀，來人傳述袁的話說：「王爺就要有不少開銷，請王爺別不賞臉。」過了不久，奕劻升官的消息發表了，人們大為驚訝袁世凱的未卜先知。

戊戌政變後，西太后對袁世凱一方面是十分重視的，幾年功夫把他由直隸按察使提到直隸總督、外務部尙書，恩遇之隆，漢族大臣中過去只有曾、胡、左、李才數得上。另一方面，西太后對這個統率著北洋新軍並且善於投機的漢族大臣，並不放心。當她聽說袁世凱向貪財如命的慶王那裏大量地送銀子時，就警惕起來了。

西太后曾經打過主意，要先把奕劻開缺。她和軍機大臣瞿鴻禨露出了這個意思，誰知這位進士出身後起的軍機，太沒閱歷，竟把這件事告訴了太太。這位太太有位親戚在一家外文報館做事，於是這個消息便輾轉傳到了外國記者的耳朵裏，北京還沒有別人知道，倫敦報紙上就登出來了。英國駐北京的公使據此去找外務部，訊問有無此事。西太后不但不敢承認，而且派鐵良和鹿傳霖追查，結果，瞿鴻禨被革了職。

西太后倒奕劻不成，同時因奕劻有聯絡外國人的用途，所以也就不再動他，但對於袁世凱，她沒有再猶豫。光緒三十三年，內調袁爲外務部尙書，參加軍機。明是重用，實際是解除了他的兵權。袁世凱心裏有數，不等招呼，即主動交出了北洋新軍的最高統帥權。

西太后明白，袁對北洋軍的實際控制能力，並非立時就可以解除，袁和奕劻的關係也不能馬上斬斷。正在籌劃著下一個步驟的時候，她自己病倒了，這時又忽然聽到這個驚人消息：袁世凱準備廢掉光緒，推戴奕劻的兒子載振爲皇帝。

不管奕劻如何會辦外交和會奉承，不管袁世凱過去對她立過多大的功，也不管他們這次動手的目標正是被她痛恨的光緒，這個以袁世凱爲主角的陰謀，使她馬上意識到了一種可怕的厄運——既是愛新覺羅皇朝的厄運，也是她個人的厄運。

因此她斷然地做出了一項決定。爲了實現這個決定，她先把奕劻調開，讓他去東陵查看工程，然後把北洋軍段祺瑞⓮的第六鎮全部調出北京，開往淶水，把陸軍部尙書鐵良統轄的第一鎭調進來接防。

等到奕劻回來，這裏一切大事已定：慈禧宣佈了立我爲嗣，封我父親爲攝政王。但是爲了繼續籠絡住這位有八國朋友的慶王，給了他親王世襲罔替的恩榮。

關於袁、慶的陰謀究竟確不確，陰謀的具體內容又是什麼，我說不清。但是我有一位親戚親自聽鐵良事後說起過西太后的這次安排。鐵良說，爲了穩定段祺瑞的第六鎭北洋軍，開拔之先發給了每名士兵二兩銀子，一套新裝和兩雙新鞋。另外，我還聽見一個叫李長安的老太監說起光緒之死的疑案。

照他說，光緒在死的前一天還是好好的，只是因爲用了一劑藥就壞了，後來才知道這劑藥是袁世凱使人送來的。

按照常例，皇帝得病，每天太醫開的藥方都要分抄給內務府大臣們每人一份，如果是重病還要抄給每位軍機大臣一份。據內務府某大臣的一位後人告訴我，光緒死前不過是一般的感冒，他看過那些藥方，脈案極爲平常，加之有人前一天還看到他像好人一樣，站在屋裏說話，所以當人們聽到光緒病重的消息時都很驚異。

更奇怪的是，病重消息傳出不過兩個時辰，就聽說已經「晏駕」了。總之光緒是死得很可疑的。如果太監李長安的說法確實的話，那麼更印證了袁、慶確曾有過一個陰謀，而且是相當周密的陰謀。

還有一種傳說，是西太后自知病將不起，她不甘心死在光緒前面，所以下了毒手。這也是可能的。但是我更相信的是她在宣佈我爲嗣皇帝的那天，還不認爲自己會一病不起。光緒死後兩個小時，她還授命監國攝政王：「所有軍國政事，悉秉承予之訓示裁度施行。」到次日，才說：「現予病勢危篤，恐將不起，嗣後軍國政事均由攝政王裁定，遇有重大事件有必須請皇太后（指光緒的皇后，她的侄女那拉氏）懿旨者，由攝政王隨時面請施行。」她之所以在發現了來自袁世凱那裏的危險之後，或者她在確定了光緒的最後命運之後，從宗室中單單挑選了這樣的一個攝政王和這樣一個嗣皇帝，也正是由於當時她還不認爲自己會死得這麼快。

在她來說，當了太皇太后固然不便再替皇帝聽政，但是在她與小皇帝之間有個聽話的攝政王，一樣可以爲所欲爲。

當然，她也不會認爲自己老活下去。在她看來，她這個決定總算爲保全愛新覺羅的寶座而盡了力。她甚至會認爲，這個決定之正確，就在於她選定的攝政王是光緒的親兄弟。因爲按常情說，只有這樣的人，才不至於上袁世凱的當。

四、攝政王監國

我做皇帝、我父親做攝政王的這三年間，我是在最後一年才認識自己的父親的。

那是我剛在毓慶宮讀書不久，他第一次照章來查看功課的時候。有個太監進來稟報說：「王爺來了。」老師立刻緊張起來，趕忙把書桌整理一下，並且把見王爺時該做什麼，指點了給我，然後告訴我站立等候。

過了一會，一個頭戴花翎、嘴上沒鬍鬚的陌生人出現在書房門口，挺直地立在我的面前，這就是我的父親。我按家禮給他請了安，然後一同落坐。坐好，我拿起書按老師的指示念起來：

「孟子見梁惠王，王立於沼上，王立於沼上……」

不知怎的，我心慌得很，再也念不下去。梁惠王立於沼上是下不來了。幸好我的父親原來比我還慌張，他連忙點頭，聲音含混地說：

「好，好，皇上好，好好地念，念書吧！」說完，又點了一陣頭，然後站起來走了。他在我這裏一共待了不過兩分鐘。

從這天起，我知道了自己的父親是什麼樣：不像老師，他沒鬍子，臉上沒皺紋，他腦後的花翎子總是跳動。以後他每隔一個月來一次，每次待的時間也都不過兩分鐘。我又知道了他說話有點結巴，明白了他的花翎子之所以跳動，是由於他一說話就點頭。他說話很少，除了幾個「好，好，好」以外，別的話也很難聽清楚。

我的弟弟曾聽母親說過，辛亥那年父親辭了攝政王位，從宮裏一回來便對母親說：「從今天起我可以回家抱孩子了！」母親被他那副輕鬆神氣氣得痛哭了一場，後來告誡弟弟：「長大了萬不可學阿瑪（滿族語父親）那樣！」這段故事和父親自書的對聯「有書真富貴，無事小神仙」，雖都不足以證明什麼真正的「退隱」之志，但也可以看出他對那三年監國是夠傷腦筋的。那三年可以說是他一生最失敗的三年。

對他來說，最根本的失敗是沒有能除掉袁世凱。有一個傳說，光緒臨終時向攝政王託付過心事，並且留下了「殺袁世凱」四字硃諭。據我所知，這場兄弟會見是沒有的。攝政王要殺袁世凱爲兄報仇，雖確有其事，但是被奕劻爲首的一班軍機大臣給攔阻了。詳情無從得知，只知道最讓父親泄氣的是奕劻的一番話：「殺袁世凱不難，不過北洋軍如果造起反來怎麼辦？」結果是隆裕太后聽從了張之洞等人的主意，叫袁世凱回家去養「足疾」，把他放走了。

有位在內務府幹過差使的「遺少」給我說過，當時攝政王爲了殺袁世凱，曾想照學一下康熙皇帝殺大臣鰲拜的辦法。

康熙的辦法是把鰲拜召來，賜給他一個座位，那座位是一個只有三條好腿的椅子，鰲拜坐在上面不提防給閃了一下，因此構成了「君前失禮」的死罪。

和攝政王一起制定這個計劃的是小恭親王溥偉⑮。溥偉有一柄咸豐皇帝賜給他祖父奕訢的白虹刀，他們把它看成太上寶劍一樣的聖物，決定由溥偉帶著這把刀，做殺袁之用。一切計議停當了，結果被張之洞等人攔住了。

這件未可置信的故事至少有一點是真的，這就是那時有人極力保護袁世凱，也有人企圖消滅袁世凱，給我父親出謀劃策的也大有人在。

袁世凱在戊戌後雖然用大量銀子到處送禮拉攏，但畢竟還有用銀子消除不了的敵對勢力。這些敵對勢力，並不全是過去的維新派和帝黨人物，其中有和奕劻爭地位的，有不把所有兵權拿到手誓不甘休的，也有爲了其他目的而把希望寄託在倒袁上面的。因此殺袁世凱和保袁世凱的問題，早已不是什麼維新與守舊、帝黨與后黨之爭，也不是什麼滿漢顯貴之爭了，而是這一夥親貴顯要和那一夥親貴顯要間的奪權之爭。以當時的親貴內閣來說，就分成慶親王奕劻等人的一夥和公爵載澤等人的一夥。給我父親出謀劃策以及要權力地位的，主要是後面這一夥。

無論是哪一夥，都有一群宗室覺羅、八旗世家、漢族大臣、南北謀士；這些人之間又都互有分歧，各有打算。比如載字輩的澤公，一心一意想把堂叔慶王的總揆奪過來，而醇王府的兄弟們首先所矚目的，則是袁世凱等漢人的軍權。就是向英國學海軍的兄弟和向德國學陸軍的兄弟，所好也各有不同。

攝政王處於各夥人勾心鬥角之間，一會兒聽這邊的話，一會兒又信另一邊的主意，一會對兩邊全說「好，好」，過一會又全辦不了。弄得各夥人都不滿意他。

其中最難對付的是奕劻和載澤。奕劻在西太后死前是領銜軍機，太后死後改革內閣官制，他又當了內閣總理大臣，這是叫度支部尚書載澤最爲忿忿不平的。載澤一有機會就找攝政王，天天向攝政王揭奕劻的短。

西太后既搬不倒奕劻，攝政王又怎能搬得倒他？如果攝政王支持了載澤，或者攝政王自己採取了和奕劻相對立的態度，奕劻只要稱老辭職，躲在家裏不出來，攝政王立刻就慌了手腳。所以在澤公和慶王間的爭吵，失敗的總是載澤。

醇王府的人經常可以聽見他和攝政王嚷：「老大哥這是爲你打算，再不聽我老大哥的，老慶就把大清斷送啦！」攝政王總是半晌不出聲，最後說了一句：「好，好，明兒跟老慶再說……」到第二天，還是老樣子：奕劻照他自己的主意去辦事，載澤又算白費一次力氣。

載澤的失敗，往往就是載灃的失敗，奕劻的勝利，則意味著洹上垂釣⑯的袁世凱的勝利。攝政王明白這個道理，也未嘗不想加以抵制，可是他毫無辦法。

後來武昌起義的風暴襲來了，前去討伐的清軍，在滿族陸軍大臣廕昌的統率下，作戰不利，告急文書紛紛飛來。袁世凱的「軍師」徐世昌看出了時機已至，就運動奕劻、那桐幾個軍機一齊向攝政王保舉袁世凱。

這回攝政王自己拿主意了，向「願以身家性命」爲袁做擔保的那桐發了脾氣，嚴肅地申斥了一頓。但他忘了那桐既然敢出頭保袁世凱，必然有恃無恐。攝政王發完了威風，那桐便告老辭職，奕劻不上朝應班，前線緊急軍情電報一封接一封送到攝政王面前，攝政王沒了主意，只好趕緊賞那桐「乘坐二人肩輿」，挽請奕劻「體念時艱」，最後乖乖地簽發了諭旨：授袁世凱欽差大臣節制各軍並委袁的親信馮國璋⓱、段祺瑞爲兩軍統領。

他垂頭喪氣地回到府邸後，另一夥王公們包圍了他，埋怨他先是放虎歸山，這回又引狼入室。他後悔起來，就請這一夥王公們出主意。這夥人說，讓袁世凱出來也還可以，但要限制他的兵權，不能委派他的舊部馮國璋、段祺瑞爲前線軍統。

經過一番爭論之後，有人認爲馮國璋還有交情，可以保留，於是載洵貝勒也要求，用跟他有交情的姜桂題來頂替段祺瑞。王公們給攝政王重新擬了電報，攝政王派人連夜把電報送到慶王府，叫奕劻換發一下。慶王府回答說，慶王正歇覺，公事等明天上朝再說。第二天攝政王上朝，不等他拿出這一個上諭，奕劻就告訴他，頭一個上諭當夜就發出去了。

我父親並非是個完全沒有主意的人。他的主意便是爲了維持皇族的統治，首先把兵權抓過來。這是他那次出使德國從德國皇室學到的一條：軍隊一定要放在皇室手裏，皇族子弟要當軍官。他做得更徹底，不但抓到皇室手裏，而且還必須抓在自己家裏。

在我即位後不多天，他就派自己的兄弟載濤做專司訓練禁衛軍大臣，建立皇家軍隊。袁世凱開缺後，他代替皇帝爲大元帥，統率全國軍隊，派兄弟載洵爲籌辦海軍大臣，另一個兄弟載濤管軍諮處（等於參謀總部的機構），後來我這兩位叔叔就成了正式的海軍部大臣和軍諮府大臣。

據說，當時我父親曾跟王公們計議過，無論袁世凱鎮壓革命成功與失敗，最後都要消滅掉他。如果他失敗了，就藉口失敗誅殺之，如果把革命鎮壓下去了，也要找藉口解除他的軍權，然後設法除掉他。總之，軍隊決不留在漢人手裏，尤其不能留在袁世凱手裏。措施的背後還有一套實際掌握全國軍隊的打算。

假定這些打算是我父親自己想得出的，不說外界阻力，只說他實現它的才能，也和他的打算太不相稱了。因此，不但跟著袁世凱跑的人不滿意他，就連自己的兄弟也常爲他搖頭歎息。

李鴻章的兒子李經邁出使德國赴任之前，到攝政王這裏請示機宜，我七叔載濤陪他進宮，託付他在攝政王面前替他說一件關於禁衛軍的事，大概他怕自己說還沒用，所以要借重一下李經邁的面子。李經邁答應了他，進殿去了。過了不大功夫，在外邊等候著的載濤看見李經邁又出來了，大爲奇怪，料想他託付的事必定沒辦，就問李經邁是怎麼回事。李經邁苦笑著說：「王爺見了我一共就說了三句話：『你哪天來的？』我說了，他接著就問：『你哪天走？』我剛答完，不等說下去，王爺就說：『好好，好好地幹，下去吧！』——連我自己的事情都沒說，怎麼還能說得上你的事？」

我祖母患乳瘡時，請中醫總不見好，父親聽從了叔叔們的意見，請來了一位法國醫生。醫生打算開刀，遭到了醇王全家的反對，只好採取敷藥的辦法。敷藥之前，醫生點上了酒精燈準備給用具消毒，父親嚇壞了，忙問翻譯道：

「這這這幹麼？燒老太太？」

我六叔看他這樣外行，在他身後對翻譯直搖頭咧嘴，不讓翻給洋醫生聽。醫生留下藥走了。後來醫生發現老太太病情毫無好轉，覺得十分奇怪，就叫把用過的藥膏盒子拿來看看。父親親自把藥盒都拿來了，一看，原來一律原封未動。叔叔們又不禁搖頭歎息一番。

醇王府的大管事張文治是最愛議論「王爺」的。有一回他說，在王府附近有一座小廟，供著一口井，傳說那裏住著一位「仙家」。「銀錠橋案件」⑱敗露後，王爺有一次經過那個小廟，要拜一拜仙家，感謝對他的庇佑。他剛跪下去，忽然從供桌後面跳出個黃鼠狼來。這件事叫巡警知道了，報了上去，於是大臣們就傳說王爺命大，連仙家都受不了他這一拜。張文治說完了故事就揭穿了底細，原來這是王爺叫廟裏人準備好的。

醇王府的人在慈禧死後都喜歡自稱是維新派，我父親也不例外。提起父親的生活瑣事，頗有不少反對迷信和趨向時新風氣的舉動。我還聽人說過，「老佛爺並不是反對維新的，戊戌以後辦的那些事不都是光緒要辦的嗎？醇親王也是位時新人物，老佛爺後來不是也讓他當了軍機嗎？」

慈禧的維新和洋務，辦的是什麼，不必說了。關於父親的維新，我略知一些。他對那些曾被「老臣」們稱爲奇技淫巧的東西，倒是不採取排斥的態度。醇王府是清朝第一個備汽車、裝電話的王府，他們的辮子剪得最早，在王公中首先穿上西服的也有他一個。但是他對於西洋事物真正的了解，就以穿西服爲例，可見一斑。

他穿了許多天西服後，有一次很納悶地問我傑二弟：「爲什麼你們的襯衫那麼合適，我的襯衫總是比外衣長一塊呢？」經傑二弟一檢查，原來他一直是把襯衫放在褲子外面的，已經忍著這股彆扭勁好些日子了。

此外，他曾經把給祖母治病的巫婆趕出了大門，曾經把僕役們不敢碰的刺蝟一腳踢到溝裏去，不過踢完之後，臉上卻一陣煞白。他反對敬神念佛，但是逢年過節燒香上供卻非常認真。他的生日是正月初五，北京的風俗把這天叫做「破五」，他不許人說這兩個字，並在日曆的這一頁上貼上紅條，寫上壽字，把豎筆拉得很長。傑二弟問他這是什麼意思，他說：「這叫長壽嘛！」

爲了了解攝政王監國三年的情況，我曾看過父親那個時候的日記。在日記裏沒找到多少材料，卻發現過兩類很有趣的記載。

一類是屬於例行事項的，如每逢立夏，必「依例剪平頭」，每逢立秋，則「依例留分髮」；此外還有依例換什麼衣服，吃什麼時鮮，等等。另一類，是關於天象觀察的詳細記載和報上登載的這類消息的摘要，有時還有很用心畫下的示意圖。

可以看出，一方面是內容十分貧乏的生活，一方面又有一種對天文的熱烈愛好。如果他生在今天，說不定他可以學成一名天文學家。但可惜的是他生在那樣的社會和那樣的家庭，而且從九歲起便成了皇族中的一位親王。

五、親王之家

我一共有四位祖母，所謂醇賢親王的嫡福晉葉赫那拉氏，並不是我的親祖母。她在我出生前十年就去世了。聽說這位老太太秉性和她姊姊完全不同，可以說是墨守成規，一絲不苟。

同治死後，慈禧照常聽戲作樂，她卻不然，有一次這位祖母奉召進宮看戲，坐在戲台前卻閉上雙眼，慈禧問她這是幹什麼，她連眼也不睜地說：「現在是國喪，我不能看戲！」慈禧給她頂的也無可奈何。她的忌諱很多，家裏人在她面前說話都要特別留神，什麼「完了」「死」這類字眼要用「得了」「喜」等等代替。她一生拜佛，成年放生燒香，夏天不進花園，說是怕踩死螞蟻。她對螞蟻仁慈如此，但是打起奴僕來，卻毫不留情。據說醇王府一位老太監的終身不治的顏面抽搐病，就是由她的一頓藤鞭打成的。

她一共生了五個孩子。第一個女兒活到六歲，第一個兒子還不到兩周歲，這兩個孩子在同治五年冬天相隔不過二十天都死了。第二個兒子就是光緒，四歲離開了她。光緒進宮後，她生下第三個兒子，只活了一天半。第四個男孩載洸出世後，她不知怎樣疼愛是好，穿少了怕凍著，吃多了怕撐著。

朱門酒肉多得發臭，朱門子弟常生的毛病則是消化不良。《紅樓夢》裏的賈府「淨餓一天」是很有代表性的養生之道。我祖母就很相信這個養生之道，總不肯給孩子吃飽，據說一隻蝦也要分成三段吃，結果第四個男孩又因營養不夠，不到五歲就死了。

王府裏的老太監牛祥曾說過：「要不然怎麼五爺（載灃）接了王爺呢，就是那位老福晉，疼孩子，反倒把前面幾位小爺給耽誤了。」

我父親載灃雖非她的親生子，但依宗法，要受她的管教。她對我父親和叔父們的飲食上的限制沒有了，精神上的限制仍然沒有放鬆。據那位牛太監說：「五爺六爺在她老人家跟前連笑也要小心，如果笑出聲來，就會聽見老人家吆喝：笑什麼？沒個規矩！」

醇賢親王的第一側福晉顏扎氏去世很早。二側福晉劉佳氏，即是我的親祖母，她在那拉氏祖母去世後當了家。她雖不像那拉氏祖母那樣古板，卻是時常處於精神不正常的狀態。造成這種病症的原因同樣是與兒孫命運相關。

這位祖母也夭折過一個兩歲的女兒。而使她精神最初遭受刺激以致失常的，卻是由於幼子的出嗣。

她一共生了三個兒子，即載灃、載洵、載濤。七叔載濤從小在她自己懷裏長大，到十一歲這年，突然接到慈禧太后旨意，讓他過繼給我祖父的堂兄弟奕謨貝子爲子。我祖母接到這個「懿旨」，直哭得死去活來。經過這次刺激，她的精神就開始有些不正常了。

奕謨膝下無兒無女，得著一個過繼兒子，自然非常高興，當做生了一個兒子，第三天大做彌月，廣宴親朋。

這位貝子平時不大會奉承慈禧，慈禧早已不滿，這次看到他如此高興，更加生氣，決定不給他好氣受。

慈禧曾有一句「名言」：「誰叫我一時不痛快，我就叫他一輩子不痛快。」

不知道奕譞以前曾受過她什麼折磨，他在發牢騷時畫了一張畫，畫面只有一隻腳，影射慈禧專門胡攪，攪得家事國事一團糟，並且題了一首發洩牢騷的打油詩：「老生避腳實堪哀，竭力經營避腳台，避腳台高三百尺，高三百尺腳仍來。」不知怎的，被慈禧知道了，慈禧為了洩忿，突然又下一道懿旨，讓已經過繼過去五年多的七叔，重新過繼給我祖父的八弟鍾郡王奕詥。

奕譞夫婦受此打擊，一同病倒。不久，奕譞壽終正寢，慈禧又故意命那個搶走的兒子載濤代表太后去致祭，載濤有了這個身分，在靈前自然不能下跪。接著不到半年，奕譞的老妻也氣得一命嗚呼。

在第二次指定七叔過繼的同時，慈禧還指定把六叔載洵過繼出去，給我另一位堂祖叔敏郡王奕志為嗣。正像譞貝子詩中所說的那樣：「避腳台高三百尺，高三百尺腳仍來。」

劉佳氏祖母閉門家中坐，忽然又少掉了一個兒子，自然又是一個意外打擊。事隔不久，又來了第三件打擊。

我祖母剛給我父親說好一門親事，就接到慈禧給我父親指婚的懿旨。原來我父親早先訂了親，庚子年八國聯軍進北京時，許多旗人因怕洋兵而全家自殺，這門親家也是所謂殉難的一戶。我父親隨慈禧光緒在西安的時候，祖母重新給他訂了一門親，而且放了「大定」，即把一個如意交給了未婚的兒媳。

按習俗，送荷包叫放小定，這還有伸縮餘地，到了放大定，姑娘就算是「婆家的人」了。放大定之後，如若男方死亡或出了什麼問題，在封建禮教下就常有什麼望門寡或者殉節之類的悲劇出現。

慈禧當然不管你雙方本人以及家長是否同意，她做的事，別人豈敢說話。劉佳氏祖母當時是兩頭害怕，怕慈禧怪罪，又怕退「大定」引起女方發生意外，這就等於對太后抗旨，男女兩方都是脫不了責任的。

儘管當時有人安慰她，說奉太后旨意去退婚不會有什麼問題，她還是想不開，精神失常的病患又發作了。

過了六年，她的病又大發作了一次，這就是在軍機大臣送來懿旨叫送我進宮的那天。我一生下來，就歸祖母撫養。祖母是非常疼愛我的。聽乳母說過，祖母每夜都要起來一兩次，過來看看我。

她來的時候連鞋都不穿，怕木底鞋的響聲驚動了我。這樣看我長到三歲，突然聽說慈禧把我要到宮裏去，她立即昏厥了過去。

從那以後，她的病就更加容易發作，這樣時好時犯地一直到去世。她去世時五十九歲，即我離京到天津那年。

醇親王載灃自八歲喪父，就在醇賢親王的遺訓和這樣兩位老人的管教下，過著傳統的貴族生活。他當了攝政王，享受著俸祿和采邑的供應，上有母親管著家務，下有以世襲散騎郎二品長史⑲爲首的一套辦事機構爲他理財、酬應，有一大批護衛、太監、僕婦供他役使，還有一群清客給他出謀劃策以及聊天遊玩。他用不著操心家庭生活，也用不上什麼生產知識。他和外界接觸不多，除了依例行事的冠蓋交往，談不到什麼社會閱歷。他的環境和生活就是如此。

我父親有兩位福晉，生了四子七女。我的第二位母親是辛亥以後來的，我的三胞妹和異母生的兩個弟弟和四個妹妹出生在民國時代。這一家人到現在，除了大妹和三弟早故外，父親歿於一九五一年年初，母親早於一九二一年逝世。

母親和父親是完全不同的類型。有人說旗人的姑奶奶往往比姑爺能幹，或許是真的。我記得我的妻子婉容和我的母親瓜爾佳氏就比我和父親懂得的事多，特別是會享受，會買東西。

據說旗人姑娘在家裏能主事，能受到兄嫂輩的尊敬，是由於每個姑娘都有機會選到宮裏當上嬪妃（據我想，恐怕也是由於兄弟輩不是游手好閒就是忙於宦務，管家理財的責任自然落在姊妹們身上，因此姑娘就比較能幹些）。

我母親在娘家時很受寵，慈禧也曾說過「這姑娘連我也不怕」的話。母親花起錢來，使祖母和父親非常頭痛，簡直沒辦法。

父親的收入，不算田莊、親王雙俸和什麼養廉銀⑳。每年是五萬兩，到民國時代的小朝廷還是每年照付。每次俸銀到手不久，就被母親花個精光。

後來父親想了很多辦法，曾經和她在財物上分家，給她規定用錢數目，全不生效。我父親還用過摔傢伙的辦法，比如拿起條几上的瓶瓶罐罐摔在地上，以示忿怒和決心。因爲總摔東西未免捨不得，後來專門準備了一些摔不碎的銅壺鉛罐之類的東西（我弟弟見過這些「道具」），不久，這些威風也被母親識破了，結果還是父親再拿出錢來供她花。花得我祖母對著賬房送來的賬條歎氣流淚，我父親只好再叫管事的變賣古玩、田產。

母親也時常拿出自己貴重的陪嫁首飾去悄悄變賣。我後來才知道，她除了生活享受之外，曾避著父親，把錢用在政治活動上，通過榮祿的舊部如民國時代步兵統領衙門的總兵袁得亮之流，去運動奉天的將領。

這種活動，是與太妃們合謀進行的。她們爲了復辟的夢想，拿出過不少首飾，費了不少銀子。

溥傑小時候曾親眼看見過她和太妃的太監鬼鬼祟祟地商議事情，問她是什麼事，她說：「現在你還小呢，將來長大了，就明白我在做著什麼了。」

她卻不知道，她和太妃們的那些財寶，都給太監和袁得亮中飽了。她對她父親的舊部有著特殊的信賴，對袁世凱也能諒解。辛亥後，醇王府上下大小無不痛罵袁世凱，袁世凱稱帝時，孩子們把報紙上的袁世凱肖像的眼睛都摳掉了，唯獨母親另有見解：「說來說去不怪袁世凱，就怪孫文！」

我的弟弟妹妹們從小並不怕祖母和父親，而獨怕母親。傭僕自然更不用說。

有一天，我父親從外面回來，看見窗戶沒有關好，問一個太監：「怎麼不關好？」這太監回答說：「奶奶還沒回來呢，不忙關。」

父親生了氣，罰他蹲在地上。一個女僕說：「要是老爺子，還不把你打成稀爛！」老爺子是指母親而言，她和慈禧一樣，喜歡別人把她當做男人稱呼。

我三歲進宮，到了十一歲才認得自己的祖母和母親，那次她們是奉太妃之召進宮的。我見了她們，覺得很生疏，一點不覺得親切。

不過我還記得祖母的眼睛總不離開我，而且好像總是閃著淚光。母親給我的印象就完全不同，我見了她的時候生疏之外更加上幾分懼怕。她每次見了我總愛板著臉說些官話：「皇帝要多看些祖宗的聖訓」，「皇帝別貪吃，皇帝的身子是聖體，皇帝要早睡早起……」

現在回想起來，那硬梆梆的感覺似乎還存在著，低賤出身的祖母和大學士府小姐出身的母親，流露出的人情，竟是如此的不同。

註釋：

❶ 宗室爵位分為親王、郡王、貝勒、貝子、公、將軍各等。貝子府即是貝子的府第。

❷ 滿族統治階級對滿族人民實行的統治制度是軍事、行政、生產合一的八旗制度。這個制度是由「牛彔」

制（漢譯作「佐領」，是滿族早期的一種生產和軍事合一之組織形式）發展而來的，明萬曆二十九年（一六〇一）努爾哈赤建黃、白、紅、藍四旗，萬曆四十四年（一六一六）增設鑲黃、鑲白、鑲紅、鑲藍田旗，共為八旗。凡滿族成員都被編入旗，叫做旗人，平時生產戰時出征。皇太極時又建立了蒙古八旗與漢軍八旗。

❸ 奕訢（一八三二—一八九八）是道光的第六子，道光三十年封為恭親王。他因為這次與英法聯軍談判之機緣，得到了帝國主義的信任與支持，順利地實行了政變。此後即開辦近代軍事工業和同文館，進行洋務活動，成為洋務派的首領。但是後來他因有野心，慈禧與他發生了矛盾，而帝國主義也物色到了更好的鷹犬，即把他拋棄，洋務派首領位置便由李鴻章等所代替。

❹ 據說滿族早期有一種原始宗教，叫做「薩滿教」。以天堂為上界，諸神所居，地面為中界，人類所居，地獄為下界，惡魔所居。男巫叫「薩滿」，女巫叫「烏答有」。他們為人治病、驅邪時，口念咒語，手舞足蹈，作神鬼附身狀。滿族進關後，此教仍然保存，但只限女巫（稱薩滿太太）經常進宮。

❺ 皇帝的棺材是梓木做的，皇帝生時居住的是宮殿，故死後躺的棺材亦叫做「梓宮」。

❻ 欹器亦叫做敧器，荀子《宥生篇》云：「孔子觀於魯桓公之廟，有敧器焉，孔子問於守廟者曰：『此為何器？』守廟者曰：『此蓋為宥坐之器。』（宥與右同，言人君可置於坐右，以為戒，或曰宥與侑同，即勸。）孔子曰：『吾聞宥坐之器者，虛則敧，中則正，滿則覆。』孔子顧謂弟子曰：『注水焉。』弟子挹水而注之，中而正，滿而覆，虛而敧。孔子喟然而歎曰：『吁！惡有滿而不覆者哉！』」

❼ 即是滿語妻子的意思，也含有貴婦的意義（一說即漢語「夫人」的音譯），清朝制度對親王、郡王世子之妻室均要加封，正室封為「福晉」，側室封為「側福晉」。

❽ 譚嗣同（一八六五—一八九八），字復生，號壯飛，湖南瀏陽人，是清末維新運動的思想家之一，忿中日戰爭失敗，在瀏陽創「算學社」著「仁學」，後又組織「南學會」辦「湘報」，成為維新運動的領袖之一。他被袁世凱出賣後遇害，一同遇害的還有維新派的林旭、楊銳、劉光第、楊深秀、康廣仁

等，舊史稱為六君子。

❾ 黃馬褂是皇帝騎馬時穿的黃色外衣，「賞穿黃馬褂」是清朝皇帝賞給有功的臣工的特殊「恩典」之一。

❿ 花翎是清朝皇帝賞給有功的臣工的禮帽上的裝飾品。皇族和高級官員賞孔雀翎，低級官員賞鶡鳥翎（俗稱老鴰翎，因是藍色的又稱藍翎）。皇帝賞臣工戴的花翎又依據官階高低有單眼、雙眼、三眼之別。

⓫ 商代以來歷朝一般都設太師、太傅、太保，少師、少傅、少保作為國君輔弼之官，設太子太師、太子太傅、太子太保、太子少師、太子少傅、太子少保作為輔導太子之官。但後來一般都是大官加銜，以示恩寵，而無實權。明清兩季亦以朝臣兼任，純屬虛銜。

⓬ 奕劻是乾隆第十七子慶僖親王永璘之孫。初襲輔國將軍，咸豐二年封貝子，十年封貝勒，同治十一年加郡王銜，光緒十年總理各國事務衙門，並封慶郡王，二十年封親王。

⓭ 格格是清代皇族女兒的統一稱呼，皇帝的女兒封公主稱固倫格格，親王女兒封郡主稱和碩格格，郡王女兒封縣主稱多羅格格，貝勒女兒封郡君亦稱多羅格格，貝子女兒封縣君稱固山格格，鎮國公、輔國公女兒封鄉君稱格格。格格又有漢族「小姐」之意，故旗人家女兒也叫格格。

⓮ 段祺瑞（一八六四—一九三六），字芝泉，安徽合肥人，是袁世凱創辦的北洋軍的得力將領。在民國後成為北洋軍閥皖系首領。袁世凱死後，在日本帝國主義支持下數度把持北京政權，是日本帝國主義的忠實走狗。一九三一年「九一八」後又企圖在日本帝國主義支持下組織華北漢奸政權，旋被拋棄，不久被蔣介石軟禁在上海，一直到死。

⓯ 溥偉（一八八〇—一九三七），恭親王奕訢之孫，光緒二十四年襲王爵，辛亥革命前為禁煙大臣，辛亥後在德帝國主義庇護下寓居青島，青島被日本占領後又投靠日本。在此期間與升允等組織宗社黨，不斷進行復辟活動，「九一八」事變後出任瀋陽四民維持會會長，企圖在日本支持下組織「明光帝

國」，但不久即被拋棄，拿了日本人賞的一筆錢老死於旅順。

⑯ 一九〇九年袁世凱被清廷罷斥後，息影於彰德洹水（安陽河），表面上不談政治，曾經著蓑衣竹笠，作漁翁狀，駕扁舟一葉，垂竿洹水濱，以示志在山水之間，其實仍與舊部來往不斷，尤其是有「軍師」徐世昌經常秘密向他報告國事政局，朝廷動向，並得到他暗中部署，因此，武昌事起，就有了徐世昌等聯名保舉及袁討價還價的故事。

⑰ 馮國璋（一八五七—一九一九），字華南，河北河間人，在清末亦是協助袁世凱創辦北洋軍的得力將領。在辛亥革命後成為北洋軍閥的直系首領之一，是英美帝國主義的走狗。

⑱ 銀錠橋在北京地安門附近，是載灃每天上朝必經之地。一九一〇年汪精衛、黃復生為刺殺載灃秘密埋藏自製炸彈於橋下，因被軍警識破，計劃未遂。汪、黃被捕後，清廷懾於當時民氣，未敢處以極刑，南北議和時即予釋放。當時把這案件叫做銀錠橋案件。

⑲ 二品長史是皇室內務府派給各王府的名義上的最高管家，是世襲的二品官。其實他並不管事，除了王府中有婚喪大事時去一下之外，平日並不去王府。

⑳ 清代制度官吏於常俸之外，朝廷為示要求官吏清廉之意，另給銀錢，叫做養廉銀。

清室世系表

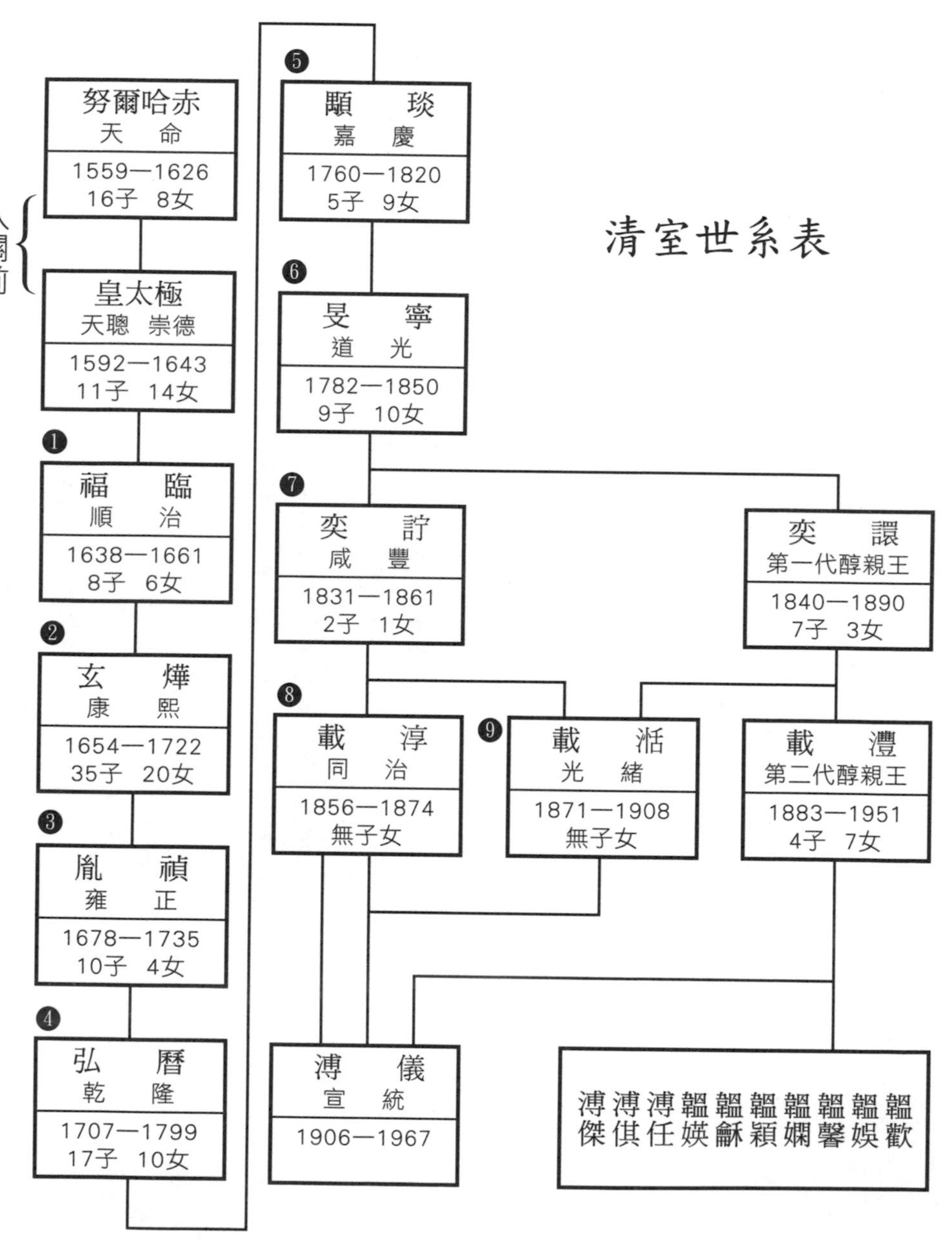
入關前
努爾哈赤
天命
1559—1626
16子 8女
皇太極
天聰 崇德
1592—1643
11子 14女
❶ 福臨
順治
1638—1661
8子 6女
❷ 玄燁
康熙
1654—1722
35子 20女
❸ 胤禛
雍正
1678—1735
10子 4女
❹ 弘曆
乾隆
1707—1799
17子 10女
❺ 顒琰
嘉慶
1760—1820
5子 9女
❻ 旻寧
道光
1782—1850
9子 10女
❼ 奕詝
咸豐
1831—1861
2子 1女
奕譞
第一代醇親王
1840—1890
7子 3女
❽ 載淳
同治
1856—1874
無子女
❾ 載湉
光緒
1871—1908
無子女
載灃
第二代醇親王
1883—1951
4子 7女
溥儀
宣統
1906—1967
溥傑 溥倛 溥任 韞媖 韞龢 韞穎 韞嫻 韞馨 韞娛 韞歡

第二章 我的童年

一、登極與退位

光緒三十四年舊曆十月二十日的傍晚，醇王府裏發生了一場大混亂。這邊老福晉不等聽完新就位的攝政王帶回來的懿旨，先昏過去了。王府太監和婦差丫頭們灌薑汁的灌薑汁，傳大夫的傳大夫，忙成一團，那邊又傳過來孩子的哭叫和大人們哄勸聲。攝政王手忙腳亂地跑出跑進，一會兒招呼著隨他一起來的軍機大臣和內監，叫人給孩子穿衣服，這時他忘掉了老福晉正昏迷不醒，一會被叫進去看老福晉，又忘掉了軍機大臣還等著送未來的皇帝進宮。

這樣鬧騰好大一陣，老福晉甦醒過來，被扶送到裏面去歇了，這裏未來的皇帝還在「抗旨」，連哭帶打地不讓內監過來抱他。內監苦笑著看軍機大臣怎麼吩咐，軍機大臣則束手無策地等攝政王商量辦法，可是攝政王只會點頭，什麼辦法也沒有……

家裏的老人給我說的這段情形，我早已沒有印象了。老人們說，那一場混亂後來還虧著乳母給結束的。乳母看我哭得可憐，拿出奶來餵我，這才止住了我的哭叫。這個卓越的舉動啓發了束手無策的老爺們。軍機大臣和我父親商量了一下，決定由乳母抱我一起去，到了中南海，再交內監抱我見慈禧太后。

我和慈禧這次見面，還能夠模糊地記得一點。那是由一次強烈的刺激造成的印象。我記得那時自己忽然處在許多陌生人中間，在我面前有一個陰森森的幃帳，裏面露出一張醜得要命的瘦臉——這就是慈禧。

據說我一看見慈禧，立刻嚎啕大哭，渾身哆嗦不住。慈禧叫人拿冰糖葫蘆給我，被我一把摔到地下，連聲哭喊著：「要嫫嫫！要嫫嫫！」弄得慈禧很不痛快，說：「這孩子真彆扭，抱到哪兒玩去吧！」

我入宮後的第三天，慈禧去世，過了半個多月，即舊曆十一月初九，舉行了「登極大典」。這個大典被我哭得大煞風景。

大典是在太和殿舉行的。在大典之前，照章要先在中和殿接受領侍衛內大臣們的叩拜，然後再到太和殿受文武百官朝賀。

我被他們折騰了半天，加上那天天氣奇冷，因此當他們把我抬到太和殿，放到又高又大的寶座上的時候，早超過了我的耐性限度。

我父親單膝側身跪在寶座下面，雙手扶我，不叫我亂動，我卻掙扎著哭喊：「我不挨這兒！我要回家！我不挨這兒！我要回家！」

父親急得滿頭是汗。文武百官的三跪九叩，沒完沒了，我的哭叫也越來越響。我父親只好哄我說：「別哭別哭，快完了，快完了！」

典禮結束後，文武百官竊竊私議起來了：「怎麼可以說『快完了』呢？」「說要回家可是什麼意思呵？」……一切的議論，都是垂頭喪氣的，好像都發現了不祥之兆。

後來有些筆記小品裏加枝添葉地說，我是在鐘鼓齊鳴聲中嚇哭了的，又說我父親在焦急之中，拿了一個玩具小老虎哄我，才止住了哭。

其實那次大典因爲處於「國喪」期，丹陛大樂只設而不奏，所謂玩具云者更無其事。不過說到大臣們都爲了那兩句話而惶惑不安，倒是真事。

有的書上還說，不到三年，清朝真的完了，要回家的也真回了家，可見當時說的句句是讖語，大臣們早是從這兩句話得到了感應的。

事實上，真正的感應不是來自偶然而無意的兩句話。如果翻看一下當時歷史的記載，就很容易明白文武百官們的憂心忡忡是從哪裏來的。只要看看《清鑒綱目》裏關於我登極前一年的大事提要就夠了：

光緒三十三年，秋七月。廣州欽州革命黨起事，攻陷陽城，旋被擊敗。

冬十一月。孫文、黄興合攻廣西鎮南關（現改名睦南關——作者），克之，旋敗退。

諭：禁學生干預政治及開會演說。

三十四年，春正月。廣東緝獲日本輪船，私運軍火，尋命釋之。

三月。孫文、黃興遣其黨攻雲南河口，克之，旋敗退。

冬十月，安慶炮營隊官熊成基起事，旋敗死。

這本《清鑒綱目》是民國時代編出的，所根據的史料主要是清政府的檔案。我從那個時期的檔案裏還看到不少「敗死」「敗退」的字樣。這類字樣越多，也就越說明風暴的加劇。這就是當時那些王公大臣們的憂患所在。到了宣統朝，事情越加明顯。後來起用了袁世凱，在一部分人心裏更增加一重憂慮，認爲外有革命黨，內有袁世凱，歷史上所出現過的不吉之兆，都集中到宣統一朝來了。

我糊里糊塗地做了三年皇帝，又糊里糊塗地退了位。在最後的日子裏所發生的事情，給我的印象最深的是：有一天在養心殿的東暖閣裏，隆裕太后坐在靠南窗的炕上，用手絹擦眼，面前地上的紅氈子墊上跪著一個粗胖的老頭子，滿臉淚痕。我坐在太后的右邊，非常納悶，不明白兩個大人爲什麼哭。這時殿裏除了我們三個，別無他人，安靜得很，胖老頭很響地一邊抽縮著鼻子一邊說話，說的什麼我全不懂。後來我才知道，這個胖老頭就是袁世凱。

這是我看見袁世凱唯一的一次，也是袁世凱最後一次見太后。

如果別人沒有對我說錯的話，那麼正是在這次，袁世凱向隆裕太后直接提出了退位的問題。從這次召見之後，袁世凱就藉口東華門遇險❶的事故，再不進宮了。

武昌起義後，各地紛紛響應，滿族統帥根本指揮不動抵抗民軍的北洋各鎮新軍，攝政王再也沒辦法，只有接受奕劻這一夥人的推薦，起用了袁世凱。待價而沽的袁世凱，有徐世昌這位身居內閣協辦大臣的心腹之交供給情報，摸透了北京的行情，對於北京的起用推辭再三，一直到被授以內閣總理大臣和統制全部兵權的欽差大臣，軍政大權全已在握的時候，他才在彰德「遙領聖旨」，下令北洋軍向民軍進攻。奪回了漢陽後，即按兵不動，動身進京，受隆裕太后和攝政王的召見。

這時候的袁世凱和從前的袁世凱不同了，不僅有了軍政大權，還有了比這更為難得的東西，這就是洋人方面對他也發生了興趣，而革命黨方面也有了他的朋友。北洋軍攻下漢陽之後，英國公使朱爾典得到本國政府的指示，告訴他：英國對袁「已經發生了極友好的感情」❷。

袁到北京不久，英國駐武昌的總領事就奉朱爾典之命出面調停民軍和清軍的戰事。袁世凱的革命黨方面的朋友，主要的是謀刺攝政王不遂的汪精衛。

汪精衛被捕之後，受到肅親王善耆的很好的招待。我父親在自己的年譜中說這是為了「以安反側之心」，其實並非如此。我有位親戚後來告訴過我，當時有個叫西田耕一的日本人，通過善耆那裏的日本顧問關係告訴善耆，日本人是不同意殺掉汪精衛的。攝政王在幾方面壓力之下，沒有敢對汪精衛下手。

武昌事起，汪精衛得到釋放，他立刻抓住機會和善耆之流的親貴交朋友。袁世凱到北京，兩人一拍即合，汪精衛也很快與袁的長公子克定變成了好朋友，從而變成了袁的謀士，同時也變成了袁世凱和民軍方面某些人物中間的橋樑。

民軍方面的消息經此源源地傳到袁世凱這邊，立憲派人物也逐漸對他表示好感。袁世凱有了許多新朋友，加上在國內外和朝廷內外的那一夥舊朋友，就成了對各方面情況最清楚而且是左右逢源的人物。

袁世凱回到北京後，不到一個月，就通過奕劻在隆裕面前玩了個把戲，把攝政王擠掉，返歸藩邸。接著，以接濟軍用為名擠出了隆裕的內帑，同時逼著親貴們輸財贍軍。親貴感到了切膚的疼痛，皇室的財力陷入了枯竭之境，至此，政、兵、財三權全到了袁的手裏。接著，袁授意駐俄公使陸徵祥聯合各駐外公使致電清室，要求皇帝退位，同時以全體國務員名義密奏太后，說是除了實行共和，別無出路。

我查到了這個密奏的日期，正是前面提到的與袁會面的那天，即十一月二十八日。由此我明白了太后為什麼後來還哭個不停。密奏中讓太后最感到恐怖的，莫過於這幾句：「海軍盡叛，天險已無，何能悉以六鎮諸軍，防衛京津？雖效周室之播遷，已無相容之地。」「東西友邦，有從事調停者，以我只政治改革而已，若等久事爭持，則難免無不干涉。而民軍亦必因此對於朝廷，感情益惡。讀法蘭西革命之史，如能早順輿情，何至路易之子孫，靡有孑遺也。……」

隆裕太后完全給嚇昏了，連忙召集御前會議，把宗室親貴們叫來拿主意。王公們聽到了密奏的內容和袁世凱的危言，首先感到震動的倒不是法蘭西的故事，而是袁世凱急轉直下的變化。本來在民、清兩軍的議和談判中，袁世凱一直反對實行共和，堅決主張君主立憲。他曾在致梁鼎芬的一封信中，表示了自己對清室的耿耿忠心，說「決不辜負孤兒寡婦（指我和太后）」。

在他剛到北京不久，發布准許百姓自由剪髮辮的上諭的那天，在散朝外出的路上，世續指著自己腦後的辮子笑著問道：「大哥，您對這個打算怎麼辦？」他還肅然回答：「大哥您放心，我還很愛惜它，總要設法保全它！」因此一些對袁世凱表示不信任的人很為高興，說「袁宮保決不會當曹操！」

民清雙方的談判，達成了把國體問題交臨時國會表決的原則協議，國會的成員、時間和地點問題，則因清方的堅持而未決。正爭執中，南京成立了臨時政府，選了孫中山為臨時大總統，第二天，袁世凱忽然撤去唐紹儀代表的資格，改由他自己直接和民軍代表用電報交涉。

國體問題還遠未解決，忽然出現了袁內閣要求清帝退位問題，自然使皇室大為震駭。

原來袁世凱這時有了洋人的支持，在民軍方面的朋友也多到可以左右民軍行動的程度。那些由原先的立憲黨人變成的革命黨人，已經明白袁世凱是他們的希望；這種希望後來又傳染給某些天真的共和主義者。因此在民軍方面做出了這個決議：只要袁贊成共和，共和很快就可成功；只要袁肯幹，可以請袁做第一任大總統。

這正符合了袁的理想，何況退位的攝政王周圍，還有一個始終敵對的勢力，無論他打勝了革命黨還是敗給革命黨，這個勢力都不饒他。他決定接受這個條件，但對清室的處置，還費考慮。這時他忽然聽說孫中山在南京就任了臨時大總統，不免著起急來。

他的心腹助手趙秉鈞後來透露：「項城本具雄心，又善利用時機。但雖重兵在握，卻力避曹孟德欺人之名，故一面挾北方勢力與南方接洽，一方面挾南方勢力，以脅制北方。項城初以為南方易與，頗側南方，及南方選舉總統後，恍然南北終是兩家，不願南方勢力增長，如國民大會成立，將終為其挾持，不能擺脫。乃決計專對清室著手，首先脅迫親貴王公，進而脅迫清帝，又進而恫嚇太后，並忖度其心理，誘餌之以優待條件，達到自行頒布退位，以全權組織臨時政府。」這就是袁世凱突然變化的真相。

變化儘管是變化，如果想從善於流淚的袁世凱臉上，直接看到凶相，是辦不到的。他最後和太后見了那次面，在東華門碰上了一個冒失的革命黨人的炸彈，給了他一個藉口，從此再不進宮，而由他的助手趙秉鈞、胡維德等人出面對付皇室。他自己不便於扮演的角色就由他們來扮演。

但是變化終歸是變化。那些相信過袁世凱的人，又改變了看法。

「誰說袁世凱不是曹操？」

一直堅持這個說法的是恭王溥偉、肅王善耆、公爵載澤等人，還有醇王周圍的年輕的貝勒們。一位貴冑學堂的學生後來說，當時的民政大臣滿人桂春曾宣稱，為了回答外地對滿人仇殺的行為，他已組織了滿族警察和貴胄學堂的學生，對北京城的漢人實行報復。遠在西安的總督蒙族人升允，這時帶兵勤王，離了西安，袁世凱去了一封表示贊許的電報，同時命令他停在潼關不得前進。以良弼為首的一些貴族組織了宗社黨❸，宗社黨將採取恐怖行動的傳說也出現了。總之，一部分滿蒙王公大臣做出了要拚命的姿態。太后召集的第一次御前會議，會上充滿了忿恨之聲。奕劻和溥倫由於表示贊成退位，遭到了猛烈的抨擊。第二天，奕劻沒有敢來，溥倫改變了口風，聲明贊成君主。

這種情勢沒有保持多久。參加會議的毓朗後來和他的後輩說過這個會議，溥偉也有一篇日記做了一些記載，內容都差不多。其中的一次會議是這樣開的——

太后問：「你們看是君主好還是共和好？」

大約有四五個人立刻應聲道：「奴才都主張君主，沒有主共和的道理。」接著別人也表示了這個態度，這次奕劻和溥倫沒參加，沒有相反的意見。有人還說，求太后「聖斷堅持，勿為奕劻之流所惑」。太后歎氣道：

「我何嘗要共和，都是奕劻跟袁世凱說的，革命黨太厲害，咱沒槍炮沒軍餉，打不了這個仗。我說不能找外國人幫忙嗎？他們說去問問。過了兩天說問過了，外國人說攝政王退位他們才幫忙。載灃你說是不是這樣說的？」

溥偉忿忿地說：「攝政王不是已退位了嗎？怎麼外國人還不幫忙？這顯然是奕劻欺君罔上！」

那彥圖接口道：「太后今後可別再聽奕劻的啦！」

溥偉和載澤說：「亂黨實不足懼，只要出軍餉，就有忠臣去破賊殺敵。馮國璋說過，發三個月的餉他就能把革命黨打敗。」

「內帑已經給袁世凱全要了去，我真沒有錢了！」太后搖頭歎氣。

溥偉拿出日俄戰爭中日本帝后以首飾珠寶賞軍的故事，勸請太后效法。善耆支持溥偉的意見，說這是個好主意。隆裕說：「勝了固然好，要是敗了，連優待條件也落不著了嗎？」

這時優待條件已經由民清雙方代表議出來了。

「優待條件不過是騙人之談，」溥偉說，「就和迎闖王不納糧的話一樣，那是欺民，這是欺君。即使這條件是真的，以朝廷之尊而受臣民優待，豈不貽笑千古，貽笑列邦？」說罷，他就地碰起頭來。

「就是打仗，只有馮國璋一個也不行呀！」太后仍然沒信心。溥偉就請求「太后和皇上賞兵去報國」。善耆也說，有的是忠勇之士。太后轉過頭，問跪在一邊一直不說話的載濤：

「載濤你管陸軍，你知道咱們的兵怎麼樣？」

「奴才練過兵，沒打過仗，不知道。」載濤連忙碰頭回答。

太后不作聲了。停了一晌才說了一句：

「你們先下去吧。」

末了，善耆又向太后囑咐一遍：「一會，袁世凱和國務大臣就覲見了，太后還要慎重降旨。」

「我真怕見他們。」太后搖頭歎氣。……

在這次會議上，本來溥偉給太后想出了個應付國務大臣們的辦法，就是把退位問題推到遙遙無期的國會身上。可是國務大臣趙秉鈞帶來了袁世凱早準備好了的話：

「這個事兒叫大夥兒一討論，有沒有優待條件，可就說不準了！」

太后對於王公們主戰的主意不肯考慮了。王公們曾千囑咐萬囑咐不要把這件事和太監說起，可是太后一回宮，早被袁世凱餵飽的總管太監小德張卻先開了口：

「照奴才看，共和也罷，君主也罷，老主子全是一樣。講君主，老主子管的事不過是用用寶。講共和，太后也還是太后。不過這可得答應了那『條件』。要是不應啊，革命黨打到了北京，那就全完啦！」

在御前會議上，發言主戰的越來越少，最後只剩下了四個人。據說我的二十幾歲的六叔是主戰者之一，他主張來個化整爲零，將王公封藩，分踞各地進行抵抗。這個主張根本沒人聽。毓朗貝勒也出過主意，但叫人摸不清他到底主張什麼。他說：

「要戰，即效命疆場，責無旁貸。要和，也要早定大計。」

御前會議每次都無結果而散。這時，袁的北洋軍將領段祺瑞等人突然從前線發來了要求「清帝」退位的電報，接著，良弼被革命黨人炸死了。這樣一來，在御前會議上連毓朗那樣兩可的意見也沒有了。主戰最力的善耆、溥偉看到大勢已去，離了北京，他們想學申包胥哭秦庭，一個跑到德國人占領的青島，一個到了日本人占領的旅順。他們被留在那裏沒讓走。外國官員告訴他們，這時到他們國家去是不適宜的。問題很清楚，洋人已決定承認袁世凱的政府了。

宣統三年舊曆十二月二十五日，隆裕太后頒布了我的退位詔。一部分王公跑進了東交民巷，奕劻父子帶著財寶和姨太太搬進了天津的外國租界。醇王在會議上一直一言不發，頒布退位詔後，就回到家裏抱孩子去了。袁世凱一邊根據清皇太后的懿旨，組織了民國臨時共和政府，一邊根據與南方革命黨達成的協議，由大清帝國內閣總理大臣一變而為中華民國的臨時大總統。而我呢，則作為大總統的鄰居，根據清室優待條件❹開始了小朝廷的生活。

這個清室優待條件如下：

第一款 大清皇帝辭位之後，尊號仍存不廢。中華民國以待各外國君主之禮相待。

第二款 大清皇帝辭位之後，歲用四百萬兩。俟改鑄新幣後，改為四百萬元，此款由中華民國撥用。

第三款 大清皇帝辭位之後，暫居宮禁。日後移居頤和園。侍衛人等，照常留用。

第四款　大清皇帝辭位之後，其宗廟陵寢，永遠奉祀。由中華民國酌設衛兵，妥慎保護。

第五款　德宗崇陵未完工程，如制妥修。其奉安典禮，仍如舊制。所有實用經費，並由中華民國支出。

第六款　以前官內所用各項執事人員，可照常留用，唯以後不得再招閹人。

第七款　大清皇帝辭位之後，其原有之私產由中華民國特別保護。

第八款　原有之禁衛軍，歸中華民國陸軍部編制，額數俸餉，仍如其舊。

二、帝王生活

「優待條件」裏所說的「暫居宮禁」，沒規定具體期限。紫禁城裏除了三大殿劃歸民國之外，其餘地方全屬「宮禁」範圍。我在這塊小天地裏一直住到民國十三年被國民軍驅逐的時候，度過了人世間最荒謬的少年時代。

其所以荒謬，就在於中華號稱爲民國，人類進入了二十世紀，而我仍然過著原封未動的帝王生活，呼吸著十九世紀遺下的灰塵。

每當回想起自己的童年，我腦子裏便浮起一層黃色：琉璃瓦頂是黃的，轎子是黃的，椅墊子是黃的，衣服帽子的裏面、腰上繫的帶子、吃飯喝茶的瓷製碗碟、包蓋稀飯鍋子的棉套、裏書的包袱皮、窗簾、馬韁……無一不是黃的。這種獨家佔有的所謂明黃色，從小把唯我獨尊的自我意識埋進了我的心底，給了我與眾不同的「天性」。

我十一歲的那年，根據太妃們的決定，祖母和母親開始進宮「會親」，傑二弟和大妹也跟著進宮來陪我玩幾天。

他們第一次來的那天，開頭非常無味。我和祖母坐在炕上，祖母看著我在炕桌上擺骨牌，二弟和大妹規規矩矩地站在地上，一動不動地瞅著，就像衙門裏站班的一樣。後來，我想起個辦法，把弟弟和妹妹帶到我住的養心殿，我就問溥傑：「你們在家裏玩什麼？」

「溥傑會玩捉迷藏。」小我一歲的二弟恭恭敬敬地說。

「你們也玩捉迷藏呀？那太好玩了！」我很高興。我和太監們玩過，還沒跟比我小的孩子玩過呢。於是我們就在養心殿玩起捉迷藏來。越玩越高興，二弟和大妹也忘掉了拘束。後來我們索性把外面的簾子都放下來，把屋子弄得很暗。比我小兩歲的大妹又樂又害怕，我和二弟就嚇唬她，高興得我們又笑又嚷。捉迷藏玩得累了，我們就爬到炕上來喘氣，我又叫他們想個新鮮遊戲。溥傑想了一陣，沒說話，光瞅著我傻笑。

「你想什麼？」

他還是傻笑。

「說，說！」我著急地催促他，以爲他一定想出新鮮的遊戲了，誰知他說：

「我想的，噢，溥傑想的是，皇上一定很不一樣，就像戲台上那樣有老長的鬍子，……」

說著，他抬手做了一個捋鬍子的動作。誰知這個動作給他惹了禍，因爲我一眼看見他的袖口裏的衣裏，很像那個熟悉的顏色。我立刻沉下臉來：

「溥傑，這是什麼顏色，你也能使？」

「這，這這是杏黃的吧？」

「瞎說！這不是明黃嗎？」

「嗻，嗻……」溥傑忙垂手立在一邊。大妹溜到他身後，嚇得快要哭出來了。我還沒完：

「這是明黃！不該你使的！」

「嗻！」

在嗻嗻聲中，我的兄弟又恢復了臣僕的身分。……

嗻嗻之聲早已成了絕響。現在想起來，那調兒很使人發笑。但是我從小便習慣了它，如果別人不以這個聲調回答我，反而是不能容忍的。對於跪地磕頭，也是這樣。我從小就看慣了人家給我磕頭，人都是年歲比我大十幾倍的，有清朝遺老，也有我親族中的長輩，有穿清朝袍褂的，也有穿西式大禮服的民國官員。見怪不怪習以爲常的，還有每日的排場。

據說曾有一位青年，讀《紅樓夢》時大爲驚奇，他不明白爲什麼在賈母、王鳳姐這樣人身後和周圍總有那麼一大群人，即使他們從這間屋走到隔壁那間屋去，也會有一窩蜂似的人跟在後面，好像一條尾巴似的。

其實《紅樓夢》裏的尾巴比宮裏的尾巴小多了。《紅樓夢》裏的排場猶如宮裏的排場的縮影，這尾巴也頗相似。我每天到毓慶宮讀書、給太妃請安，或遊御花園，後面都有一條尾巴。我每逢去遊頤和園，不但要有幾十輛汽車組成的尾巴，還要請民國的警察們沿途警戒，一次要花去幾千塊大洋。

我到宮中的御花園去玩一次，也要組成這樣的行列：最前面是一名敬事房的太監，他起的作用猶如汽車喇叭，嘴裏不時地發出「吃——吃——」的響聲，警告人們早早迴避，在他們後面二三十步遠是兩名總管太監，靠路兩側，鴨行鵝步地行進；再後十步左右即行列的中心（我或太后）。

如果是坐轎，兩邊各有一名御前小太監扶著轎桿隨行，以便隨時照料應呼；如果是步行，就由他們攙扶而行。

在這後面，還有一名太監舉著一把大羅傘，傘後幾步，是一大群拿著各樣物件和徒手的太監：有捧馬扎以便隨時休息的，有捧衣服以便隨時換用的，有拿著雨傘旱傘的；在這些御前太監後面是御茶房太監，捧著裝著各樣點心茶食的若干食盒，當然還有熱水壺、茶具等等；更後面是御藥房的太監，挑著擔子，內裝各類常備小藥和急救藥，不可少的是燈心水、菊花水、蘆根水、竹葉水、竹茹水，夏天必有藿香正氣丸、六合定中丸、金衣祛暑丸、香薷丸、萬應錠、痧藥、避瘟散，不分四季都要有消食的三仙飲，等等；在最後面，是帶大小便器的太監。如果沒坐轎，轎子就在最後面跟隨。轎子按季節有暖轎涼轎之分。這個雜七夾八的好幾十人的尾巴，走起來倒也肅靜安詳，井然有序。

然而這個尾巴也常被我攪亂。我年歲小的時候，也和一般的孩子一樣，高興起來撒腿便跑。起初他們還亦步亦趨地跟著跑，跑得丟盔卸甲，喘吁不止。我大些以後，懂得了發號施令，想跑的時候，叫他們站在一邊等著，於是除了御前小太監以外，那些捧盒挑擔的便到一邊靜立，等我跑夠了再重新站在我後邊。

後來我學會了騎自行車，下令把宮門的門檻一律鋸掉，這樣出入無阻地到處騎，尾巴自然更無法跟隨，只好暫時免掉。

除此以外，每天凡到太妃處請安和去毓慶宮上學等等日常行動，仍然要有一定的尾巴跟隨。假如那時身後沒有那個尾巴，倒會覺得不自然。我從前聽人家講明朝崇禎皇帝的故事，聽到最後，說崇禎身邊只剩下一個太監，我就覺著特別不是滋味。

耗費人力物力財力最大的排場，莫過於吃飯。關於皇帝吃飯，另有一套術語，是絕對不准別人說錯的。飯不叫飯而叫「膳」，吃飯叫「進膳」，開飯叫「傳膳」，廚房叫「御膳房」。

到了吃飯的時間——並無固定時間，完全由皇帝自己決定——我吩咐一聲「傳膳！」跟前的御前小太監便照樣向守在養心殿的明殿上的殿上太監說一聲「傳膳！」殿上太監又把這話傳給鵠立在養心門外的太監，他再傳給候在西長街的御膳房太監……這樣一直傳進了御膳房裏面。不等回聲消失，一個猶如過嫁妝的行列已經走出了御膳房。

這是由幾十名穿戴齊整的太監們組成的隊伍，抬著大小七張膳桌，捧著幾十個繪有金龍的朱漆盒，浩浩蕩蕩地直奔養心殿而來。進到明殿裏，由套上白袖頭的小太監接過，在東暖閣擺好。

平日菜餚兩桌，冬天另設一桌火鍋，此外有各種點心、米膳、粥品三桌，鹹菜一小桌。食具是繪著龍紋和寫著「萬壽無疆」字樣的明黃色的瓷器，冬天則是銀器，下托以盛有熱水的瓷罐。

每個菜碟或菜碗都有一個銀牌，這是為了戒備下毒而設的，並且為了同樣原因，菜送來之前都要經過一個太監嚐過，叫做「嚐膳」。在這些嚐過的東西擺好之後，我入座之前，一個小太監叫了一聲「打碗蓋！」其餘四五個小太監便動手把每個菜上的銀蓋取下，放到一個大盒子裏拿走。於是我就開始「用膳」了。

所謂食前方丈都是些什麼東西呢？隆裕太后每餐的菜餚有百樣左右，要用六張膳桌陳放，這是她從慈禧那裏繼承下來的排場，我的比她少，按例也有三十種上下。我現在找到了一份「宣統四年二月糙卷單」（即民國元年三月的一份菜單草稿），上面記載的一次「早膳」❺的內容如下：

口蘑肥雞　三鮮鴨子　五綹雞絲　燉肉　燉肚肺　肉片燉白菜　黃燜羊肉　羊肉燉菠菜豆腐　櫻桃肉山藥　爐肉燉白菜　羊肉片川小蘿蔔　鴨條溜海參　鴨丁溜　葛仙米　燒茨菇肉片燜玉蘭片　羊肉絲燜跑躂絲　炸春捲　黃韭菜炒肉　熏肘花小肚　滷煮豆腐　熏乾絲　烹掐菜　花椒油炒白菜絲　五香乾　祭神肉片湯　白煮塞勒　煮白肉

這些菜餚經過種種手續擺上來之後，除了表示排場之外，並無任何用處。它之所以能夠在一聲傳膳之下，迅速擺在桌子上，是因爲御膳房早在半天或一天以前就已做好，煨在火上等候著的。

他們也知道，反正從光緒起，皇帝並不靠這些早已過了火候的東西充饑。我每餐實際吃的是太后送的菜餚，太后死後由四位太妃接著送。因爲太后或太妃們都有各自的膳房，而且用的都是高級廚師，做的菜餚味美可口，每餐總有二十來樣。這是放在我面前的菜，御膳房做的都遠遠擺在一邊，不過做個樣子而已。

太妃們爲了表示對我的疼愛和關心，除了每餐送菜之外，還規定在我每餐之後，要有一名領班太監去稟報一次我的進膳情況。這同樣是公式文章。不管我吃了什麼，領班太監到了太妃那裏雙膝跪倒，說的總是這一套：

「奴才稟老主子：萬歲爺進了一碗老米膳（或者白米膳），一個饅頭（或者一個燒餅）

和一碗粥。進得香！」

每逢年節或太妃的生日（這叫做「千秋」），爲了表示應有的孝順，我的膳房也要做出一批菜餚送給太妃。這些菜餚可用這四句話給以鑒定：華而不實，費而不惠，營而不養，淡而無味。

這種吃法，一個月要花多少錢呢？我找到了一本《宣統二年九月初一至三十日內外膳房及各等處每日分例肉斤雞鴨清冊》，那上面的記載如下：

皇上前分例菜肉二十二斤計三十日分例共六百六十斤	
湯肉五斤	共一百五十斤
豬油一斤	共三十斤
肥雞二隻	共六十隻
肥鴨三隻	共九十隻
菜雞三隻	共九十隻

下面還有太后和幾位妃的分例，爲省目力，現在把它併成一個統計表（皆全月分例）如下：

后妃名	肉斤	雞隻	鴨隻
太后	一八六〇	三〇	三〇
瑾貴妃	二八五	七	七
瑜皇貴妃	三六〇	十五	十五
珣皇貴妃	三六〇	十五	十五
貴妃	二八五	七	七
合計	三一五〇	七四	七四

我這一家六口，總計一個月要用三千九百六十斤肉，三百八十八隻雞鴨，其中八百一十斤肉和二百四十隻雞鴨是我這五歲孩子用的。此外，宮中每天還有大批爲這六口之家效勞的軍機大臣、御前侍衛、師傅、翰林、畫師、勾字匠、有身分的太監，以及每天來祭神的薩滿等等，也各有分例。連我們六口之家共吃豬肉一萬四千六百四十二斤，合計用銀二千三百四十二兩七錢二分。

除此之外，每日還要添菜，添的比分例還要多得多。這個月添的肉是三萬一千八百四十四斤，豬油八百十四斤，雞鴨四千七百八十六隻，連什麼魚蝦蛋品，用銀一萬一千六百四十一兩七分，加上雜費支出三百四十八兩，連同分例一共是一萬四千七百九十四兩一錢九分。顯而易見，這些銀子除了貪汙中飽之外，差不多全爲了表示帝王之尊而糟蹋了。這還不算一年到頭不斷的點心、果品、糖食、飲料這些消耗。

飯菜是大量的做而不吃，衣服則是大量的做而不穿。這方面我記得的不多，只知道后妃有分例，皇帝卻毫無限制，而且一年到頭都在做衣服，做了些什麼，我也不知道，反正總是穿新的。

我手頭有一份改用銀元以後的報賬單子，沒有記明年代，題爲「十月初六日至十一月初五日承做上用衣服用過物料覆實價目」，據這個單子所載，這個月給我做了：皮襖十一件，皮袍褂六件，皮緊身二件，棉衣褲和緊身三十件。不算正式工料，僅貼邊、兜布、子母扣和線這些小零碎，就開支了銀元二千一百三十七元六角三分三厘五毫。

至於后妃們的分例，也是相當可觀的。在我結婚後的一本賬上，有后妃們每年使用衣料的定例，現在把它統計如下：

后妃名	「皇后」	「淑妃」	四位「太妃」	合計
各種緞	二九匹	十五匹	九十二匹	一百三十六匹
各種綢	四十匹	二十一匹	一百零八匹	一百六十九匹
各種紗	十六匹	五匹	六十匹	八十一匹
各種綾	八匹	五匹	二十八匹	四十一匹
各種布	六十匹	三十匹	一百四十四匹	二百三十四匹

絨和線	十六斤	八斤	七十六斤	一百斤
棉花	四十斤	二十斤	一百二十斤	一百八十斤
金線	二十綹	十綹	七十六綹	一百零六綹
貂皮	九十張	三十張	二百八十張	四百張

我更換衣服，也有明文規定，由「四執事庫」太監負責爲我取換。單單一項平常穿的袍褂，一年要照單子更換二十八種，從正月十九的青白嵌皮袍褂，換到十一月初一的貂皮褂。至於節日大典，服飾之複雜就更不用說了。

既然有這些窮奢極侈的排場，就要有一套相應的機構和人馬。給皇帝管家的是內務府，它統轄著廣儲、都虞、掌禮、會計、慶豐、慎刑、營造等七個司（每司各有一套庫房、作坊等單位，如廣儲司有銀、皮、瓷、緞、衣、茶等六個庫）和宮內四十八個處。

據宣統元年秋季《爵秩全覽》所載，內務府官員共計一千零二十三人（不算禁衛軍、太監和蘇拉❻），民國初年曾減到六百多人，到我離開那裏，還有三百多人。機構之大，用人之多，一般人還可以想像，其差使之無聊，就不大爲人所知了。

舉個例子說，四十八處之一的如意館，是專伺候帝后妃們畫畫寫字的，如果太后想畫個什麼東西，就由如意館的人員先給她描出稿子，然後由她著色題詞。寫大字匾額則是由懋勤殿的勾字匠描出稿，或南書房翰林代筆。什麼太后御筆或御製之寶，在清代末季大都是這樣產生的。

除了這些排場之外，周圍的建築和宮殿陳設也對我起著教育作用。黃琉璃瓦唯有帝王才能使用，這不用說了，建築的高度也是帝王特有的，這讓我從小就確認，不但地面上的一切，所謂「普天之下莫非王土」，就連頭上的一塊天空也不屬於任何別人。每一件陳設品都是我的直觀教材。

據說乾隆皇帝曾經這樣規定過：宮中的一切物件，哪怕是一寸草都不准丟失。爲了讓這句話變成事實，他拿了幾根草放在宮中的案几上，叫人每天檢查一次，少一根都不行，這叫做「寸草爲標」。

我在宮裏十幾年間，這東西一直擺在養心殿裏，是一個景泰藍的小罐，裏面盛著三十六根一寸長的乾草棍。這堆小乾草棍兒曾引起我對那位祖先的無限崇敬，也曾引起我對辛亥革命的無限忿慨。但是我並沒想到，乾隆留下的乾草棍雖然一根不曾短少，而乾隆留下的長滿青草的土地，被兒孫們送給「與國」的，卻要以成千萬里計。

帝王生活所造成的浪費，已無法準確統計。據內務府編的材料，《宣統七年放過款項及近三年比較》記載：民國四年的開支竟達二百七十九萬餘兩，以後民國八、九、十各年數字逐年縮減，最低數仍達一百八十九萬餘兩。總之，在民國當局的縱容下，以我爲首的一夥人，照舊擺著排場，按原來標準過著寄生生活，大量地耗費著人民的血汗。

宮裏有些規矩，當初並非完全出於擺排場，比如菜餚裏放銀牌和嘗膳制度，出門一次要興師動眾地布警戒，這本是爲了防止暗害的。據說皇帝沒有廁所，就因爲有一代皇帝外出如廁遇上了刺客。但這些故事和那些排場給我的影響全是一樣：使我從任何方面都確認自己是尊貴的，統治一切和佔有一切的人上之人。

三、母子之間

我入宮過繼給同治和光緒爲子，同治和光緒的妻子都成了我的母親。我繼承同治兼祧光緒，按說正統是在同治這邊，但是光緒的皇后——隆裕太后不管這一套。她使用太后權威，把敢於和她爭論這個問題的同治的瑜、珣、瑨三妃，打入了冷宮，根本不把她們算做我的母親之數。

光緒的瑾妃也得不到庶母的待遇。遇到一家人同座吃飯的時候，隆裕和我都坐著，她卻要站著。直到隆裕去世那天，同治的三個妃和瑾妃聯合起來找王公們說理，這才給她們明確了太妃的身分。從那天起，我才管她們一律叫「皇額娘」。

我雖然有過這麼多的母親，但並沒有得過真正的母愛。今天回想起來，她們對我表現出的最大關懷，也就是前面說過的每餐送菜和聽太監們匯報我「進得香」之類。

事實上我小時候並不能「進得香」。我從小就有胃病，得病的原因也許正和「母愛」有關。我六歲時有一次栗子吃多了，撐著了，有一個多月的時間隆裕太后只許我吃糊米粥，儘管我天天嚷肚子餓，也沒有人管。

我記得有一天遊中南海，太后叫人拿來乾饅頭，讓我餵魚玩。我一時情不自禁，就把饅頭塞到自己嘴裏去了。我這副餓相不但沒有讓隆裕悔悟過來，反而讓她佈置了更嚴厲的戒備。他們越戒備，便越刺激了我搶吃搶喝的欲望。有一天，各王府給太后送來貢品❼，停在西長街，被我看見了。我憑著一種本能，直奔其中的一個食盒，打開蓋子一看，食盒裏是滿滿的醬肘子，我抓起一隻就咬。跟隨的太監大驚失色，連忙來搶。我雖然拚命抵抗，終於因爲人小力弱，好香的一隻肘子，剛到嘴又被搶跑了。

我恢復了正常飲食之後，也常免不了受罪。有一次我一連吃了六個春餅，被一個領班太監知道了。他怕我被春餅撐著，竟異想天開地發明了一個消食的辦法，叫兩個太監左右提起我的雙臂，像砸夯似的在磚地上蹾了我一陣。過後他們很滿意，說是我沒叫春餅撐著，都虧那個治療方法。

這或許被人認爲是不通情理的事情，不過還有比這更不通情理的哩。

我在八九歲以前，每逢心情急躁，發脾氣折磨人的時候，我的總管太監張謙和或者阮進壽就會做出這樣的診斷和治療：「萬歲爺心裏有火，唱一唱敗敗火吧。」說著，就把我推進一間小屋裏——多數是毓慶宮裏面的那間放「毛凳兒」的屋子，然後倒插上門。

我被單獨禁閉在裏面，無論怎麼叫罵，踢門，央求，哭喊，也沒有人理我，直到我哭喊夠了，用他們的話說是「唱」完了，「敗了火」，才把我釋放出來。

這種奇怪的診療，並不是太監們的擅自專斷，也不是隆裕太后的個人發明，而是皇族家庭的一種傳統，我的弟弟妹妹們在王府裏，都受過這樣的待遇。

隆裕太后在我八歲時去世。我對她的「慈愛」只能記得起以上這些。和我相處較久的是四位太妃。我和四位太妃平常很少見面。坐在一起談談，像普通人家那樣親熱一會，根本沒有過。

每天早晨，我要到每位太妃面前請安。每到一處，太監給我放下黃緞子跪墊，我跪了一下，然後站在一邊，等著太妃那幾句例行公事的話。這時候太妃正讓太監梳著頭，一邊梳著一邊問著：「皇帝歇得好？」「天冷了，要多穿衣服。」「書念到哪兒啦？」全是千篇一律的枯燥話，有時給我一些泥人之類的玩意兒，最後都少不了一句：「皇帝玩去吧！」

一天的會面就此結束，這一天就再也不見面了。

太后太妃都叫我皇帝，我的本生父母和祖母也這樣稱呼我。其他人都叫我皇上。雖然我也有名字，也有乳名，不管是哪位母親也沒有叫過。

我聽人說過，每個人一想起自己的乳名，便會聯想起幼年和母愛來。我就沒有這種聯想。有人告訴我，他離家出外求學時，每逢生病，就懷念母親，想起幼年病中在母親懷裏受到的愛撫。我在成年以後生病倒是常事，也想起過幼年每逢生病必有太妃的探望，卻絲毫引不起我任何懷念之情。

我在幼時，一到冷天，經常傷風感冒。這時候，太妃們便分批出現了。每一位來了都是那幾句話：「皇帝好些了？出汗沒有？」不過兩三分鐘，就走了。

印象比較深的，倒是那一群跟隨來的太監，每次必擠滿了我的小臥室。在這幾分鐘之內，一出一進必使屋裏的氣流發生一次變化。這位太妃剛走，第二位就來了，又是擠滿一屋子。一天之內就四進四出，氣流變化四次。好在我的病總是第二天見好，臥室裏也就風平浪靜。

我每次生病，都由永和宮的藥房煎藥。永和宮是端康太妃住的地方，她的藥房比其他太妃宮裏的藥房設備都好，是繼承了隆裕太后的。端康太妃對我的管束也比較多，儼然代替了隆裕原先的地位。

這種不符清室先例的現象，是出於袁世凱的干預。隆裕去世後，袁世凱向清室內務府提出，應該給同、光的四妃加以晉封和尊號，並且表示承認瑾妃列四妃之首。袁世凱爲什麼管這種閒事，我不知道。有人說這是由於瑾妃娘家兄弟志錡的活動，也不知確否。我只知我父親載灃和其他王公們都接受了這種干預，給瑜、珣皇貴妃上了尊號（敬懿、莊和）、瑾二貴妃也晉封爲皇貴妃（尊號為榮惠、端康）；端康成了我的首席母親，從此，她對我越管越嚴，直到發生了一次大衝突爲止。

我在四位母親的那種「關懷」下長到十三四歲，也像別的孩子那樣，很喜歡新鮮玩意。有些太監爲了討我高興，不時從外面買些有趣的東西給我。

有一次，一個太監給我製了一套民國將領穿的大禮服，帽子上還有個像白雞毛撢子似的翎子，另外還有軍刀和皮帶。我穿戴起來，洋洋得意。誰知叫端康知道了，她大爲震怒，經過一陣檢查，知道我還穿了太監從外面買來的洋襪子，認爲這都是不得了的事，立刻把買軍服和洋襪子給我的太監李長安、李延年二人叫到永和宮，每人責打了二百大板，發落到打掃處去充當苦役。發落完了太監，又把我叫了去，對我大加訓斥：「大清皇帝穿民國的衣裳，還穿洋襪子，這還像話嗎？」

我不得已，收拾起了心愛的軍服、軍刀，脫下洋襪，換上褲褂和繡著龍紋的布襪。

如果端康對我的管教僅限於軍服和洋襪子，我並不一定會有後來的不敬行爲。因爲這類的管教，只能讓我更覺得自己與常人不同，更能和毓慶宮的教育合上拍。我相信她讓太監挨一頓板子和對我的訓斥，正是出於這個教育目的。

但這位一心一意想模仿慈禧太后的瑾妃，雖然她的親姐姐珍妃死於慈禧之手，慈禧仍然被她看做榜樣。她不僅學會了毒打太監，還學會了派太監監視皇帝的辦法。她發落了我身邊的李長安、李延年這些人之後，又把她身邊的太監派到我的養心殿來伺候我。

這個太監每天要到她那裏報告我的一舉一動，就和西太后對待光緒一樣。不管她是什麼目的，這大大傷害了皇帝的自尊心。我的老師陳寶琛爲此忿忿不平，對我講了一套嫡庶之分的理論，更加激起了我憋在心裏的怒氣。

過了不久，太醫院裏一個叫范一梅的大夫被端康辭退，便成了爆發的導火線。范大夫是給端康治病的大夫之一，這事本與我不相干，可是這時我耳邊又出現了不少鼓動性的議論。陳老師說：「身爲太妃，專擅未免過甚。」總管太監張謙和本來是買軍服和洋襪子的告發人，這時也變成了「帝黨」，發出同樣的不平之論：「萬歲爺這不又成了光緒了嗎？再說太醫院的事，也要萬歲爺說了算哪！連奴才也看不過去。」

聽了這些話，我的激動立刻升到頂點，氣沖沖地跑到永和宮，一見端康就嚷道：

「你憑什麼辭掉范一梅？你太專擅了！我是不是皇帝？誰說了話算數？真是專擅已極！……」我大嚷了一通，不顧氣得臉色發白的端康說什麼，一甩袖子跑了出來。回到毓慶宮，師傅們都把我誇了一陣。

氣急敗壞的端康太妃沒有找我，卻叫人把我的父親和別的幾位王公找了去，向他們大哭大叫，叫他們給拿主意。這些王公們誰也沒敢出主意。我聽到了這消息，便把他們叫到上書房❽裏，慷慨激昂地說：

「她是什麼人？不過是個妃。本朝歷代從來沒有皇帝管妃叫額娘的！嫡庶之分要不要？如果不要，怎麼溥傑不管王爺的側福晉叫一聲呢？憑什麼我就得叫她，還要聽她的呢？……」

這幾位王公聽我嚷了一陣，仍然是什麼話也沒說。

敬懿太妃是跟端康不和的。這時她特意來告訴我：「聽說永和宮要請太太、奶奶❾來，皇帝可要留神！」

果然，我的祖母和母親都被端康叫去了。她對王公們沒辦法，對我祖母和母親一陣叫嚷可發生了作用，特別是祖母嚇得厲害，最後和我母親一齊跪下來懇求她息怒，答應了勸我賠不是。我到了永和宮配殿裏見到了祖母和母親，聽到正殿裏端康還在叫嚷，我本來還要去吵，可是禁不住祖母和母親流著淚苦苦哀勸，結果軟了下來，答應了她們，去向端康賠了不是。

這個不是賠得我很堵心。我走到端康面前，看也沒看她一眼，請了個安，含含糊糊地說了一句「皇額娘，我錯了」，就又出來了。端康有了面子，停止了哭喊。過了兩天，我便聽到了母親自殺的消息。

據說，我母親從小沒受別人申斥過一句。她的個性極強，受不了這個刺激。她從宮裏回去，就吞了鴉片煙。後來端康擔心我對她追究，從此便對我一變過去態度，不但不再加以管束，而且變得十分隨和。於是紫禁城裏的家庭恢復了往日的寧靜，我和太妃們之間也恢復了母子關係。然而，卻犧牲了我的親生母親。

四、毓慶宮讀書

我六歲那年，隆裕太后爲我選好了教書的師傅，欽天監爲我選好了開學的吉日良辰。宣統三年舊曆七月十八日辰刻，我開始讀書了。

讀書的書房先是在中南海瀛合補桐書屋，後來移到紫禁城齋宮右側的毓慶宮——這是光緒小時念書的地方，再早，則是乾隆的皇子顒琰（即後來的嘉慶皇帝）的寢宮。毓慶宮的院子很小，房子也不大，是一座工字形的宮殿，緊緊地夾在兩排又矮又小的配房之間。裏面隔成許多小房間，只有西邊較大的兩敞間用做書房，其餘的都空著。

這兩間書房，和宮裏其他的屋子比起來，佈置得較簡單：南窗下是一張長條几，上面陳設著帽筒、花瓶之類的東西；靠西牆是一溜炕。起初念書就是在炕上，炕桌就是書桌，後來移到地上，八仙桌代替了炕桌。靠北板壁擺著兩張桌子，是放書籍文具的地方；靠東板壁是一溜椅子、茶几。東西兩壁上掛著醇賢親王親筆給光緒寫的誡勉詩條屏。

比較醒目的是北板壁上有個大鐘，盤面的直徑約有二米，指針比我的胳臂還長，鐘的機件在板壁後面，上發條的時候，要到壁後搖動一個像汽車搖把似的東西。這個奇怪的龐然大物是哪裏來的，爲什麼要安裝在這裏，我都不記得了，甚至它走動起來是什麼聲音，報時的時候有多大響聲，我也沒有印象了。

儘管毓慶宮的時鐘大得驚人，毓慶宮的人卻是最沒有時間觀念的。看看我讀的什麼書，就可以知道。我讀的主要課本是十三經，另外加上輔助教材《大學衍義》、《朱子家訓》、《庭訓格言》、《聖諭廣訓》、《御批通鑒輯覽》、《聖武記》、《大清開國方略》等等。十四歲起又添了英文課，除了《英語讀本》，我只念了兩本書，一本是《愛麗思漫遊奇境記》，另一本是譯成英文的中國《四書》。滿文也是基本課，但是連字母也沒學會，就隨老師伊克坦的去世而結束。

總之，我從宣統三年學到民國十一年，沒學過加減乘除，更不知聲光化電。關於自己的祖國，從書上只看到「同光中興」，關於外國，我只隨著愛麗思遊了一次奇境。什麼華盛頓、拿破崙，瓦特發明蒸氣機，牛頓看見蘋果落地，全不知道。關於宇宙，也超不出「太極生兩儀，兩儀生四象，四象生八卦」。

如果不是老師願意在課本之外談點閒話，自己有了閱讀能力之後看了些閒書，我不會知道北京城在中國的位置，也不會知道大米原來是從地裏長出來的。當談到歷史，他們誰也不肯揭穿長白山仙女的神話，談到經濟，也沒有一個人提過一斤大米要幾文錢。所以我在很長時間裏，總相信我的祖先是由仙女佛庫倫吃了一顆紅果生育出來的，我一直以爲每個老百姓吃飯時都會有一桌子菜餚。

我讀的古書不少，時間不短，按理說對古文總該有一定的造詣，其實不然。首先，我念書極不用功。除了經常生些小病藉題不去以外，實在沒題目又不高興去念書，就叫太監傳諭老師，放假一天。

在十來歲以前，我對毓慶宮的書本，並不如對毓慶宮外面那棵檜柏樹的興趣高。在毓慶宮東跨院裏，有棵檜柏樹，夏天那上面總有螞蟻，成天上上下下，忙個不停。我對牠們產生了很大的好奇心，時常蹲在那裏觀察牠們的生活，用點心渣子餵牠們，幫助牠們搬運食品，自己倒忘了吃飯。

後來我又對蛐蛐、蚯蚓發生了興趣，叫人搬來大批的古瓷盆缸餵養。在屋裏念書，興趣就沒這麼大了，念到最枯燥無味的時候，只想跑出來看看我這些朋友們。

十幾歲以後，我逐漸懂得了讀書和自己的關係：怎麼做一個「好皇帝」，以及一個皇帝之所以爲皇帝，都有什麼天經地義，我有了興趣。這興趣只在「道」而不在「文」。這種「道」，大多是皇帝的權利，很少是皇帝的義務。

雖然聖賢說過「民爲重，社稷次之，君爲輕」，「君視臣爲草芥，臣視君爲寇仇」之類的話，但更多的話卻是爲臣工百姓說的，如所謂「君君臣臣父父子子」等。在第一本教科書《孝經》裏，就規定下了「始於事親，終於事君」的道理。這些順耳的道理，開講之前，我是從師傅課外閒談裏聽到的，開講以後，也是師傅講的比書上的多。所以真正的古文倒不如師傅的古話給我的印象更深。

許多舊學塾出身的人都背過書，據說這件苦事，確實給了他們好處。這種好處我卻沒享受到。師傅從來沒叫我背過書，只是在書房裏念幾遍而已。

也許他們也考慮到念書是應該記住的，所以規定了兩條辦法：一條是我到太后面前請安的時候，要在太后面前把書從頭念一遍給她聽；另一條是我每天早晨起床後，由總管太監站在我的臥室外面，大聲地把我昨天學的功課念幾遍給我聽。至於我能記住多少，我想記不想記，就沒有人管了。

老師們對我的功課，從來不檢查。出題作文的事，從來沒有過。我記得作過幾次對子，寫過一兩首律詩，做完了，老師也不加評語，更談不上修改。

其實，我在少年時代是挺喜歡寫寫東西的，不過既然老師不重視這玩意，我只好私下裏寫，給自己欣賞。

我在十三四歲以後，看的閒書不少，像明清以來的筆記、野史，清末民初出版的歷史演義、劍仙俠客、公案小說，以及商務印書館出版的《說部叢書》等等，我很少沒看過的。再大一點以後，我又讀了一些英文故事。我曾仿照這些中外古今作品，按照自己的幻想，編造了不少「傳奇」，並且自製插圖，自編自看。我還化名向報刊投過稿，大都遭到了失敗。

我記得有一次用「鄧炯麟」的化名，把一個明朝詩人的作品抄寄給一個小報，編者上了我的當，給登出來了。上當的除了報紙編者還有我的英國師傅莊士敦，他後來把這首詩譯成英文收進了他的著作《紫禁城的黃昏》，以此作為他的學生具有「詩人氣質」的例證之一。

我的學業成績最糟的，要數我的滿文。學了許多年，只學了一個字，這就是每當滿族大臣向我請安，跪在地上用滿族語說了照例一句請安的話（意思是：奴才某某跪請主子的聖安）之後，我必須回答的那個：「伊立（起來）！」

我九歲的時候，他們想出一條促進我學業的辦法，給我配上伴讀的學生。伴讀者每人每月可以拿到按八十兩銀子折合的酬賞，另外被「賞紫禁城騎馬」⑩。雖然那時已進入民國時代，但在皇族子弟中仍然被看做是巨大的榮譽。得到這項榮譽的有三個人，即：溥傑、毓崇（溥倫的兒子，伴讀漢文）、溥佳（七叔載濤的兒子，伴讀英文，從我十四歲時開始）。

伴讀者還有一種榮譽，是代書房裏的皇帝受責。「成王有過，則撻伯禽」，既有此古例，因此在我念書不好的時候，老師便要教訓伴讀的人。實際上，皇弟溥傑是受不到這個的，倒楣的是毓崇。

毓慶宮裏這三個漢文學生，溥傑的功課最好，因爲他在家裏另有一位教師教他，他每天到毓慶宮來，不過是白賠半天功夫。毓崇的成績最壞，這倒不是他沒另請師傅，而是他由於念的好也挨說，念不好也挨說，這就使他念得沒有興趣。所以他的低劣成績，可以說是職業原因造成的。

我在沒有伴讀同學的時候，確實非常淘氣。我念書的時候，一高興就把鞋襪全脫掉，把襪子扔到桌子上，老師只得給我收拾好，給我穿上。有一次，我看見徐坊老師的長眉毛好玩，要他過來給我摸摸。在他遵命俯頭過來的時候，給我冷不防的拔下了一根。徐坊後來去世，太監們都說這是被「萬歲爺」拔掉壽眉的緣故。

還有一次，我的陸潤庠師傅竟被我鬧得把「君臣」都忘了。記得我那次無論如何念不下書，只想到院子裏看螞蟻倒窩去，陸老師先用了不少婉轉的話勸我，什麼「文質彬彬，然後君子」，我聽也聽不懂，只是坐在那裏東張西望，身子扭來扭去。陸師傅看我還是不安心，又說了什麼「君子不重則不威；學則不固」，我反倒索興站起來要下地了，這時他著急了，忽然大喝一聲：「不許動！」我嚇了一跳，居然變得老實一些。可是過了不久，我又想起了螞蟻，在座位上魂不守舍地扭起來。

伴讀的來了之後，果然好了一些，在書房裏能坐得住了。我有了什麼過失，師傅們也有了規勸和警戒的方法。記得有一次我蹦蹦跳跳地走進書房，就聽見陳老師對坐得好好的毓崇說：「看你何其輕佻！」

我每天念書時間是早八時至十一時，後來添了英文課，在下午一至三時。每天早晨八時前，我乘坐金頂黃轎到達毓慶宮。我說了一聲：「叫！」太監即應聲出去，把配房裏的老師和伴讀者叫了來。他們進殿也有一定程序：前面是捧書的太監，後隨著第一堂課的老師傅，再後面是伴讀的學生。

老師進門後，先站在那裏向我注目一下，作爲見面禮，我無須回禮，因爲「雖師，臣也，雖徒，君也」，這是禮法有規定的。然後溥傑和毓崇向我請跪安。禮畢，大家就坐。桌子北邊朝南的獨座是我的，師傅坐在我左手邊面西的位子上，順他身邊的是伴讀者的座位。這時太監們把他們的帽子在帽筒上放好，魚貫而退，我們的功課也就開始了。

我找到了十五歲時寫的三頁日記，可以看出那時念書的生活情況。辛亥後，在我那一圈兒裏一直保留著宣統年號，這幾頁日記是「宣統十二年十一月」的。

二十七日，晴。早四時起，書大福字十八張。八時上課，同溥傑、毓崇共讀論語、周禮、禮記、唐詩，聽陳師講通鑑輯覽。九時半餐畢，復讀左傳、穀梁傳，聽朱師講大學衍義及寫仿對對聯。至十一時功課畢，請安回宮。是日莊士敦未至，因微受感冒。遂還養心殿，書福壽字三十張，復閱各報，至四時餐，六時寢。臥帳中又讀古文觀止，甚有興味。

二十八日，晴。早四時即起，靜坐少時，至八時上課。仍如昨日所記。至十二鐘三刻餘，莊士敦至，即與溥佳讀英文。三時，功課畢，還養心殿。三時半，因微覺胸前發痛，召范一梅來診，開藥方如左：

薄荷八分，白芷一錢，青皮一錢五分炒，鬱金一錢五分研，扁豆二錢炒，神曲一錢五分炒，焦查三錢，青果五枚研，水煎溫服。

晚餐後，少頃即服。五時半寢。

二十九日，晴。夜一時許，即被呼醒，覺甚不適。及下地，方知已受煤毒。二人扶余以行，至前室已暈去。臥於榻上，少頃即醒，又越數時乃癒。而在余寢室之二太監，亦暈倒，今日方知煤之當緊（警）戒也。八時，仍舊上課讀書，並讀英文。三時下學，餐畢，至六時餘寢。

陸潤庠師傅⓫是江蘇元和人，做過大學士，教我不到一年就去世了。教滿文的伊克坦是滿族正白旗人，滿文翻譯進士出身，教了我九年多滿文。和陸、伊同來的陳寶琛是福建閩縣人，西太后時代做過內閣學士和禮部侍郎，是和我相處最久的師傅。

陸死後添上教漢文的做過國子監的徐坊，南書房翰林朱益藩和以光緒陵前植松而出名的梁鼎芬⓬。

對我影響最大的師傅首先是陳寶琛，其次是後來教英文的英國師傅莊士敦。陳在福建有才子之名，他是同治朝的進士，二十歲點翰林，入閣後以敢於上諫太后出名，與張之洞等有清流黨之稱。他後來不像張之洞那樣會隨風轉舵，光緒十七年被藉口南洋事務沒有辦好，降了五級，從此回家賦閒，一連二十年沒出來。直到辛亥前夕才被起用，原放山西巡撫，未到任，就被留下做我的師傅，從此沒離開我，一直到我去東北為止。

在我身邊的遺老之中，他是最稱穩健謹慎的一個。當時在我的眼中，他是最忠實於我、最忠實於「大清」的。在我感到他的謹慎已經妨礙了我之前，他是我唯一的智囊。事無巨細，咸待一言決焉。

「有王雖小而元子哉！」這是陳師傅常微笑著對我讚歎的話。他笑的時候，眼睛在老光鏡片後面瞇成一道線，一隻手慢慢捋著雪白而稀疏的鬍子。

更叫我感興趣的是他的閒談。我年歲大些以後，差不多每天早晨，總要聽他講一些有關民國的新聞，像南北不和，督軍火併，府院交惡，都是他的話題。說完這些，少不得再用另一種聲調，回述一下「同光中興、康乾盛世」，當然，他特別喜歡說他當年敢於進諫西太后的故事。

每當提到給民國做官的那些舊臣，他總是忿忿然的。像徐世昌、趙爾巽這些人，他認為都應該列入貳臣傳裏。在他嘴裏，革命、民國、共和，都是一切災難的根源，和這些字眼有關的人物，都是和盜賊並列的。「非聖人者無法，非孝者無親，此大亂之道也」，這是他對一切不順眼的總結論。

記得他給我轉述過一位遺老編的對聯：「民猶是也，國猶是也，何分南北？總而言之，統而言之，不是東西」。他加上一個橫批是：「旁觀者清」。他在讚歎之餘，給我講了臥薪嘗膽的故事，講了「遵時養晦」的道理。他在講過時局之後，常常如此議論：「民國不過幾年，早已天怒人怨，國朝二百多年深仁厚澤，人心思清，終必天與人歸。」

朱益藩師傅教書的時候不大說閒話，記得他總有些精神不振的樣子，後來才知道他愛打牌，一打一個通夜，所以睡眠有點不足。他會看病，我生病有時是請他看脈的。梁鼎芬師傅很愛說話。他與陳師傅不同之處，是說到自己的地方比陳師傅要多些。

有一個故事我就聽他說過好幾遍。他在光緒死後，曾發誓要在光緒陵前結廬守陵，以終晚年。故事就發生在他守陵的時候。有一天夜裏，他在燈下讀著史書，忽然院子裏跳下一個彪形大漢，手持一把雪亮的匕首，闖進屋裏。他面不改色地問道：「壯士何來？可是要取梁某的首級？」那位不速之客被他感動了，下不得手。他放下書，慨然引頸道：「我梁某能死於先帝陵前，於願足矣！」那人終於放下匕首，雙膝跪倒，自稱是袁世凱授命行刺的，勸他從速離去，免生不測。他泰然謝絕勸告，表示決不怕死。這故事我聽了頗受感動。

我還看見過他在崇陵照的一張相片，穿著清朝朝服，身邊有一株松苗。後來陳寶琛題過一首詩：「補天回日手何如？冠帶臨風自把鋤，不見松青心不死，固應藏魄傍山廬。」他怎麼把終老於陵旁的誓願改爲「不見松青心不死」，又怎麼不等松青就跑進城來，我始終沒弄明白。

當時弄不明白的事情很多，譬如，子不語怪力亂神，但是陳師傅最信卜卦，並爲我求過神籤，向關帝問過未來祖業和我自己的前途；梁師傅篤信扶乩；朱師傅向我推薦過「天眼通」。

我過去曾一度認爲師傅們書生氣太多，特別是陳寶琛的書生氣後來多得使我不耐煩。其實，認真地說來，師傅們有許多舉動，並不像是書生幹的。書生往往不懂商賈之利，但是師傅們卻不然，他們都很懂行，而且也很會沽名釣譽。現在有幾張賞單叫我回憶起一些事情。這是「宣統八年十一月十四日」的記錄：

賞陳寶琛	王時敏晴嵐暖翠閣手卷一卷
伊克坦	米元章真跡一卷
朱益藩	趙伯駒玉洞群仙圖一卷
梁鼎芬	閻立本畫孔子弟子像一卷

還有一張「宣統九年三月初十日」記的單子，上有賞伊克坦、梁鼎芬每人「唐宋名臣

相冊」一冊，賞朱益藩「范中正夏峰圖」一軸、「惲壽平仿李成山水」一軸。這類事情當時是很不少的，加起來的數量遠遠要超過這幾張紙上的記載。我當時並不懂字畫的好壞，賞賜的品目都是這些內行專家們自己提出來的。至於不經賞賜，借而不還的那就更難說了。

有一次在書房裏，陳師傅忽然對我說，他無意中看到兩句詩：「老鶴無衰貌，寒松有本心」。他想起了自己即將來臨的七十整壽，請求我把這兩句話寫成對聯，賜給他做壽聯。看我答應了，他又對他的同事朱益藩說：「皇上看到這兩句詩，說正像陳師傅，既然是皇上這樣說，就勞大筆一揮，寫出字模供皇上照寫，如何？」

這些師傅們去世之後，都得到了頗令其他遺老羨慕的謚法。似乎可以說，他們要從我這裏得到的都得到了，他們所要給我的，也都給我了。至於我受業的成績，雖然毓慶宮裏沒有考試，但是我十二歲那年，在一件分辨「忠奸」的實踐上，讓師傅們大爲滿意。

那年奕劻去世，他家來人遞上遺摺，請求謚法。內務府把擬好的字眼給我送來了。按例我是要和師傅們商量的，那兩天我患感冒，沒有上課，師傅不在跟前，我只好自己拿主意。我把內務府送來的謚法看了一遍，很不滿意，就扔到一邊，另寫了幾個壞字眼，如荒謬的「謬」，醜惡的「醜」，以及幽王的「幽」，厲王的「厲」，作爲惡謚，叫內務府拿去。

過了一陣，我的父親來了，結結巴巴地說：

「皇上還還是看在宗宗室的分上，另另賜個……」

「那怎麼行？」我理直氣壯地說，「奕劻受袁世凱的錢，勸太后讓國，大清二百多年的天下，斷送在奕劻手裏，怎麼可以給個美謚？只能是這個：醜！謬！」

「好，好好。」父親連忙點頭，拿出了一張另寫好字的條子來，遞給我：「那就就用這這個，『獻』字，這這個字有個犬旁，這這字不好……」

「不行！不行！」我看出這是哄弄我，師傅們又不在跟前，這簡直是欺負人了，我又急又氣，哭了起來：「犬字也不行！不行不行！……不給了！什麼字眼也不給了！」

我父親慌了手腳，腦後的花翎跳個不停：「別哭別哭，我找找找上書房去！」

第二天我到毓慶宮上課，告訴了陳寶琛，他樂得兩隻眼睛又瞇成了一道縫，連聲讚歎：

「皇上跟王爺爭的對，爭的對！……有王雖小而元子哉！」

南書房翰林們最後擬了一個「密」字，我以爲這不是個好字眼，同意了，到後來從蘇洵的《謚法考》上看到「追補前過曰密」時，想再改也來不及了。但是這次和父親的爭論，經師傅們的傳播，竟在遺老中間稱頌一時。梁鼎芬在侍講日記裏有這樣一段文字：

宣統九年正月初七日，慶親王奕劻死。初八日遺摺上，內務府大臣擬旨謚曰「哲」，上不可。……初十日，召見世續、紹英、耆齡，諭曰：奕劻貪贓誤國，得罪列祖列宗，我大清國二百餘年之天下，一手壞之，不能予謚！已而謚之曰「密」。謚法考追補前過曰密。奕劻本有大罪，天下恨之。傳聞上諭如此，凡為忠臣義士，靡不感泣曰：真英主也！

五、太監

講我的幼年生活，就不能少了太監。他們服侍我吃飯、穿衣和睡覺，陪我遊戲，伺候我上學，給我講故事，受我的賞也挨我的打。別人還有不在我面前的時間，他們卻整天不離我的左右。他們是我幼年的主要伴侶，是我的奴隸，也是我最早的老師。

役使太監的歷史起於何年，我說不準，但我知道結束的日子，是在二次大戰取得勝利，我從帝王寶座上第三次摔下來的那天，那時可能是太監最少的時候，只有十名左右。據說人數最多的是明朝，達十萬名。清朝使用太監，在職務和數量上雖有過限制，但西太后時代也還有三千多名。

辛亥以後，太監大量逃亡，雖然優待條件上規定不許再招閹人，內務府仍舊偷著收用。據我最近看到的一份「宣統十四年（即一九二二年）正月行二月分小建津貼口分單」上的統計，還有一千一百三十七名。

兩年後，經我一次大遣散，剩下了二百名左右，大部分服侍太妃和我的妻子（她們還有近百名宮女，大體未動）。從那以後，宮中使用的差役只是數量小得多的護軍和被稱為「隨侍」的男性僕役。

在從前，禁城以內，每天到一定時刻，除了值班的乾清宮侍衛之外，上自王公大臣下至最低賤的扶役「蘇拉」，全走得乾乾淨淨，除了皇帝自家人之外。再沒有一個真正的男性。

太監的職務非常廣泛，除了伺候起居飲食、隨侍左右、執傘提爐等事之外，用《宮中則例》上的話來說，還有：傳宣諭旨、引帶召對巨工、承接題奏事件；承行內務府各衙門文移、收復外庫錢糧、巡查火燭；收掌文房書籍、古玩字畫、冠袍履帶、鳥槍弓箭；收貯古玩器皿、賞用物件、功臣黃冊、乾鮮果品；帶領御醫各宮請脈、外匠營造一切物件；供奉列祖實錄聖訓、御容前和神前香燭；稽查各門大小巨工出入；登記翰林入值和侍衛值宿名單；遵藏御寶；登載起居注；鞭笞犯規宮女太監；飼養各種動物；打掃殿宇、收拾園林；驗自鳴鐘時刻；請髮；煎藥；唱戲；充當道士在城隍廟裏念經焚香；爲皇帝做替身在雍和宮裏充當喇嘛，等等。

宮中太監按系統說，大致可分爲兩大類，一類是在太后、帝、后、妃身邊的太監，一類是其他各處的太監。無論哪一類太監，都有嚴格的等級，大致可分爲總管、首領、一般太監。太后和帝后身邊都有總管、首領，妃宮只有首領。品級最高的是二品，但從李蓮英起，開了賞戴二品頂戴的例，所以我所用的大總管張謙和也得到了這個「榮譽」。

三品花翎都領侍是各處太監的最高首領，統管宮內四十八處的太監，在他下面是九個區域的所謂九堂總管，由三品到五品，再下面是各處的首領太監，由四品到九品，也有無品級的，再下面是一般的太監。一般太監裏等級最低的是打掃處的太監，犯了過失的太監就送到這裏充當苦役。

太監的月銀按規定最高額是銀八兩、米八斤、制錢一貫三百，最低的月銀二兩、米一斤半、制錢六百。對於大多數太監，特別是上層太監說來，這不過是個名義上的規定，實際上他們都有各種各樣的，集團的或個人的，合法的或非法的「外快」，比名義上的月銀要多到不知多少倍。像隆裕太后的總管太監張蘭德，即綽號叫小德張的，所謂「貴敵王侯，富埒天子」，是盡人皆知的。

我用的一個二總管阮進壽，每入冬季，一天換一件皮袍，什麼貂翎眼、貂爪仁、貂脖子，沒有穿過重樣兒的。僅就新年那天他穿的一件反毛的全海龍皮褂，就夠一個小京官吃上一輩子的。宮中其他總管太監和一些首領太監，也莫不各有自己的小廚房，各有一些小太監伺候，甚至有的還有外宅「家眷」，老媽、丫頭一應俱全。而低層太監則特別苦，他們一年到頭吃苦受累挨打受罪，到老無依無靠，只能仗著極有限的「恩賞」過日子，如果犯了過失攆了出去，那就唯有乞討和餓死的一條路了。

和我接觸最多的是養心殿的太監，其中最親近的是伺候我穿衣吃飯的御前小太監，他們分住在殿後東西兩個夾道，各有首領一名管理。專管打掃的所謂殿上太監，也有首領一名。這兩種太監統歸大總管張謙和和二總管阮進壽所管。

隆裕太后在世時，曾派都領侍總管太監張德安做我的「諳達」，這個職務是照顧我的生活，教給我一切宮中禮節等等。但我對他的感情和信任卻遠不如張謙和。

張謙和當時是個五十多歲、有些駝背的老太監，是我的實際的啓蒙老師。我進毓慶宮讀書之前，他奉太后之命先教我認字塊，一直教我念完了《三字經》和《百家姓》。

我進毓慶宮以後，他每天早晨要立在我的臥室外面，給我把昨天的功課念一遍，幫助我記憶。像任何一個皇帝的總管太監一樣，他總要利用任何機會，來表示自己對主子的忠心和深摯的感情。因此，在他喋喋不休的聒噪中，我在進毓慶宮之前就懂得了袁世凱的可恨、孫文的可怕，以及民國是大清「讓」出來的，民國的大官幾乎都是大清皇帝的舊臣，等等。外面時局的變化，也往往從他的憂喜的感情變化上傳達給我。我甚至還可以從他每天早晨給我背書的聲音上，知道他是在爲我擔憂，還是在爲我高興。

張謙和也是我最早的遊伴之一。和他一起做競爭性的游戲，勝利的永遠是我。記得有一次過年的時候，敬懿太妃叫我去玩押寶，張謙和坐莊，我押哪一門，哪一門準贏，結果總是莊家的錢都叫我贏光。他也不在乎，反正錢都是太妃的。

我和別的孩子一樣，小時候很愛聽故事。張謙和以及許多其他太監講的故事，總離不開兩類：一是宮中的鬼話；一是「聖天子百靈相助」的神話。總之，都是鬼怪故事，如果我能都寫下來，必定比一部聊齋還要厚。

照他們說來，宮裏任何一件物件，如銅鶴、金缸、水獸、樹木、水井、石頭等等無一未成過精，顯過靈，至於宮中供的關帝菩薩、真武大帝等等泥塑木雕的神像，就更不用說了。

我從那些百聽不厭的故事中，很小就得到這樣一個信念：一切鬼神對於皇帝都是巴結的，甚至有的連巴結都巴結不上，因此皇帝是最尊貴的。

據太監們說，儲秀宮裏那隻左腿上有個凹痕的銅鶴，在乾隆爺下江南的時候，它成了精，跑到江南去保駕，不料被乾隆射了一箭，討了一場沒趣，只好溜回原處站著。那左腿上生了紅銹的凹痕便是乾隆射的箭傷。

又說御花園西魚池附近靠牆處有一棵古松，在乾隆某次下江南時，給乾隆遮了一路太陽，乾隆回京之後，賜了這松樹一首詩在牆上。乾隆親筆詩裏說的是什麼，這個不識字的太監就不管了。

御花園欽安殿西北角台階上，從前放著一塊磚，磚下面有一個腳印似的凹痕。太監們說，乾隆年間有一次乾清宮失火，真武大帝走出殿門，站在台階上向失火的方向用手一指，火焰頓息，這個腳印便是真武大帝救火時踏下的。這當然是胡說八道。

我幼時住的長春宮的西廂房台階上有一塊石枕，據一位太監解釋，因爲附近的中正殿頂上那四條金龍，有一條常在夜間到長春宮喝大金缸裏的水，不知是哪一代皇帝造了這個石枕，供那條金龍休息之用。對這種無稽之談，我也聽得津津有味。

皇帝的帽子上的一顆大珠子也有神話。

說是有一天乾隆在圓明園一條小河邊散步，發現河裏放光，他用鳥槍打了一槍，光不見了，叫人到河裏去摸，結果摸出一隻大蛤蜊，從中發現了這顆大珍珠。又說這顆珠子做了帽珠之後，常常私自外出，飛去飛回，後來根據「高人」的指點，在珠子上鑽了孔，安上金頂，從此才把它穩住。關於這顆珠子，《閱微草堂筆記》另有傳說，自然全是胡扯。用這顆珠子做的珠頂冠，我曾經戴用過，僞滿垮台時把它丟失在通化大栗子溝了。

這類故事和太監的種種解說，我在童年時代是完全相信的。相信的程度可以用下面這個故事表明。

我八九歲時，有一次有點不舒服，張謙和拿來一顆紫色的藥丸讓我吃。我問他這是什麼藥，他說：「奴才剛才睡覺，夢見一個白鬍子老頭兒，手裏托著一丸藥，說這是長生不老丹，特意來孝敬萬歲爺的。」

我聽了他這話，不覺大喜，連自己不舒服也忘了，加之這時由神話故事又聯想到二十四孝的故事，我便拿了這個長生不老丹到四位太妃那裏，請她們也分嘗一些。

這四位母親大概從張謙和那裏先受到了暗示，全都樂哈哈的，稱讚了我的孝心。過了一個時期，我偶然到御藥房去找藥，無意間發現了這裏的紫金錠，和那顆長生不老丹一模一樣，雖然我感到了一點失望，但是，信不信由你，這個白鬍子神仙給我送藥的故事，我仍不肯認做是編造的。

太監們的鬼神故事一方面造成了我的自大狂，另方面也從小養成了我怕鬼的心理。照太監們說，紫禁城裏無處沒有鬼神在活動。永和宮後面的一個夾道，是鬼掐脖子的地方；景和門外的一口井，住著一群女鬼，幸虧景和門上有塊鐵板鎮住了，否則天天得出來；三海中間的金鰲玉蝀橋，每三年必有一個行人被橋下的鬼拉下去……

這類故事越聽越怕，越怕越要聽。十二歲以後，我對於「怪力亂神」的書（都是太監給我買來的）又入了迷，加上宮內終年不斷地祭神拜佛、薩滿跳神等等活動，弄得我終日疑神疑鬼，怕天黑，怕打雷，怕打閃，怕屋裏沒人。

每當夕陽西下，禁城進入了暮色蒼茫之中，進宮辦事的人全都走淨了的時候，靜悄悄的禁城中央——乾清宮那裏便傳來一種淒厲的呼聲：「搭門，下錢糧⑬，燈火小——心——」隨著後尾的餘音，禁城各個角落裏此起彼伏地響起了值班太監死陰活氣的回聲。這是康熙皇帝給太監們規定的例行公事，以保持警惕性。這種例行公事，把紫禁城裏弄得充滿了鬼氣。這時我再不敢走出屋子，覺得故事裏的鬼怪都聚到我的窗戶外面來了。

太監們用這些鬼話來餵養我，並非全是有意地奉承我和嚇唬我，他們自己實在是非常迷信的。張謙和就是這樣的人，他每有什麼疑難，總要翻翻《玉匣記》才能拿主意。一般的太監也都很虔誠地供奉著「殿神」，即長蟲、狐狸、黃鼠狼和刺蝟這四樣動物。本來宮裏供的神很多，除了佛、道、儒，還有「王爹爹、王媽媽」，以及坤寧宮外的「神桿」、上駟院的馬、什麼宮的蠶，日月星辰，牛郎織女，五花八門，無一不供，但唯有殿神是屬於太監的保護神，不在皇室供奉之列。

照太監們的說法，殿神是皇帝封的二品仙家。有個太監告訴我說，有一天晚上，他在乾清宮丹陛上走，突然從身後來了一個二品頂戴、蟒袍補褂的人，把他抓起來一把扔到丹陛下面，這就是殿神。

太監們不吃牛肉，據一個太監說，吃牛肉是犯了大五葷，殿神會罰他們在樹皮上蹭嘴，直蹭到皮破血流爲止。

太監若是進入無人去的殿堂，必先大喊一聲「開殿！」才動手去開門，免得無意中碰見殿神，要受懲罰。太監每到初一、十五，逢年過節都要給殿神上供，平常是用雞蛋、豆腐乾。燒酒和一種叫「二五眼」的點心，年節還要用整豬整羊和大量果品，對於收入微薄的底層太監說來，均攤供品的費用，雖是個負擔，但他們都心甘情願，因爲這些最常挨打受氣的底層太監，都希望殿神能保佑他們，在福禍難測的未來，能少受點罪。

太監們爲了取得額外收入，有許多辦法。戲曲和小說裏描寫過，光緒要花銀子給西太后宮的總管太監，否則李蓮英就會刁難他，請安時不給他通報，其實這是不會有的。至於太監敲大臣竹槓，我倒聽了不少。

據說同治結婚時，內務府打點各處太監，漏掉了一處，到了喜日這天，這處的太監便找了內務府的堂郎中來，說殿上一塊玻璃裂了一條紋。按規矩，內務府司員不經傳召，不得上丹陛，這位堂郎中只是站在下面遠遠地瞧了一下，果然瞧見玻璃上有條紋。這位司員嚇得魂不附體，大喜日子出這種破像，叫西太后知道必定不得了。這時太監說了，不用找工匠，他可以悄悄想辦法去換一塊。內務府的人明白這是敲竹槓，可是沒辦法，只好送上一筆銀子。銀子一到，玻璃也換好了。

其實玻璃並沒有裂，那條紋不過是貼上的一根頭髮。

世續的父親崇綸當內務府大臣的時候，有一次也是由於辦什麼事，錢沒有送周全，沒吃飽的太監這天便等在崇綸上朝見太后的路上，等崇綸走過，故意從屋裏潑出一盆洗臉水，把崇綸的貂褂潑得水淋淋的。那太監故作驚慌，連忙請罪。崇綸知道這不是發脾氣的時候，因爲太后正等著他去覲見，因此很著急地叫太監想辦法。太監於是拿出了一件預備好的貂褂說：「咱們這苦地方，還要托大人的福，多恩典。」

原來太監們向例預備有各種朝服冠帶，專供官員臨時使用時租賃的，這回崇綸也只好讓他們敲一筆竹槓，花了一筆可觀的租衣費。

據內務府一位舊人後來告訴我，在我結婚時，內務府曾叫我的大總管（剛代替張謙和升上來的）阮進壽敲了一筆。因爲我事先規定了婚費數目，不得超過三十六萬元，內務府按照這個數目在分配了實用額之後，可以分贈太監的，數目不多，因此在大總管這裏沒通過，事情僵住了。

堂郎中鍾凱爲此親自到阮進壽住的地方，左一個阮老爺，右一個阮老爺，央求了半天，阮進壽也沒答應，最後還是按阮進壽的開價辦事，才算過了關。那位朋友當時是在場人，他過於年輕，又剛去「學習」不久，許多行話聽不懂，所以阮進壽得到了多少外快，他沒有弄清楚。

不過我相信，像張謙和和阮進壽這些「老爺」，比起小德張來，在各方面都差得很遠。我在天津時，小德張也住在天津。他在英租界有一座豪華的大樓，有幾個姨太太和一大群奴僕伺候他，威風不下於一個軍閥。據說一個姨太太因爲受不住他的虐待，逃到英國巡捕房請求保護。小德張錢能通神，巡捕房不但沒有保護那個女人，反而給送回了閻王殿，結果竟被小德張活活打死。那女人死後，也沒有人敢動他一下。

六、我的乳母

梁鼎芬給我寫的「起居注」中，有一段「宣統五年正月十六日」的紀事：

> 上常笞太監，近以小過前後笞十七名，臣陳寶琛等諫，不從。

這就是說，在到我七周歲的時候，責打太監已成家常便飯，我的冷酷無情、慣發威風的性格已經形成，勸也勸不過來了。

我每逢發脾氣，不高興的時候，太監就要遭殃；如果我忽然高興，想開心取樂的時候，太監也可能要倒楣。我在童年，有許多稀奇古怪的嗜好，除了玩駱駝、餵螞蟻、養蚯蚓、看狗牛打架之外，更大的樂趣是惡作劇。

早在我懂得利用敬事房打人之前，不少太監們已吃過我惡作劇的苦頭。有一次，大約是八九歲的時候，我對那些百依百順的太監們忽然異想天開，要試一試他們是否真的對

「聖天子」聽話。我挑出一個太監，指著地上一塊髒東西對他說：「你給我吃下去！」他真的趴在地上吃下去了。

有一次我玩救火用的唧筒，噴水取樂。正玩著，前面走過來了一個年老的太監，我又起了惡作劇的念頭，把龍頭沖著他噴去。這老太監蹲在那裏不敢跑開，竟給冷水激死過去。後來經過一陣搶救，才把他救活過來。

在人們的多方逢迎和百般依順的情形下，養成了我的以虐待別人來取樂的惡習。師傅們諫勸過我，給我講過仁恕之道，但是承認我的權威，給我這種權威教育的也正是他們。不管他們用了多少歷史上的英主聖君的故事來教育我，說來說去我還是個「與凡人殊」的皇帝。所以他們的勸導並沒有多大效力。

在宮中唯一能阻止我惡作劇行為的，是我的乳母王焦氏。她就是我在西太后面前哭喊著找的那位嬤嬤。她一個字不識，不會講什麼「仁恕之道」和歷史上的英主聖君故事，但當她勸我的時候，我卻覺得她的話是不好違拗的。

有一次，有個會玩木偶戲的太監，給我表演了一場木偶戲。我看得很開心，決心賞他一塊雞蛋糕吃。這時我的惡作劇的興趣又來了，決定捉弄他一下。我把練功夫的鐵砂袋撕開，掏出一些鐵砂子，藏在蛋糕裏。我的乳母看見了，就問我：「老爺子，那裏頭放砂子可叫人怎麼吃呀？」「我要看看他咬蛋糕是什麼模樣。」「那不崩了牙嗎？崩了牙就吃不了東西。人不吃東西可不行啊！」我想，這話也對，可是我不能取樂了，我說：「我要看他崩牙的模樣，就看這一回吧！」乳母說：「那就換上綠豆，咬綠豆也挺逗樂的。」於是那位玩木偶的太監才免了一次災難。

又有一次，我玩氣槍，用鉛彈向太監的窗戶打，看著窗戶紙打出一個個小洞，覺得很好玩。不知是誰，去搬了救兵——乳母來了。

「老爺子，屋裏有人哪！往屋裏打，這要傷了人哪！」

我這才想起了屋裏有人，人是會被打傷的。

只有乳母告訴過我，別人和我同樣是人。不但我有牙，別人也有牙，不但我的牙不能咬鐵砂，別人也不能咬，不但我要吃飯，別人也同樣不吃飯要餓肚子，別人也有感覺，別人的皮肉被鉛彈打了會一樣的痛。

這些用不著講的常識，我並非不懂，但在那樣的環境裏，我是不容易想到這些的，因為我根本就想不起別人，更不會把自己和別人相提並論，別人在我心裏，只不過是「奴才」、「庶民」。我在宮裏從小長到大，只有乳母在的時候，才由於她的樸素的言語，使我想到過別人同我一樣是人的道理。

我是在乳母的懷裏長大的，我吃她的奶一直到九歲，九年來，我像孩子離不開母親那樣離不開她。

我九歲那年，太妃們背著我把她趕出去了。那時我寧願不要宮裏的那四個母親也要我的「嫫嫫」，但任我怎麼哭鬧，太妃也沒有給我把她找回來。

現在看來，乳母走後，在我身邊就再沒有一個通「人性」的人。如果九歲以前我還能從乳母的教養中懂得點「人性」的話，這點「人性」在九歲以後也逐漸喪失盡了。

我結婚之後，派人找到了她，有時接她來住些日子。在僞滿後期，我把她接到長春，供養到我離開東北。她從來沒有利用自己的特殊地位索要過什麼。她生性溫和，跟任何人都沒發生過爭吵，端正的臉上總帶些笑容。她說話不多，或者說，她常常是沉默的。如果沒有別人主動跟她說話，她就一直沉默地微笑著。

小時候，我常常感到這種微笑很奇怪。她的眼睛好像凝視著很遠很遠的地方。我常常懷疑，她是不是在窗外的天空或者牆上的字畫裏，看見了什麼有趣的東西。關於她的身世、來歷，她從來沒有說過。直到我被特赦之後，訪問了她的繼子，才知道了這個用奶汁餵大了我這「大清皇帝」的人，經受過「大清朝」的什麼樣的苦難和屈辱。

光緒十三年（一八八七），她出生在直隸河間府任丘縣農村一個焦姓的貧農家裏。那時她家裏有父親、母親和一個比她大六歲的哥哥，連她一共四口。五十來歲的父親種著佃來的幾畝窪地，不雨受旱，雨大受澇，加上地租和賦稅，好年成也不夠吃。

在她三歲那年（即光緒十六年），直隸北部發生了一場大水災。她們一家不得不外出逃難。在逃難的路上，她的父親幾次想把她扔掉，幾次又被放回了破筐擔裏。這一擔挑子的另一頭是破爛衣被，是全家僅有的財產，連一粒糧食都沒有。

她後來對她的繼子提起這次幾乎被棄的厄運時，沒有一句埋怨父親的話，只是反覆地說，她的父親已經早餓得挑不動了，因爲一路上要不到什麼吃的，能碰見的人都和他們差不多。

這一家四口，父親、母親、一個九歲的兒子和三歲的女兒，好不容易熬到了北京。他們到北京本想投奔在北京一位當太監的本家。不料這位本家不肯見他們，於是他們流浪街頭，成了乞丐。

北京城裏成千上萬的災民，露宿街頭，啼饑號寒。與此同時，朝廷裏卻在大興土木，給西太后建頤和園。

從《光緒朝東華錄》裏可以找到這樣的記載：這年祖父去世，西太后派大臣賜奠治喪，我父親承襲王爵。

醇王府花銀子如淌水似地辦喪事，我父親蒙恩襲爵，而把血汗給他們變銀子的災民們正在奄奄待斃，賣兒鬻女。

焦姓這家要賣女兒，沒有人買。這時害怕出亂子的順天府尹辦了一個粥廠，他們有了暫時的棲身之地，九歲的男孩被一個剃頭匠收留下當徒弟，這樣好不容易地熬過了冬天。

春天來了，流浪的農民們想念著土地，粥廠要關門，都紛紛回去了。焦姓這一家回到家鄉，度過了幾個半饑不暖的年頭。庚子年八國聯軍的災難又降到河間保定兩府，女兒這時已是十三歲的姑娘，再次逃難到北京，投奔當了剃頭匠的哥哥。哥哥無力贍養她，在她十六歲這年，在半賣半嫁的情形下，把她給了一個姓王的差役做了媳婦。

丈夫生著肺病，生活卻又荒唐。她當了三年挨打受氣的奴隸，剛生下一個女兒，丈夫死了。她母女倆和公婆，一家四口又陷入了絕境。這時我剛剛出生，醇王府給我找乳母，在二十名應選人中，她以體貌端正和奶汁稠厚而當選。她為了用工錢養活公婆和自己的女兒，接受了最屈辱的條件：不許回家，不許看望自己的孩子，每天吃一碗不許放鹽的肘子，等等。二兩月銀，把一個人變成了一頭奶牛。

她給我當乳母的第三年，女兒因營養不足死了。為了免於引起她的傷感以致影響奶汁質量，醇王府封鎖了這消息。

第九年，有個婦差和太監吵架，太妃決定趕走他們，順帶著把我乳母也趕走了。這個溫順地忍受了一切的人，在微笑和凝視中度過了沉默的九年之後，才發現她的親生女兒早已不在人世了！

註釋：

❶一九一二年一月十六日袁世凱退朝回家，三個革命黨人伺於東華門大街便宜坊酒樓上，擲彈炸袁未中，炸斃袁的侍衛長袁金標，炸傷護兵數人，事後袁以「久患心跳作燒及左腿腰疼痛等症」為名請假，拒不入朝，讓胡維德等人代奏。

❷一九一一年十一月十五日，英國外相格雷覆駐華公使朱爾典電。其全文是「覆你十二日電。我們對袁世凱已發生了極友好的感情和崇敬。我們願意看到一個足夠有力的政府，可以不偏袒地處理對外關

係，維持國內秩序以及革命後在華貿易的有利環境，這樣的政府將要得到我們所能給予的一切外交援助。」（見藍皮書中國第一號，一九一二年四十頁）

❸在辛亥革命期間，滿清皇族的最頑固最反動的集團，以良弼、溥偉、鐵良等為首組成了宗社黨，其目的是挽救清朝的滅亡，反對清帝退位，反對袁世凱，反對議和。後良弼被革命黨人彭家珍炸死，袁世凱又策動馮國璋等發表通電，贊成共和，才被迫同意清帝退位，隆裕亦傳諭，把它解散。宗社黨解體之後，其中一些主要份子並不死心，分別投靠了帝國主義企圖借外力來復辟。

❹與「關於清帝遜位後優待之條件」同時頒布的還有「關於滿蒙回藏各族待遇之條件」和「關於清皇族待遇之條件」。

❺宮中只吃兩餐：「早膳」即午飯。早晨或午後有時吃一頓點心。

❻蘇拉，執役人的滿語稱呼。清時內廷蘇拉隸屬於太監。內務府、軍機處皆有之。雍和宮的執役喇嘛，稱蘇拉喇嘛。

❼每月初一、十五各王府按例都要送食品給太后。

❽上書房是皇子念書的地方，在乾清宮左邊。

❾滿族稱祖母為太太，母親為奶奶。

❿「賞紫禁城騎馬」也叫賞朝馬。軍機處每年將一、二品大臣年六十以上者，開單請旨，一般皆可獲准，唯侍郎（正二品）以下的不一定全准，內廷官員往往「特蒙恩禮」不復問年，親王以下至貝子則皆可准許。准騎者由東華門入至箭亭下馬，由西華門入至內務府總管衙門前下馬。這種賞賜也是封建朝廷給予臣下的一種巨大的榮譽。

⓫陸潤庠，也是當時的一個工業資本家，光緒末年，他在蘇州創辦了最早的紗廠絲廠。辛亥革命後清室非法授以太保，並在死後追贈為太傅，諡文端。

⑫梁鼎芬（一八五九—一九一九）字節庵又字星海，廣東番禺人，宣統三年委廣東宣撫使，未上任清朝即倒台，赴易州哭謁光緒陵，故小朝廷授他為「崇陵陵工大臣」。在他奔走之下，上海各地有不少想求得小朝廷的匾額或其他榮典的人大捐其錢，供奉崇陵工程。

⑬「下錢糧」可能是「下千兩」，意思是「下鎖」，宮中忌諱「鎖」字，故以「下千兩」代替「下鎖」，後又訛傳為「下錢糧」。總之，已經沒有人說得清。

第三章　紫禁城內外

一、袁世凱時代

紫禁城中的早晨，有時可以遇到一種奇異的現象，處於深宮但能聽到遠遠的市聲。有很清晰的小販叫賣聲，有木輪大車的隆隆聲，有時還聽到大兵的唱歌聲。太監們把這現象叫做「響城」。

離開紫禁城以後，我常常回憶起這個引起我不少奇怪想像的響城。響城給我印象最深的，是有幾次聽到中南海的軍樂演奏。

「袁世凱吃飯了。」總管太監張謙和有一次告訴我，「袁世凱吃飯的時候還奏樂，簡直是『鐘鳴鼎食』，比皇上還神氣！」

張謙和的光嘴巴抿得扁扁的，臉上帶著忿忿然的神色。我這時不過九歲上下，可是已經能夠從他的聲色中感到類似悲涼的滋味。

軍樂聲把我引進到恥辱難忍的幻象中：袁世凱面前擺著比太后還要多的菜餚，有成群的人伺候他，給他奏樂，搧著扇子……

但也有另外一種形式的響城，逐漸使我發生了濃厚的興趣。這種「響城」是我在毓慶宮裏從老師們的嘴裏聽到的。這就是種種關於復辟的傳說。

復辟——用紫禁城裏的話說，也叫做「恢復祖業」，用遺老和舊臣們的話說，這是「光復故物」，「還政於清」，這種活動並不始於盡人皆知的「丁巳事件」，也並不終於民國十三年被揭發過的「甲子陰謀」。可以說從頒布退位詔起到「滿洲帝國」成立止❶，沒有一天停頓過。

起初是我被大人指導著去扮演我的角色，後來便是憑著自己的階級本能去活動。在我少年時期，給我直接指導的是師傅們，在他們的背後，自然還有內務府大臣們，以及內務府大臣世續商得民國總統同意，請來照料皇室的「王爺」（他們這樣稱呼我的父親）。

這些人的內心熱情，並不弱於任何紫禁城外的人，但是後來我逐漸地明白，實現復辟理想的實際力量並不在他們身上。連他們自己也明白這一點。

說起來滑稽，但的確是事實：紫禁城的希望是放在取代大清而統治天下的新貴們身上的。第一個被寄託這樣幻想的人，卻是引起紫禁城忿忿之聲的袁世凱大總統。

我到現在還記得很清楚，紫禁城裏是怎樣從絕望中感到了希望，由恐懼而變為喜悅的。在那短暫的時間裏，宮中氣氛變化如此劇烈，以致連我這八歲的孩子也很詫異。

我記得太后在世時，宮裏很難看到一個笑臉，太監們個個是唉聲歎氣的，好像禍事隨時會降臨的樣子。那時我還沒搬到養心殿，住在太后的長春宮，我給太后請安時，常看見她在擦眼淚。有一次我在西二長街散步，看見成群的太監在搬動體元殿的自鳴鐘和大瓶之類的陳設。張謙和愁眉苦臉地念叨著：

「這是太后叫往頤和園搬的。到了頤和園，還不知怎麼樣呢！」

這時太監逃亡的事經常發生。太監們紛紛傳說，到了頤和園之後，大夥全都活不成。張謙和成天地念叨這些事，每念叨一遍，必然又安慰我說：「萬歲爺到哪兒，奴才跟哪兒保駕，決不像那些膽小鬼！」

我還記得，那些天早晨，他在我的「龍床」旁替我念書的聲音，總是有氣無力的。

民國二年的新年，氣氛開始有了變化。陽曆除夕這天，陳師傅在毓慶宮裏落了座，一反常態，不去拿硃筆圈書，卻微笑著瞅了我一會，然後說：

「明天陽曆元旦，民國要來人給皇上拜年。是他們那個大總統派來的。」

這是不是他第一次向我進行政務指導，我不記得了，他那少有的得意之色，大概是我第一次的發現。他告訴我，這次接見民國禮官，採用的是召見外臣之禮，我用不著說話，到時候有內務府大臣紹英照料一切，我只要坐在龍書案後頭看著就行了。

到了元旦這天，我被打扮了一下，穿上金龍袍褂，戴上珠頂冠，掛上朝珠，穩坐在乾清宮的寶座上。在我兩側立著御前大臣、御前行走和帶刀的御前侍衛們。總統派來的禮官朱啓鈐走進殿門，遙遙地向我鞠了一個躬，向前幾步立定，再鞠一躬，走到我的寶座台前，又深深地鞠了第三躬，然後向我致賀詞。

賀畢，紹英走上台，在我面前跪下。我從面前龍書案上的黃絹封面的木匣子裏，取出事先寫好的答辭交給他。他站起身來向朱啓鈐念了一遍，念完了又交還給我。朱啓鈐這時再鞠躬，後退，出殿，於是禮成。

第二天早晨，氣氛便發生了進一步的變化，首先是我的床帳子外邊張謙和的書聲朗朗，其次是在毓慶宮裏，陳師傅微笑著撚那亂成一團的白鬍鬚，搖頭晃腦地說：

「優待條件，載在盟府，爲各國所公認，連他總統也不能等閒視之！」

過了新年不久，臨到我的生日，正月十三這天，大總統袁世凱又派來禮官，向我祝賀如儀。經過袁世凱這樣連續的捧場，民國元年間一度銷聲匿跡的王公大臣們，又穿戴起蟒袍補褂、紅頂花翎，甚至於連頂馬開路、從騎簇擁的仗列也有恢復起來的，神武門前和紫禁城中一時熙熙攘攘。

在民國元年，這些人到紫禁城來大多數是穿著便衣，進城再換上朝服袍褂，從民國二年起，又敢於翎翎頂頂、袍袍褂褂地走在大街上了。

完全恢復了舊日城中繁榮氣象的，是隆裕的壽日和喪日那些天。隆裕壽日是在三月十五，過了七天她就去世了。

在壽日那天，袁世凱派了秘書長梁士詒前來致賀，國書上赫然寫著：「大中華民國大總統致書大清隆裕皇太后陛下」。梁士詒走後，國務總理趙秉鈞率領了全體國務員，前來行禮。隆裕去世後，袁世凱的舉動更加動人：他親自在衣袖上纏了黑紗，並通令全國下半旗一天，文武官員服喪二十七天，還派全體國務員前來致祭。接著，在太和殿舉行了所謂國民哀悼大會，由參議長吳景濂主祭；軍界也舉行了所謂全國陸軍哀悼大會，領銜的是袁的另一心腹，上將軍段祺瑞。

在紫禁城內，在太監乾嚎的舉哀聲中，清朝的玄色袍褂和民國的西式大禮服並肩進出。被賞穿孝服百日的親貴們，這時臉上洋溢著得意的神色。最讓他們感到興奮的是徐世昌也從青島趕到，接受了清室賞戴的雙眼花翎。

這位清室太傅在頒布退位後，拖著辮子跑到德國人盤踞的青島當了寓公，起了一個有雙關含意的別號「東海」。他在北京出現的意義，我在後面還要談到。

隆裕的喪事未辦完，南方發起了討袁運動，即所謂「二次革命」。不多天，這次戰爭以袁世凱的勝利而告終。接著，袁世凱用軍警包圍國會，強迫國會選他為正式大總統。這時他給我寫了一個報告：

大清皇帝陛下：中華民國大總統謹致書大清皇帝陛下：前於宣統三年十二月二十五日奉大清隆裕皇太后懿旨，將統治權公諸全國，定為共和立憲國體，命袁世凱以全權組織臨時共和政府，合滿漢蒙回藏五族，完全領土為一大中華民國。旋經國民公舉，為中華民國臨時大總統。受任以來，兩稔於茲，深虞隕越。今幸內亂已平，大局安定，於中華民國二年十月六日經國民公舉為正式大總統。國權實行統一，友邦皆已承認，於是年十月十日受任。凡我五族人民皆有進於文明、躋於太平之希望。此皆仰荷大清隆裕皇太后暨大清皇帝天下為公，唐虞揖讓之盛軌，乃克臻此。我五族人民感戴兹德，如日月之照臨，山河之涵育，久而彌昭，遠而彌摯。維有董督國民，聿新治化，烙守優待條件，使民國鞏固，五族協和，庶有以慰大清隆裕皇太后在天之靈。用特報告，並祝萬福。

中華民國二年十月十九日

袁世凱

由於這一連串的新聞，遺老中間便起了多種議論。

「袁世凱究竟是不是曹操？」

「項城當年和徐、馮、段說過，對民軍只可智取不可力敵，徐、馮、段才答應辦共和。也許這就是智取？」

「我早說過，那個優待條件裏的辭位的辭字有意思。爲什麼不用退位、遜位，袁宮保單要寫成個辭位呢？辭者，暫別之謂也。」

「大總統常說『辦共和』辦的怎樣。既然是辦，就是試行的意思。」

這年冬天，光緒和隆裕「奉安」，在梁格莊的靈棚裏演出了一幕活劇。主演者是那位最善表情的梁鼎芬，那時他還未到宮中當我的師傅，配角是另一位自命孤臣的勞乃宣，是宣統三年的學部副大臣兼京師大學堂總監督，辛亥後曾躲到青島，在德國人專爲收藏這流人

待大清的。優待條件本是載在盟府……」

師傅的話，好像總沒有說完全。現在回想起來，這正是頗有見地的「慎重」態度。和紫禁城外那些遺老比起來，紫禁城裏在這段時期所表現的樂觀，確實是謹慎而有保留的。袁世凱的種種舉動——從公開的不忘隆裕「在天之靈」，到私下認定「皇上」不能離開皇宮和太廟，這固然給了紫禁城裏的人不少幻想，但是紫禁城從「袁宮保」這裏所能看到的也只限於此。因此，紫禁城裏的人就不能表現出太多的興奮。到了復辟年的年底，北京開始變風頭的時候，證明了這種「審慎」確實頗有見地。

風頭之變換，始於一個肅政史提出要追查復辟傳聞。袁世凱把這一案批交內務部「查明辦理」，接著，演講過還政於清的宋育仁被步軍統領衙門遞解回籍。

這個消息一經傳出，不少人便恐慌了，勸進文章和還政於清的言論都不見了，在青島正準備進京赴任的勞乃宣也不敢來了。不過人們還有些惶惑不解，因爲袁世凱在查辦復辟的民政部呈文上，批上了「嚴禁復辟謠言，既往不究」這樣奇怪的話，而宋育仁被遞解回籍時，袁世凱送了他三千塊大洋，一路上又大受各衙門的酒宴迎送，叫人弄不清他到底是受罰還是受獎。

直到民國四年，總統府的美國顧問古德諾發表了一篇文章，說共和制不適中國國情[2]，繼而又有「籌安會」[3]出現，主張推袁世凱爲中華帝國的皇帝，這才掃清了滿天疑雲，使人們明白了袁世凱要復的是什麼辟。風頭所向弄明白了，紫禁城裏的氣氛也變了。

我從響城中聽見中南海的軍樂聲，就是在這時候。那時，三大殿正進行油繕工程，在養心殿的台階上，可以清清楚楚地望見腳手架上油工們的活動。張謙和告訴我，那是爲袁世凱登極做準備。後來，「倫貝子」（溥倫）代表皇室和八旗向袁世凱上勸進表，袁世凱許給他親王雙俸，接著他又到宮裏來向太妃索要儀仗和玉璽。

這些消息使我感到心酸、悲忿，也引起了我的恐懼。雖然陳師傅不肯明講，我也懂得「天無二日，國無二君」這句老話。袁世凱自己做了皇帝，還能讓我這多餘的皇帝存在嗎？歷史上的例子可太多了，太史公就統計過「春秋之中，弒君三十六」哩！

在那些日子裏，乾清門外的三大殿的動靜，牽連著宮中每個人的每根神經。不論誰在院子裏行走，都要關心地向那邊張望一下，看看關係著自己命運的油繕工程，是否已經完工。太妃們每天都要燒香拜佛，求大清的護國神「協天大帝關聖帝君」給以保佑。儀仗是忙不迭地讓溥倫搬走了，玉璽因爲是滿漢合璧的，並不合乎袁世凱的要求，所以沒有拿去。

這時毓慶宮裏最顯著的變化，是師傅們對毓崇特別和氣，沒有人再拿他當伯禽來看待。他在太妃那裏竟成了紅人，常常被叫進去賞賜些鼻煙壺、搬指之類的玩意兒。每逢我說話提到袁世凱的時候，師傅就向我遞眼色，暗示我住嘴，以免讓毓崇聽見，傳到他父親溥倫耳朵裏去。

有一天，毓崇應召到太妃那裏去了，陳寶琛看見窗外已經沒有了他的影子，從懷裏拿出一張紙條，神秘地對我說：

「臣昨天卜得的易卦，皇上看看。」

我拿過來，看見這一行字：

「我仇有疾，不我能即，吉！」

他解釋說，這是說我的仇人袁世凱前途凶惡，不能危害於我，是個吉卦。他還燒了龜背，弄過蓍草，一切都是吉利的，告訴我可以大大放心。這位老夫子爲了我的命運，把原始社會的一切算命辦法都使用過了。因此，他樂觀地做出結論：

「天作孽，猶可違，自作孽，不可活。元兇大憝的袁世凱作孽如此，必不得善終！『我仇有疾，終無尤也！』何況優待條件藏在盟府，爲各國所公認，袁世凱焉能爲害於我乎？」

爲了「不我能即」和保住優待條件，師傅、王爺和內務府大臣們在算卦之外的活動，他們雖沒有告訴我，我也多少知道一些。他們和袁世凱進行了一種交易，簡單地說，就是由清室表示擁護袁皇帝，袁皇帝承認優待條件。

內務府給了袁一個正式公文，說：「現由全國國民代表決定君主立憲國體，並推戴大總統爲中華帝國大皇帝，爲除舊更新之計，作長治久安之謀，凡我皇室極表贊成。」這個公文換得了袁世凱親筆寫在優待條件上的一段跋語：

> 先朝政權，未能保全，僅留尊號，至今耿耿。所有優待條件各節，無論何時斷乎不許變更，容當列入憲法。袁世凱誌，乙卯孟冬。

這兩個文件的內容後來都見於民國四年十二月十六日的「大總統令」中。這個「令」發表之前不多天，我父親日記裏就有了這樣一段記載：

十月初十日（即陽曆十一月十六日）上門。偕世太傅公見四皇貴妃，稟商皇室與袁大總統結親事宜，均承認可，命即妥行籌辦一切云。在內觀秘件，甚妥，一切如恒云云。

所謂秘件，就是袁的手書跋語。所謂親事，就是袁世凱叫步兵統領江朝宗向我父親同世續提出的讓他女兒當皇后。太妃們心裏雖不願意，也不得不從。其結果是，優待條件既沒列入憲法，我也沒跟袁家女兒結婚，因爲袁世凱只做了八十三天的皇帝，就在一片反袁聲中氣死了。

二、丁巳復辟

袁世凱去世那天，消息一傳進紫禁城，人人都像碰上了大喜事。太監們奔相走告，太妃們去護國協天大帝關聖帝君像前燒香，毓慶宮無形中停了一天課……

接著，紫禁城中就聽見了一種新的響城聲：

「袁世凱失敗，在於動了鳩占鵲巢之念。」

「帝制非不可爲，百姓要的卻是舊主。」

「袁世凱與拿破侖三世不同，他並不如拿氏有祖蔭可恃。」

「與其叫姓袁的當皇帝，還不如物歸舊主哩。」

……

這些聲音，和師傅們說的「本朝深仁厚澤，全國人心思舊」的話起了共鳴。這時我的思想感情和頭幾年有了很大的不同。這年年初，我剛在奕劻謚法問題上表現出了「成績」，這時候，我又對報紙發生了興趣。

袁死了不多天之後，報上登了「宗社黨起事未成」、「滿蒙匪勢猖獗」的消息。我知道這是當初公開反抗共和的王公大臣——善耆、溥偉、升允、鐵良，正在爲我活動。他們四人當初是被稱做申包胥的，哭秦庭都沒成功。後來鐵良躲到天津的外國租界，其餘的住在日本租借地旅順和大連，通過手下的日本浪人，勾結日本的軍閥、財閥，從事復辟武裝活動。

四人中最活躍的是善耆，他任民政部尚書時聘用的警政顧問日本人川島浪速，一直跟他在一起，給他跑回拉縴。日本財主大倉喜八郎男爵給了他一百萬日圓活動費。日本軍人青森、土井等人給他召募滿蒙土匪，編練軍隊，居然有了好幾千人。袁世凱一死，就鬧起來了。其中有一支由蒙古貴族巴布扎布率領的隊伍，一度逼近了張家口，氣勢十分猖獗。直到後來巴布扎布在兵變中被部下刺殺，才告終結。

在鬧得最凶的那些天，出現了一種很奇特的現象：一方面「勤王軍」和民國軍隊在滿蒙幾個地方乒乒乓乓地打得很熱鬧，另方面在北京城裏的民國政府和清室小朝廷照舊祝賀往來，應酬不絕。紫禁城從袁世凱去世那天開始的興隆氣象，蒸蒸日上，既不受善耆和巴布扎布的興兵作亂的影響，更不受他們失敗的連累。

袁死後，黎元洪繼任總統，段祺瑞出任國務總理。紫禁城派了曾向袁世凱勸進的溥倫前去祝賀，黎元洪也派了代表來答謝，並且把袁世凱要去的皇帝儀仗仍送回紫禁城。有些王公大臣們還得到了民國的勳章。有些在袁世凱時代東躲西藏的王公大臣，現在也掛上了嘉禾章，又出現於交際場所。

元旦和我的生日那天，大總統派禮官前來祝賀，我父親也向黎總統段總理贈送餚饌。這時內務府比以前忙多了，要擬旨賜謚法，賞朝馬、二人肩輿、花翎、頂戴，要授什麼「南書房行走」❹、乾清門各等侍衛，要帶領秀女供太妃挑選，也偷偷地收留下優待條件上所禁止的新太監。當然還有我所無從了解的各種交際應酬，由個別的私宴到對國會議員們的公宴。……

總之，紫禁城又像從前那樣活躍起來。到了丁巳年（民國六年）張勳進宮請安，開始出現了復辟高潮。

在這以前，我親自召見請安的人還不多，而且只限於滿族。我每天的活動，除了到毓慶宮念書，在養心殿看報，其餘大部分時間還是遊戲。我看見神武門那邊翎頂袍褂多起來了，覺著高興，聽說勤王軍發動了，尤其興奮，而勤王軍潰滅了，也感到泄氣。但總的說來，我也很容易把這些事情忘掉。肅親王逃亡旅順，消息不明，未免替他擔心，可是一看見駱駝打噴嚏很好玩，肅親王的安危就扔到腦後去了。既然有王爺和師傅大臣們在，我又何必操那麼多的心呢？到了事情由師傅告訴我的時候，那準是一切都商議妥貼了。陰曆四月廿七日這天的情形就是如此。

這天新授的「太保」陳寶琛和剛到紫禁城不久的「毓慶宮行走」梁鼎芬，兩位師傅一齊走進了毓慶宮。不等落座，陳師傅先開了口：

「今天皇上不用念書了。有個大臣來給皇上請安，一會奏事處太監會上來請示的。」

「誰呀？」

「前兩江總督兼攝江蘇巡撫張勳。」

「張勳？是那個不剪辮子的定武軍張勳嗎？」

「正是，正是。」梁鼎芬點頭贊許，「皇上記性真好，正是那個張勳。」梁師傅向來不錯過頌揚的機會，爲了這個目的，他正在寫我的起居注。

其實我並沒有什麼好記性，只不過前不久才聽師傅們說起這個張勳的故事。民國開元以來，他和他的軍隊一直保留著辮子。袁世凱在民國二年撲滅「二次革命」，就是以他的辮子兵攻陷南京而告成功的。辮子兵在南京大搶大燒，誤傷了日本領事館的人員，惹起日本人提出抗議，辮帥趕忙到日本領事面前賠禮道歉，答應賠償一切損失，才算了事。

隆裕死後，他通電弔唁稱爲「國喪」，還說了「凡我民國官吏莫非大清臣民」的話。袁世凱死後不久，報上登出了張勳的一封通電。這封通電表示了徐州的督軍會議對袁死後政局的態度，頭一條卻是「尊重優待清室各條」。總之，我相信他是位忠臣，願意看看他是個什麼樣兒。

按照清朝的規矩，皇帝召見大臣時，無關的人一律不得在旁。因此每次召見不常見的人之前，師傅總要先教導一番，告訴我要說些什麼話。這次陳師傅用特別認真的神氣告訴我，要誇讚張勳的忠心，叫我記住他現在是長江巡閱使，有六十營的軍隊在徐州、兗州一帶，可以問問他徐、兗和軍隊的事，好叫他知道皇上對他很關心。末了，陳師傅再三囑咐道：

「張勳免不了要誇讚皇上，皇上切記，一定要以謙遜答之，這就是示以聖德。」

「滿招損，謙受益。」梁師傅連忙補充說，「越謙遜，越是聖明。上次陸榮廷覲見天顏，到現在寫信來還不忘稱頌聖德。……。」

陸榮廷是兩廣巡閱使，他是歷史上第一個被賞賜紫禁城騎馬的民國將領。兩個月前，他來北京會晤段祺瑞，不知為什麼，跑到宮裏來給我請了安，又報效了崇陵植樹一萬元。我在回養心殿的轎子裏忽然想起來，那次陸榮廷覲見時，師傅們的神色和對我的諄諄教誨，也是像這次似的。那次陸榮廷的出現，好像是紫禁城裏的一件了不起的大事。內務府和師傅們安排了不同平常的賞賜，有我寫的所謂御筆福壽字和對聯，有無量壽金佛一龕，三鑲玉如意一柄，玉陳設二件和尺頭四件。陸榮廷走後來了一封信，請世續「代奏叩謝天恩」。從那時起，「南陸北張」就成了上自師傅下至太監常提的話頭。張謙和對我說過：「有了南陸北張兩位忠臣，大清有望了。」

我根據太監給我買的那些石印畫報，去設想張勳的模樣，到下轎的時候，他在我腦子裏也沒成型。我進養心殿不久，他就來了。我坐在寶座上，他跪在我面前磕了頭。

「臣張勳跪請聖安……」

我指指旁邊一張椅子叫他坐下（這時宮裏已不採取讓大臣跪著說話的規矩了），他又磕了一個頭謝恩，然後坐下來。我按著師傅的教導，問他徐、兗地方的軍隊情形，他說了些什麼，我也沒用心去聽。我對這位「忠臣」的相貌多少有點失望。他穿著一身紗袍褂，黑紅臉，眉毛很重，胖呼呼的。看他的短脖子就覺得不理想，如果他沒鬍子，倒像御膳房的一個太監。我注意到了他的辮子，的確有一根，是花白色的。

後來他的話轉到我身上，不出陳師傅所料，果然恭維起來了。

他說：「皇上真是天亶聰明！」

我說：「我差的很遠，我年輕，知道的事挺少。」

他說：「本朝聖祖仁皇帝也是沖齡踐祚，六歲登極呀！」

我連忙說：「我怎麼比得上祖宗，那是祖宗……」

這次召見並不比一般的時間長，他坐了五六分鐘就走了。我覺得他說話粗魯，大概不會比得上曾國藩，也就覺不到特別高興。可是第二天陳寶琛、梁鼎芬見了我，笑咪咪地說張勳誇我聰明謙遜，我又得意了。至於張勳爲什麼要來請安，師傅們爲什麼顯得比陸榮廷來的那次更高興，內務府準備的賞賜爲什麼比對陸更豐富，太妃們爲什麼還賞賜了酒宴等等這些問題，我連想也沒去想。

過了半個月，陰曆五月十三這天，還是在毓慶宮，陳寶琛、梁鼎芬和朱益藩三位師傅一齊出現，面色都十分莊嚴，還是陳師傅先開的口：

「張勳一早就來了……」

「他又請安來啦？」

「不是請安，是萬事俱備，一切妥貼，來擁戴皇上復位聽政，大清復辟啦！」

他看見我在發怔，趕緊說：「請皇上務要答應張勳。這是爲民請命，天與人歸……」

我被這個突如其來的喜事弄得昏昏然。我呆呆地看著陳師傅，希望他多說幾句，讓我明白該怎麼當這個「真皇帝」。

「用不著和張勳說多少話，答應他就是了。」陳師傅胸有成竹地說，「不過不要立刻答應，先推辭，最後再說：既然如此，就勉爲其難吧。」

我回到養心殿，又召見了張勳。這次張勳說的和他的奏請復辟摺上寫的差不多，只不過不像奏摺說的那麼斯文就是了。

「隆裕皇太后不忍爲了一姓的尊榮，讓百姓遭殃，才下詔辦了共和。誰知辦的民不聊生……共和不合咱的國情，只有皇上復位，萬民才能得救。……」

聽他念叨完了，我說：「我年齡太小，無才無德，當不了如此大任。」他誇了我一頓，又把康熙皇帝六歲做皇帝的故事念叨一遍。聽他叨叨著，我忽然想起了一個問題：

「那個大總統怎麼辦呢？給他優待還是怎麼著？」

「黎元洪奏請讓他自家退位，皇上准他的奏請就行了。」

「唔……」我雖然還不明白，心想反正師傅們必是商議好了，現在我該結束這次召見了，就說：「既然如此，我就勉爲其難吧！」於是我就又算是「大清帝國」的皇帝了。

張勳下去以後，陸續地有成批的人來給我磕頭，有的請安，有的謝恩，有的連請安帶謝恩。後來奏事處太監拿來了一堆已寫好的「上諭」。頭一天一氣下了九道「上諭」：

即位詔；

黎元洪奏請奉還國政，封黎為一等公，以彰殊典；

特設內閣議政大臣，其餘官制暫照宣統初年，現任文武大小官員均著照常供職；

授七個議政大臣（張勳、王士珍、陳寶琛、梁敦彥、劉廷琛、袁大化、張鎮芳）和兩名內閣閣丞（張勳的參謀長萬繩栻和馮國璋的幕僚胡嗣瑗）；

授各部尚書（外務部梁敦彥、度支部張鎮芳、參謀部王士珍。陸軍部雷震春、民政部朱家寶）；

授徐世昌、康有為為弼德院正、副院長；

授原來各省的督軍為總督、巡撫和都統（張勳兼任直隸總督北洋大臣）。

據老北京人回憶當時北京街上的情形說：那天早晨，警察忽然叫各戶懸掛龍旗，居民們沒辦法，只得用紙糊的旗子來應付；接著，幾年沒看見的清朝袍褂在街上出現了，一個一個好像從棺材裏面跑出來的人物；報館出了復辟消息的號外，售價比日報還貴。在這種奇觀異景中，到處可以聽到報販叫賣「宣統上諭」的聲音：「六個子兒買古董咧！這玩意過不了幾天就變古董，六個大銅子兒買件古董可不貴咧！」

這時前門外有些舖子的生意也大爲興隆。一種是成衣舖，趕製龍旗發賣；一種是估衣舖，清朝袍褂成了剛封了官的遺老們爭購的暢銷貨；另一種是做戲裝道具的，紛紛有人去央求用馬尾給做假髮辮。

我還記得，在那些日子裏，紫禁城裏袍袍褂褂翎翎頂頂，人們腦後都拖著一條辮子。後來討逆軍打進北京城，又到處可以揀到丟棄的真辮子，據說這是張勳的辮子兵爲了逃命，剪下來扔掉的。

假如那些進出紫禁城的人，略有一點兒像報販那樣的眼光，能預料到關於辮子和上諭的命運，他們在開頭那幾天就不會那樣地快活了。

那些日子，內務府的人員穿戴特別整齊，人數也特別多（總管內務府大臣特別指示過），因人數仍嫌不夠，臨時又從候差人員中調去了幾位。有一位現在還健在，他回憶說：

「那兩天咱們這些寫字兒的散班很晚，總是寫不過來。每天各太妃都賞飯。到賞飯的時候總少不了傳話：不叫謝恩了，說各位大人的辛苦，四個宮的主子都知道。」他卻不知道，幾個太妃正樂得不知如何是好，幾乎天天都去神佛面前燒香，根本沒有閒工夫來接見他們。

在那些日子裏，沒有達到政治欲望的王公們，大不高興。張勳在發動復辟的第二天做出了一個禁止親貴干政的「上諭」，使他們十分激忿。醇親王又成了一群貝勒貝子們的中心，要和張勳理論，還要親自找我做主。陳寶琛聽到了消息，忙來囑咐我說：

「本朝辛亥讓國，就是這般王公親貴干政鬧出來的，現在還要鬧，真是糊塗已極！皇上萬不可答應他們！」

我當然信從了師傅。然而自知孤立的王公們並不死心，整天聚在一起尋找對策。這個對策還沒想好，討逆軍已經進了城。這倒成全了他們，讓他們擺脫了這次復辟的責任。

陳師傅本來是個最穩重、最有見識的人。在這年年初發生的一件事情上，我對他還是這個看法。那時勞乃宣悄悄地從青島帶來了一封信。發信者的名字已記不得了，只知道是一個德國人，代表德國皇室表示願意支持清室復辟。勞乃宣認爲，這是個極好的機緣，如果再加上德清兩皇室結親，就更有把握。陳師傅對於這件事，極力表示反對，說勞乃宣太荒唐，是個成事不足敗事有餘的人；即使外國人有這個好意，也不能找到勞乃宣這樣的人。誰知從復辟這天起，這個穩重老練的老夫子，竟完全變了。

「獨孤臣孽子，其操心也危，其慮患也深，故達！」

復辟的第一天，我受過成群的孤臣孽子叩賀，回到毓慶宮，就聽見陳師傅這麼念叨。他拈著白鬍子團兒，老光鏡片後的眼睛瞇成一道縫，顯示出異乎尋常的興奮。

然而使我最感到驚奇的，倒不是他的興奮，也不是他在「親貴干政」問題上表現出的與王公們的對立（雖然直接冒犯的是我的父親），而是在處理黎元洪這個問題上表現出的激烈態度。先是梁鼎芬曾自告奮勇去見黎元洪，勸黎元洪立即讓出總統府，不料遭到拒絕，回來忿然告訴了陳寶琛和朱益藩。陳寶琛聽了這個消息，和梁鼎芬、朱益藩一齊來到毓慶宮，臉上的笑容完全沒有了，露出鐵青的顏色，失去了控制地對我說：

「黎元洪竟敢拒絕，拒不受命，請皇上馬上踢他自盡吧！」

我吃了一驚，覺得太過分了。

「我剛一復位，就賜黎元洪死，這不像話。民國不是也優待過我嗎？」

陳寶琛這是第一次遇到我對他公開的駁斥，但是同仇敵愾竟使他忘掉了一切，他氣呼呼地說：「黎元洪豈但不退，還賴在總統府不走。亂臣賊子，元兇大憝，焉能與天子同日而語？」

後來他見我表示堅決，不敢再堅持，同意讓梁鼎芬再去一次總統府，設法勸他那位親家離開。梁鼎芬還沒有去，黎元洪已經抱著總統的印璽，跑到日本公使館去了。

討逆軍逼近北京城，復辟已成絕望掙扎的時候，陳寶琛和王士珍、張勳商議出了一個最後辦法，決定擬一道上諭給張作霖，授他為東三省總督，命他火速進京勤王。張作霖當時是奉天督軍，對張勳給他一個奉天巡撫是很不滿足的。陳師傅對張作霖這時寄託了很大的希望。這個上諭寫好了，在用「御寶」時發生了問題，原來印盒的鑰匙在我父親手裏。若派人去取就太費時間了，於是，陳師傅當機立斷，叫人把印盒上的鎖頭索性砸開，取出了刻著「法天立道」的「寶」。（這道上諭並未送到張作霖手裏，因為帶信的張海鵬剛出城就被討逆軍截住了。）我對陳師傅突然變得如此果斷大膽，有了深刻的印象。

復辟的開頭幾天，我每天有一半時間在毓慶宮裏。念書是停了，不過師傅們是一定要見的，因爲每樣事都要聽師傅們的指導。其餘半天的時間，是看看待發的上諭和「內閣官報」，接受人們的叩拜，或者照舊去欣賞螞蟻倒窩，叫上駟院❺太監把養的駱駝放出來玩玩。

這種生活過了不過四五天，宮中掉下了討逆軍飛機的炸彈，局面就完全變了。磕頭的不來了，上諭沒有了，大多數的議政大臣們沒有了影子，紛紛東逃西散，最後只剩下了王士珍和陳寶琛。

飛機空襲那天，我正在書房裏和老師們說話，聽見了飛機聲和從來沒聽見過的爆炸聲，嚇得我渾身發抖，師傅們也是面無人色。在一片混亂中，太監們簇擁著我趕忙回到養心殿，好像只有睡覺的地方才最安全。太妃們的情形更加狼狽，有的躲進臥室的角落裏，有的鑽到桌子底下。

當時各宮人聲嘈雜，亂成幾團。這是中國歷史上第一次出現空襲，內戰史上第一次使用中國空軍。如果第一次的防空情形也值得說一下的話，那就是：各人躲到各人的臥室裏，把廊子裏的竹簾子（即雨搭）全放下來——根據太監和護軍的知識，這就是最聰明的措施了。

幸虧那次討逆軍的飛機並不是真幹，不過是恐嚇了一下，只扔下三個尺把長的小炸彈。這三個炸彈一個落在隆宗門外，炸傷了抬「二人肩輿」的轎夫一名，一個落在御花園裏的水池裏，炸壞了水池子的一角，第三個落在西長街隆福門的瓦簷上，沒有炸，把聚在那裏賭錢的太監們嚇了個半死。

給張作霖發出上諭的第二天，紫禁城裏聽到了迫近的槍炮聲，王士珍和陳寶琛都不來了，宮內宮外失掉了一切聯繫。後來，槍炮聲稀疏下來，奏事處太監傳來了「護軍統領毓逖稟報的消息：「奏上老爺子，張勳的軍隊打了勝仗，段祺瑞的軍隊全敗下去了！」這個消息也傳到了太妃那裏。

說話之間，外邊的槍炮聲完全沒有了，這一來，個個眉開眼笑，太監們的鬼話都來了，說關老爺騎的赤兔馬身上出了汗，可見關帝顯聖保過駕，張勳才打敗了段祺瑞。我聽了，忙到了關老爺那裏，摸了摸他那個木雕的坐騎，卻是乾巴巴的。還有個太監說，今早上，他聽見養心殿西暖閣後面有叮叮噹噹的盔甲聲音，這必是關帝去拿那把青龍偃月刀。聽了這些話，太妃和我都到欽安殿叩了頭。這天晚上大家睡了一個安穩覺。第二天一清早，內務府報來了真的消息：「張勳已經逃到荷蘭使館去了！……」

我的父親和陳師傅在這時出現了。他們的臉色發灰，垂頭喪氣。我看了他們擬好的退位詔書，又害怕又悲傷，不由得放聲大哭。下面就是這個退位詔書：

宣統九年五月二十日，內閣奉

上諭：前據張勳等奏稱，國本動搖，人心思舊，懇請聽政等語。朕以幼沖，深居宮禁，民生國計，久未與聞。我

孝定景皇后遜政恤民，深仁至德，仰念遺訓，本無絲毫私天下之心，唯據以救國救民為詞，故不得已而允如所請，臨朝聽政。乃昨又據張勳奏陳，各省紛紛稱兵，是又將以政權之爭致開兵釁。年來我民疾苦，已如火熱水深，何堪再罹干戈重茲困累。言念及此，輾轉難安。朕斷不肯私此政權，而使生靈有塗炭之虞，致負

孝定景皇后之盛德。著王士珍會同徐世昌，迅速通牒段祺瑞，商辦一切交接善後事宜，以靖人心，而弭兵禍。欽此！

三、北洋元老

這個退位詔並沒有發出去，當時公佈的只有裹夾在大總統命令中的一個內務府的聲明。

大總統令

據內務部呈稱：准清室內務府函稱：本日內務府奉諭：前於宣統三年十二月二十五

日欽奉隆裕皇太后懿旨，因全國人民傾心共和，特率皇帝將統治權公諸全國，定為民國共和，並議定優待皇室條件，永資遵守，等因；六載以來，備極優待，本無私政之心，豈有食言之理。不意七月一號張勳率領軍隊，入宮盤踞，矯發諭旨，擅更國體，違背先朝懿訓。沖人深居宮禁，莫可如何。此中情形，當為天下所共諒。著內務府咨請民國政府，宣布中外，一體聞知，等因。函知到部，理合據情轉呈等情。此次張勳叛國矯挾，肇亂天下，本共有見聞，茲據呈明諮達各情，合亟明白佈告，咸使聞知。

此令！

國務總理段祺瑞

中華民國六年七月十七日

由自認「臨朝聽政」的退位詔，一變為「張勳盤踞，沖人莫可如何」的內務府聲明，這是北洋系三位元老與紫禁城合作的結果。想出這個妙計的是徐世昌太傅，而執行的則是馮國璋總統和段祺瑞總理。

紫禁城在這次復辟中的行為，被輕輕掩蓋過去了。紫禁城從復辟敗局既定那天所展開的新活動，不再為外界所注意了。

下面是醇親王在這段時間中所記的日記（括弧內是我注的）：

二十日。上門。張紹軒（勳）辭職，王士珍代之。不久，徐菊人（世昌）往見皇帝，告知外邊情形。……

廿一日。上門。現擬採用虛下漸停之法。回府。已有表示密電出發，以明態度云云。蔭兄（載澤）來談。

廿二日。上門住宿。近日七弟屢來電話、信扎及晤談云云。張紹軒來函強硬云云。

廿三日。上門。回府。……聞馮（國璋）已於南京繼任（代理大總統）云云。張紹軒遣傅民杰來謁。六弟來函。……

廿四日。由寅正餘起，南河沿張宅一帶開戰，槍炮互放，至未正餘始止射擊。張紹軒已往使館避居。

廿五日。丙辰。上門。始明白（這三個字是後加的）宣佈取消五月十三日以後辦法（指宣佈退位）。

廿八日。上門。差片代候徐太傅、段總理兩處。

廿九日。初伏。差人贈予徐太傅洗塵肴饌。大雨。世相（續）來談，據云已晤徐太傅，竭力維持關於優待條件。唯二十五日所宣佈之件（指「退位詔」）須另繕改正，今日送交云。徐太傅差人來謁。申刻親往訪問徐太傅晤談刻許。

六月初一日。壬戌。朔。上門。偕詣長春宮（敬懿太妃）行千秋賀祝（這後面貼著大總統令，將內務府的卸復辟之責的公函佈告周知）。

初四日。徐太傅來答拜，晤談甚詳，並代段總理致意阻輿云。

十二日。小雨。民國於六月以來，關於應籌皇室經費及旗餉仍如例撥給云云。

十四日。遣派皇室代表潤貝勒往迎馮總統，甚妥洽。……

十五日。差人持片代候馮總統，並贈肴饌。

十六日。上門。紹宮保（英）來談。……

十七日。上門。民國代表湯總長化龍覲見，答禮畢，仍舊例周旋之。……

十八日。親往訪徐太傅，晤談甚詳，尚無大礙。

廿一日。上門。……收六弟自津寓今早所發來函，略同十八日所晤徐太傅之意，尚好尚好。……

廿七日。七弟自津回京來談。閱報民國竟於今日與德奧兩國宣戰了。由紹官保送來五月二十二之強硬函件，存以備考。

廿九日。親訪世太傅致囑托之意。

七月初一日。壬辰。朔。上門偕見四宮皇貴妃前云云。……接七弟電語，暢談許久。

初四日。七弟來談，已見馮總統，意思尚好。……

紫禁城用金蟬脫殼之計躲開了社會上的視線，紫禁城外的那些失敗者則成了揭露和抨擊的目標。我從報上的文章和師傅們的議論中，很快地得到了互相印證的消息，明白了這次復辟的內情真相。

復辟的醞釀，早發生在洪憲帝制失敗的時候。當時，袁世凱的北洋系陷於四面楚歌，一度出任國務卿後又因反對袁世凱「僭越」稱帝而引退的徐世昌，曾經用密電和張勳、倪嗣沖商議過，說「民黨煎迫至此，不如以大政歸還清室，項城仍居總理大臣之職，領握軍權」。

這個主意得到早有此心的張、倪二人的同意，但因後來沒有得到各國公使方面的支援，所以未敢行動。袁死後，他們又繼續活動，在徐州、南京先後召開了北洋系軍人首腦會議。並在袁的輿櫬移到彰德時，乘北洋系的首腦、督軍們齊往致祭的機會，在徐世昌的主持下，做出了一致同意復辟的決議。

取得一致意見之後，復辟的活動便分成了兩個中心。一個是徐州的張勳，另一個是天津的徐世昌。

張勳由彰德回到徐州，把督軍們邀集在一起開會（即所謂第二次徐州會議），決議先找外國人支持，首先是日本的支持。張通過天津的朱家寶（直隸省長）和天津日本駐屯軍的一個少將發生了接觸，得到贊助後，又通過日本少將的關係，和活動在滿蒙的善耆、蒙古匪首巴布扎布，徐蚌的張、倪，天津的雷震春、朱家寶等聯絡上，共同約定，俟巴布扎布的軍隊打到張家口，雷震春即策動張家口方面響應，張、倪更藉口防衛京師發兵北上，如此便一舉而成復辟之「大業」。

這個計劃後來因爲巴布扎布的軍隊被奉軍抵住，以巴布扎布被部下刺殺而流於失敗。徐世昌回到天津後，他派了陸宗輿東渡日本，試探日本政界的態度。日本當時的內閣與軍部意見並不完全一致，內閣對天津駐屯軍少將的活動，不表示興趣。陸宗輿的失敗，曾引起津滬兩地遺老普遍的埋怨，怪徐世昌用人失當。陸宗輿不但外交無功，內交弄得也很糟。他東渡之前先到徐州訪問了張勳，把徐世昌和日方協商的條件拿給張勳看，想先取得張的首肯。

張對於徐答應日本方面的條件倒不覺得怎樣，唯有徐世昌要日方諒解和支持他當議政王這一條，把張勳惹惱了。他對陸說：「原來復辟只爲成全徐某？難道我張某就不配做這個議政王嗎？」從此張徐之間有了猜忌，兩個復辟中心的活動開始分道揚鑣。

不久，協約國拉段內閣參加已打了三年的歐戰。徐世昌看出是一步好棋，認爲以參戰換得協約國的支持，大可鞏固北洋系的地位，便慫恿段祺瑞去進行。段一心想武力統一全國，參戰即可換得日本貸款，以充其內戰經費，於是提交國會討論。但國會中多數反對參戰，這時想奪取實權的黎元洪總統乃和國會聯合起來反對段祺瑞。所謂府院之爭逐步發展到白熱化，結果，國務總理被免職，跑到天津。段到天津暗地策動北洋系的督軍，向黎元洪的中央鬧獨立，要求解散國會，同時發兵威脅京師。

張勳看到這是個好機會，加之在第四次徐州會議上又取得了各省督軍和北洋系馮、段代表的一致支持，認爲自己確實做了督軍們的盟主和復辟的領袖，於是騙得黎元洪把他認做和事老，請他到北京擔任調解。當年的六月下旬，他率領軍隊北上，在天津先和北洋系的首領們接觸後，再迫黎元洪以解散國會爲條件，然後進京，七月一日就演出了復辟那一幕。

許多報紙分析張勳的失敗，是由於獨攬大權，犯了兩大錯誤，造成了自己的孤立。一個錯誤是只給了徐世昌一個弼德院長的空銜頭，這就註定了敗局；另一個是他不該忽略了既有野心又擁有「研究系」謀士的段祺瑞。

早在徐州開會時，馮、段都有代表附議過復辟計劃，張勳後來入京過津見過段，段也沒表示過任何不贊成的意思，因此他心裏認爲北洋系的元老徐、馮、段已無問題，只差一個王士珍態度不明。最後在北京他把王士珍也拉到了手，即認爲任何問題都沒有了。不料他剛發動了復辟，天津的段祺瑞就在馬廠誓師討逆，各地的督軍們也變了卦，由擁護復辟一變而爲「保衛共和」。這一場復辟結果成全了段祺瑞和馮國璋，一個重新當上了國務總理，一個當上了總統，而張勳則成了元兇大憝。

張勳爲此曾經氣得暴跳如雷。他警告段祺瑞和那些督軍們說：「你們不要逼人太甚，把一切都推到我一個人身上，必要時我會把有關的信電和會議紀錄公佈出來的。」❻我父親日記裏說的「來函強硬」就是指這件事。張勳這一手很有效。馮、段知道張勳這句危詞的份量，因此也就沒敢逼他。

馮、段政府公佈命令爲清室開脫的那天，同時發布過一項通緝康有爲、萬繩栻等五名復辟犯的命令。但被討逆軍馮玉祥部隊捕獲的復辟要犯張鎭芳。雷震春等人，立刻被段祺瑞要了去，隨即釋放。過了半年，總統明令宣佈免除對一切帝制犯（從洪憲到丁巳復辟）的追究，雖然把張勳除外，但實際上他已經自由自在地走出了荷蘭使館，住在新買的漂亮公館裏。第二年，徐世昌就任總統後不到兩個星期，更明令對張勳免予追究，後來張勳被委爲林墾督辦，他還嫌官小不幹呢。

這些內幕新聞最引起我注意的，是民國的大人物，特別是當權的北洋系的元老們，都曾經是熱心於復辟的人。這次他們都把張勳當做靶子來打，對我卻無一不是盡力維護的。段祺瑞在討逆的電報裏說：「該逆張勳，忽集其凶黨，勒召都中軍警長官三十餘人，列戟會議，復叱吒命令，迫衆雷同。旋即挈康有爲闖入宮禁，強爲推戴，世中堂續叩頭力爭，血流滅鼻，瑾、瑜兩太妃痛哭求免，幾不欲生，清帝孑身沖齡，豈能禦此強暴？竟遭誣脅，實可哀憐！」馮國璋在通電裏也說：「張勳玩沖人於股掌，遺清室以至危」，又說：「國璋在前清時代，本非主張革命之人，遇辛亥事起，大勢所趨，造成民國」。他們爲什麼這樣爲紫禁城開脫呢？又何以情不自禁地抒發了自己的感情呢？我得到的唯一結論是：這些人並非眞正反對復辟，問題不過是由誰來帶頭罷了。

在紫禁城看來，只要能捉老鼠，花貓白貓全是好貓，無論姓張姓段，只要能把復辟辦成，全是好人。

所以在馮、段上台之後，孤臣孽子們的目光曾一度集中到這兩位新的當權者身上。在張勳的內閣中當過閣丞的胡嗣瑗，曾做過馮國璋的幕府，在丁巳復辟中是他一度說動了馮的，現在又活動馮國璋去了。

後來段祺瑞也和世續有過接洽。但在馮、段這一年任期中，事情都沒有結果。因爲馮、段上台之後鬧了一年摩擦，北洋系由此開始分裂爲直系（馮）和皖系（段）。在忙於摩擦中，馮沒有給胡嗣瑗什麼答覆就下了台。

段雖然也找過世續，透露出復辟也無不可的意思，但經過丁巳事件變得更加謹慎的世續，摸不透這位靠討伐復辟而上台的總理是什麼意思，所以沒敢接過話頭。

馮下台後，徐世昌出任總統，情形就不同了。在復辟剛失敗之後，《上海新聞報》有篇評論文章，其中有一段是最能打動紫禁城裏的人心的：

> 使徐東海為之，決不魯莽如是，故此次復辟而不出於張勳，則北洋諸帥早已俯首稱臣……

不但我這個剛過了幾天皇帝癮的人爲之動心，就是紫禁城內外的孤臣孽子們也普遍有此想法，至少在徐世昌上任初期是如此。

有位六十多歲的滿族老北京人和我說：「民國七年，徐世昌一當上了大總統，北京街上的旗人的大馬車、兩把頭又多起來了。貴族家裏又大張旗鼓地做壽、唱戲、擺宴，熱鬧起來了。並辦起了什麼『貴族票友團』、什麼『俱樂部』……」

有位漢族的老先生說：「民國以來北京街上一共有三次『跑祖宗』❼，一次是隆裕死後那些天，一次是張勳復辟那幾天，最後一次是從徐世昌當大總統起，一直到『大婚』。最後這次算鬧到了頂點……」

徐世昌是袁世凱發跡前的好友，發跡後的「軍師」。袁世凱一生中的重大舉動，幾乎沒有一件不是與這位軍師合計的。據說袁逼勸隆裕「遜國」之前，他和軍師邀集了馮、段等人一起商議過，認爲對民軍只可智取不可力敵，先答應民軍條件，建立共和，等離間了民軍，再讓「辭位」的皇帝復位。

後來袁世凱自己稱帝，徐世昌頗爲不滿。我的一位親戚聽徐世昌一個外甥說過，「洪憲」撤銷的那天他在徐家，恰好袁世凱來找徐。袁進了客廳，他被堵在裏邊的煙室裏沒敢出來。從斷斷續續的談話裏，他聽見徐世昌在勸說袁世凱「仍舊維持原議」，袁世凱最後怎樣說的他沒有聽清。後來的事實說明，袁世凱沒有照他的意見辦，或者想辦而沒來得及辦就死了，徐世昌自己從來沒有放棄過復辟的念頭，這幾乎是當時人所共知的事實。

民國七年九月，徐世昌就任了大總統，要公開宣稱他不能進占中南海，在正式總統府建成之前，他要在自己家裏辦公。他就任後立即赦免了張勳，提倡讀經、尊孔，舉行郊天典禮。根據他的安排，皇室王公有的（毓朗）當上了議員，有的（載濤）被授爲「將軍」。他無論在人前人後都把前清稱爲「本朝」，把我稱做「上邊」。

與此同時，紫禁城和徐太傅更進行著不可告人的活動。馮國璋任總統時，內務府大臣世續讓徐世昌拿走了票面總額值三百六十萬元的優字愛國公債券（這是袁世凱當總理大臣時，要去了隆裕太后全部內帑之後交內務府的，據內務府的人估計，實際數目比票面還要多）。

徐世昌能當上總統，這筆活動費起了一定作用。徐當選總統已成定局的時候，由內務府三位現任大臣世續、紹英、耆齡作主，兩位前任大臣增崇、繼祿作陪，宴請了徐世昌，在什刹海水濱的會賢堂飯莊樓上，酒過三巡，世續問道：「大哥這次出山，有何抱負？」徐太傅慨然道：「慰亭（袁世凱）先不該錯過癸丑年的時機（指民國二年袁撲滅「二次革命」），後不該鬧什麼洪憲。張紹軒在丁巳又太魯莽滅裂，不得人心。」然後舉杯，謙遜地說：「咱們這次出來，不過爲幼主攝政而已。」

後來徐世昌送了世續一副對聯：「捧日立身超世界，撥雲屈指數山川。上聯是恭維世續；下聯則是自況其「撥雲見日」之志。

這些千真萬確的故事，當時我身邊的人並不肯直接告訴我。我只知道人們一提起徐太傅，總要流露出很有希望的神情。我記得從徐上台起，紫禁城又門庭若市，紫禁城裏的諡法、朝馬似乎又增了行情，各地真假遺老一時趨之若鶩。至於和徐世昌的來往進展，師傅們則一概語焉不詳。

有一回，陳寶琛在發議論中間，以鄙夷的神色說：「徐世昌還想當議政王，未免過分。一個『公』也就夠了。」又有一次說：「當初主張以漢大臣之女爲皇后，是何居心？其實以清太傅而出仕民國，早已可見其人！」

從陳寶琛說了這些話後，紫禁城裏再提起徐世昌，就沒有過去的那股熱情了。其實，徐世昌上台一年後，他自己的情形就很不如意。自從北洋系分裂爲直系皖系後，徐已不能憑其北洋元老資格駕馭各方，何況從他一上台，段祺瑞就和他摩擦，次年又發生震動全國的「五四」學生運動，更使他們自顧不暇。徐太傅即使復辟心願有多麼高，對清室的忠順多麼讓陳師傅滿意，他也是無能爲力的了。

儘管徐太傅那裏的消息沉寂下去了，然而紫禁城裏的小朝廷對前途並沒有絕望……

四、不絕的希望

有一天，我在御花園裏騎自行車玩，騎到拐角的地方，幾乎撞著一個人。在宮裏發生這樣的事情，應該算這個人犯了君前失禮的過失，不過我倒沒有理會。我的車子在那裏打了個圈子，準備繞過去了，不料這個人卻跪下來不走，嘴裏還說：

「小的給萬歲爺請安！」

這人身上的紫色坎肩，和太監穿的一樣。我瞅了他一眼，看見他嘴上還有一抹髫髯子，知道他並不是太監。我騎著車打著圈子問他：

「幹什麼的？」

「小的是管電燈的。」

「噢，你是幹那玩意的。剛才沒摔著，算你運氣。幹麼你老跪著？」

「小的運氣好，今天見著了真龍天子。請萬歲爺開開天恩，賞給小的個爵兒吧！」

我一聽這傻話就樂了。我想起了太監們告訴我的，北京街上給蹲橋頭的乞丐起的諢名，就說：

「行，封你一個『鎮橋侯（猴）』吧！哈哈……」

我開完了這個玩笑，萬沒有想到，這個中了官迷的人後來果真找內務府要「官誥」去了。內務府的人說：「這是一句笑話，你幹麼認真？」他急了：「皇上是金口玉言，你們倒敢說是笑話，不行！……」這件事後來怎麼了結的，我就不知道了。

那時我常常聽到師傅們和太監們說，內地鄉下總有人問：「宣統皇帝怎麼樣了？」「現在坐朝廷的是誰？」「真龍天子坐上了寶座，天下就該太平了吧？」我的英國師傅根據一本刊物上的文章說，連最反對帝制的人也對共和感到了失望，可見反對帝制的人也變了主意。其實人們念叨一下「前清」，不過是表示對軍閥災難的痛恨而已。我的師傅們卻把這些詛咒的語言拾了來，作爲人心思舊的證據，也成了對我使用的教材。

不過中了迷的人，在徐世昌時代的末期，倒也時時可以遇到。有個叫王九成的商人，給直系軍隊做軍裝發了財，他爲了想得一個穿黃馬褂的賞賜，曾花過不少功夫，費了不少鈔票。太監們背後給他起了一個綽號，叫散財童子。不知他通過什麼關節，每逢年節就混到遺老中間來磕頭進貢，來時帶上大批鈔票，走到哪裏散到哪裏。

太監們最喜歡他來，因爲不管是給他引路的，傳見的，打簾子的，倒茶的，以及沒事兒走過來和他說句話兒的，都能得到成卷兒的鈔票。至於在各個真正的關節地方花的錢，就更不用說了。最後他真的達到了目的，得到了賞穿黃馬褂的「榮譽」。

爲了一件黃馬褂，爲了將來續家譜時寫上個清朝的官銜，爲了死後一個謚法，那時每天都有人往紫禁城跑，或者從遙遠的地方寄來奏摺。綽號叫梁瘋子的梁巨川，不惜投到北京積水潭的水坑裏，用一條性命和泡過水的「遺摺」，換了一個「貞端」的謚法。後來伸手要謚法的太多了，未免有損小朝廷的尊嚴，所以規定三品京堂❽以下的不予賜謚，以爲限制。至於賞紫禁城騎馬，賞乘坐二人肩輿，賜寫春條、福壽字、對聯等等，限制就更嚴些。

那時不但是王公大臣，就是一些民國的將領們如果獲得其中的一種，也會認爲是難得的「殊榮」。那些官職較低或者在前清沒有「前程」，又沒有王九成那種本錢，走不進紫禁城的人，如當時各地的「商紳」之類，他們也有追求的目標，這便是等而下之，求遺老們給死了的長輩靈牌上「點主」，寫個墓誌銘，在兒女婚禮上做個證婚人。

上海地皮大王英籍猶太人哈同的滿族籍夫人羅迦陵，曾把清朝最末一位狀元劉春霖，以重禮聘到上海，爲他準備了特製的八人綠呢大轎，請他穿上清朝官服，爲她的亡夫靈牌點主。

當時某些所謂新文人如胡適、江亢虎等人也有類似的舉動。我十五歲時從莊士敦師傅的談話中，知道了有位提倡白話文的胡適博士。莊士敦一邊嘲笑他的中英合璧的「匹克尼克來江邊」的詩句，一邊又說「不妨看看他寫的東西，也算一種知識」。

我因此動了瞧一瞧這個新人物的念頭。有一天，在好奇心發作之下打了個電話給他，沒想到一叫他就來了。這次會面的情形預備後面再談，這裏我要提一下在這短暫的而無聊的會面之後，我從胡適給莊士敦寫的一封信上發現，原來洋博士也有著那種遺老似的心理。他的信中有一段說：

> 我不得不承認，我很為這次召見所感動。我當時竟能在我國最末一代皇帝——歷代偉大的君主的最後一位代表的面前，占一席位！

更重要的是，紫禁城從外國人的議論上也受到了鼓舞。莊士敦曾告訴我不少這方面的消息。據他說，很多外國人認爲復辟是一般中國人的願望。他有時拿來外文報紙講給我聽，他後來抄進了他的著作《紫禁城的黃昏》中的一段，是他曾講過的。這是刊在一九一九年九月十九日天津《華北每日郵電》上的一篇題爲《另一次復辟是不是在眼前？》的社論中的一段：

> 共和政府的經歷一直是慘痛的。今天我們看到，南北都在劍拔弩張，這種情形只能引出這樣結論：在中國，共和政體經過了試驗並發現有缺點。這個國家的中堅分子——商人

階層和士紳，很厭惡種種互相殘殺的戰爭。我們深信，他們一定會衷心擁護任何形式的政府，只要它能確保十八省的太平就行。

不要忘記，保皇黨是有堅強陣容的。他們對共和政體從來不滿，但由於某種原因，他們近幾年保持著緘默。顯然，他們同情著軍閥的行動，他們有些知名之士奔走於軍人集會的處所，並非沒有意義。

那些暗地贊同和希望前皇帝復辟成功的人的論點是，共和主義者正在破壞這個國家，因而必然採取措施——甚至是斷然措施——來恢復舊日的欣欣向榮、歌舞昇平的氣象。

復辟帝制絕不會受到多方面的歡迎，相反，還會受到外交上的相當大的反對，反對的公使館也不只一個。可是，只要政變成功，這種反對就必然消失，因為我們知道：成者為王敗者為寇。

當然，儘管在外國人的報紙上有了那麼多的鼓勵性的話，直接決定小朝廷的安危和前途禍福的，還是那些拿槍桿子的軍人。正如《華北每日郵電》所說，「奔走於軍人集會的處所，並非沒有意義」。我記得這年（一九一九）的下半年，紫禁城裏的小朝廷和老北洋系以外的軍人便有了較親密的交往。第一個對象是奉系的首領張作霖巡閱使。

起初，紫禁城收到了奉天匯來的一筆代售皇產莊園的款子，是由我父親收轉的。我父親去函致謝，隨後內務府選出兩件古物，一件是《御製題詠董邦達淡月寒林圖》畫軸，另一件是一對乾隆款的瓷瓶，用我父親的名義贈饋張作霖，並由一位三品專差唐銘盛直接送到奉天。

張作霖派了他的把兄弟，當時奉軍的副總司令，也就是後來當了僞滿國務總理的張景惠，隨唐銘盛一起回到北京，答謝了我的父親。從此，醇王府代表小朝廷和奉軍方面有了深一層的往來。在張勳復辟時，曾有三個奉軍的將領（張海鵬、馮德麟、湯玉麟）親身在北京參加了復辟，現在又有了張景惠、張宗昌被賜紫禁城騎馬。張宗昌當時是奉軍的師長，他父親在北京做八十歲大壽時，我父親曾親往祝賀。民國九年，直皖戰爭中直系聯合了奉系打敗了皖系，直系首領（馮國璋已死）曹錕和奉系首領張作霖進北京之後，小朝廷派了內務府大臣紹英親往迎接。醇王府更忙於交際。因爲一度聽說張作霖要進宮請安，內務府大臣爲了準備賜品，特意到醇王府聚議一番。結果決定，在預定的一般品目之外，加上一把古刀。

我記得張作霖沒有來，又回奉天去了。兩個月後，醇王身邊最年輕的一位貝勒得了張作霖顧問之銜，跟著就到奉天去了一趟。皖系失敗，直奉合作期間，北京的奉天會館成了奉系的將領們聚會的地方，也是某些王公們奔走的地方。連醇王府的總管張文治也成了這裏的常客，並在這裏和張景惠拜了把兄弟。

這兩年，和張勳復辟前的情況差不多，復辟的「謠傳」弄得滿城風雨。下面是登在民國八年十二月二十七日（也就是醇親王派人到奉天送禮品、和張景惠來北京之後的兩個月）英文《導報》上的發自奉天的消息：

> 最近幾天以來，在瀋陽的各階層人士中間，尤其是張作霖將軍部下中間盛傳一種謠言，說將在北京恢復滿清帝制以代替民國政府。根據目前的種種斷言，這次帝制將由張將軍發動，合作的則有西北的皇族和軍事領導人，前將軍張勳也將起重要作用。……說是甚至於徐總統和前馮總統，鑒於目前國家局勢以及外來危險，也都同意恢復帝制，至於曹錕、李純以及其他次要的軍人，讓他們保持現有地位再當上王公，就會很滿足了。……

我從莊士敦那裏得知這段新聞，是比較靠後一些時間。我還記得，他同時還講過許多其他關於張作霖活動復辟的傳說。大概這類消息一直傳播到民國十一年，即張作霖又敗回東北時爲止。我對上面這條消息印象特別深刻，它使我從心底感到了欣喜，我從而也明白了爲什麼奉軍首領們對紫禁城那樣熱誠，爲什麼端康「千秋」時張景惠夾在王公大臣中間去磕頭，爲什麼人們說奉天會館特別熱鬧，某些王公們那樣興致勃勃。

但是我們的高興沒有維持多久，掃興的事就來了：直奉兩系的合作突然宣告破裂，雙方開起火來了。結果奉軍失利，跑出了山海關。

令人不安的消息接連而至：徐世昌忽然下台；直軍統治了北京；在張勳復辟時被趕下台的黎元洪，二次當了總統。

紫禁城裏發生了新的驚慌，王公大臣們請求莊士敦帶我到英國使館去避難。莊士敦和英國公使貝爾利・阿爾斯頓勳爵商議好，英國公使館可以撥出一些房間，必要時我可以作為莊士敦的私人客人，住到裏面去。同時還和葡萄牙和荷蘭公使館商議好，可以容納皇室其他人前去避難。

我的想法和他們不同，我認為與其躲到外國使館，還不如索性到外國去。我向莊士敦提出，請他立即帶我出洋。因為我是突然之間把他找來提出的，所以這位英國師傅怔住了，他幾乎是來不及思索就回答我：「這是不合時宜的，陛下要冷靜考慮，徐總統剛逃出北京，皇帝陛下立刻從紫禁城失蹤，這會引起聯想，說徐世昌和清室有什麼陰謀。再說，在這種情形下，英國也不會接待陛下……」

當時我卻沒有這種聯想的本領，因為人們不曾告訴我，張、徐之間以及張、徐與小朝廷之間暗中發生的事情，當然更想不到直奉戰爭之發生以及這一場勝負和東交民巷的關係。我當時一聽這個要求辦不到，只好作罷。後來時局穩定了下來，沒有人再提出洋，就連避難問題也不提了。

這是民國十一年春夏間的事。第二年，直系的首領曹錕用五千元買一張選票的辦法，賄賂議員選他當上了總統。小朝廷對這位直系首領的恐懼剛剛消失，又對另一位聲望日高的直系首領吳佩孚發生了興趣。後來到我身邊來的鄭孝胥，此時向我獻過策，說吳佩孚是個最有希望的軍人，他素來以關羽自居，心存大清社稷，大可前去遊說。

這年吳佩孚在洛陽做五十整壽，在我同意之下，鄭孝胥帶了一份厚禮前去拜壽。但吳佩孚的態度若即若離，沒有明白的表示。後來康有為又去遊說他，也沒得到肯定的答覆。事實上，吳的得意時代也太短促了，就在他做壽的第二年，直奉兩系之間發生戰爭，吳佩孚部下的馮玉祥「倒戈」，宣佈和平，結果吳佩孚一敗塗地，我也在紫禁城坐不住，被馮玉祥的國民軍趕了出來。

在我結婚前這幾年滄海白雲之間，小朝廷裏王公大臣們的心情變化，並不完全一樣。表現最為消極的是內務府領銜大臣世續。他從丁巳復辟起，越來越泄氣，後來成了完全灰心悲觀的人。他甚至和人這樣說過，就算復辟成功，對我也沒有什麼好處，因為那些不知好歹的年輕王公，必定會鬧出一場比辛亥年更大的亂子。他又說：「就算王公出不了亂子，這位皇帝自己也保不了險，說不定給自己會弄個什麼結局。」

他的主張，是讓我和蒙古王公結親，以便必要時跑到老丈人家裏去過日子。世續死於我結婚前一年左右，去世前一年即因病不再問事了，代替他的是紹英。紹英的見識遠不如他的前任，謹慎小心、膽小怕事則有過之。在紹英心裏，只有退保，決無進取打算。他要保守的與其說是我這個皇上，倒不如說是「優待條件」。因為保住了這個東西，就等於保住了他的一切——從財產生命到他的頭銜。他是首先從莊士敦身上看到這種保險作用的。他寧願把自己的空房子白給外國人住，也不收肯出高租的中國人為房客。

莊士敦自己不願意領他這份情，幫忙給找了一個外國人做了他的鄰居，在他的屋頂上掛上了外國的國旗，因此他對莊士敦是感恩不盡的。

處於最年輕的王公和最年老的內務府大臣之間的是陳寶琛師傅。他不像世續那樣悲觀，不像紹英那樣除了保守優待條件以外，別的事連想也不想，也不像年輕的王公們對軍人們那麼感到興趣。他並不反對和軍人們聯絡，他甚至自己親自出馬去慰勞過馮玉祥，在商議給軍人送禮時，出主意也有他一份，不過他一向對軍人不抱希望。他所希望的，是軍人火併到最後，民國垮了台，出現「天與人歸」的局勢。因此，在張勳失敗後，他總是翻來覆去地給我講《孟子》裏的這一段：

> 故天將降大任於斯人也，必先苦其心志，勞其筋骨，餓其體膚，空乏其身，行拂亂其所為，所以動心忍性，曾益其所不能。

陳寶琛本來是我唯一的靈魂。不過自從來了莊士敦，我又多了一個靈魂。

五、莊士敦

我第一次看見外國人，是在隆裕太后最後一次招待外國公使夫人們的時候。我看見那些外國婦女們的奇裝異服，特別是五顏六色的眼睛和毛髮，覺得她們又寒傖，又可怕。那時我還沒看見過外國的男人。對於外國男人，我是從石印的畫報上，得到最初的了解的：他們嘴上都有個八字鬍，褲腿上都有一條直線，手裏都有一根棍子。

據太監們說，外國人的鬍子很硬，鬍梢上可以掛一隻燈籠，外國人的腿很直，所以庚子年有位大臣給西太后出主意說，和外國兵打仗，只要用竹竿子把他們捅倒，他們就爬不起來了。至於外國人手裏的棍子，據太監說叫「文明棍」，是打人用的。我的陳寶琛師傅曾到過南洋，見過外國人，他給我講的國外知識，逐漸代替了我幼時的印象和太監們的傳說，但當我聽說要來個外國人做我的師傅的時候，我這個十四歲的少年仍滿懷著新奇而不安之感。

我的父親和中國師傅們「引見」雷湛奈爾德・約翰・弗萊明・莊士敦先生的日子，是一九一九年三月四日，地點在毓慶宮。首先，按著接見外臣的儀式，我坐在寶座上，他向我行鞠躬禮，我起立和他行握手禮，他又行一鞠躬禮，退出門外。然後，他再進來，我向他鞠個躬，這算是拜師之禮。這些禮都完了，在朱益藩師傅陪坐下，開始給我講課。

我發現莊士敦師傅倒並不十分可怕。他的中國話非常流利，比陳師傅的福建話和朱師傅的江西話還好懂。莊師傅那年大約四十歲出頭，顯得比我父親蒼老，而動作卻敏捷靈巧。他的腰板很直，我甚至還懷疑過他衣服裏有什麼鐵架子撐著。雖然他沒有什麼八字鬍和文明棍，他的腿也能打彎，但總給我一種硬梆梆的感覺。特別是他那雙藍眼睛和淡黃帶白的頭髮，看著很不舒服。

他來了大概一個多月之後，一天他講了一會書，忽然回過頭去，惡狠狠地看了立在牆壁跟前的太監一眼，脹紅了臉，忿忿地對我說：

「內務府這樣對待我，是很不禮貌的。爲什麼別的師傅上課沒有太監，唯有我的課要一個太監站在那裏呢？我不喜歡這樣。」他把「喜」的音念成see，「我不喜歡，我要向徐總統提出來，因爲我是徐總統請來的！」

他未必真的去找過總統。清室請他當我的師傅，至少有一半是爲著靠他「保鏢」，因此不敢得罪他。他一紅臉，王爺和大臣們馬上讓了步，撤走了太監。我感到這個外國人很厲害，最初我倒是規規矩矩地跟他學英文，不敢像對中國師傅那樣，念得膩煩了就瞎聊，甚至叫師傅放假。

這樣的日子只有兩三個月，我就發現，這位英國師傅和中國師傅們相同的地方越來越多。他不但和中國師傅一樣恭順地稱我爲皇上，而且一樣地在我念得厭煩的時候，推開書本陪我閒聊，講些山南海北古今中外的掌故。根據他的建議，英文課添了一個伴讀的學生。他也和中國師傅的做法一模一樣。

這位蘇格蘭老夫子是英國牛津大學的文學碩士。他到宮裏教書是由老洋務派李經邁（李鴻章之子）的推薦，經徐世昌總統代向英國公使館交涉，正式被清室聘來的。他曾在香港英總督府裏當秘書，入宮之前，是英國租借地威海衛的行政長官。據他自己說，他來亞洲已有二十多年，在中國走遍了內地各省，遊遍了名山大川，古跡名勝。他通曉中國歷史，熟悉中國各地風土人情，對儒、墨、釋、老都有研究，對中國古詩特別欣賞。他讀過多少經史子集我不知道，我只看見他像中國師傅一樣，搖頭晃腦抑揚頓挫地讀唐詩。

他和中國師傅們同樣地以我的賞賜爲榮。他得到了頭品頂戴後，專門做了一套清朝袍褂冠帶，穿起來站在他的西山櫻桃溝別墅門前，在我寫的「樂靜山齋」四字匾額下面，拍成照片，廣贈親友。內務府在地安門油漆街一號租了一所四合院的住宅，給這位單身漢的師傅住。他把這個小院佈置得儼然像一所遺老的住宅。一進門，在門洞裏可以看見四個紅底黑字的「門封」，一邊是「毓慶宮行走」、「賞坐二人肩輿」，另一邊是「賜頭品頂戴」、「賞穿帶股貂褂」。每逢受到重大賞賜，他必有謝恩摺。下面這個奏摺就是第一次得到二品頂戴的賞賜以後寫的：

臣莊士敦跪

奏為叩謝

天恩事。宣統十三年十二月十三日欽奉諭旨：莊士敦教授英文，三年匪懈，著加恩賞給二品頂戴，仍照舊教授，並賞給帶紫貂褂一件，欽此。聞命之下，實不勝感激之至，謹恭摺叩謝皇上

天恩。謹

奏。

莊士敦採用《論語》「士志於道」這一句，給自己起了個「志道」的雅號。他很欣賞中國茶和中國的牡丹花，常和遺老們談古論今。他回國養老後，在家裏專闢了一室，陳列我的賜物和他的清朝朝服、頂戴等物，並在自己購置的小島上懸起「滿洲國」的國旗，以表示對皇帝的忠誠。然而最先造成我們師生的融洽關係的，還是他的耐心。

今天回想起來，這位愛紅臉的蘇格蘭人能那樣地對待我這樣的學生，實在是件不容易的事。

有一次他給我拿來了一些外國畫報，上面都是關於第一次世界大戰的圖片，大都是顯示協約國軍威的飛機坦克大炮之類的東西。我讓這些新鮮玩意吸引住了。他看出了我的興趣，就指著畫報上的東西給我講解，坦克有什麼作用，飛機是哪國的好，協約國軍隊怎樣的勇敢。

起初我聽得還有味道，不過只有一會兒功夫我照例又煩了。我拿出了鼻煙壺，把鼻煙倒在桌子上，在上面畫起花來。莊師傅一聲不響地收起了畫報，等著我玩鼻煙，一直等到下課的時候。

還有一次，他給我帶來一些外國糖果，那個漂亮的輕鐵盒子，銀色的包裝紙，各種水果的香味，讓我大爲高興。他就又講起那水果味道是如何用化學方法造成的，那些整齊的形狀是機器製成的。

我一點也聽不懂，也不想懂。我吃了兩塊糖，想起了檜柏樹上的螞蟻，想讓牠們嘗嘗化學和機器的味道，於是跑到跨院裏去了。這位蘇格蘭老夫子於是又守著糖果盒子，在那裏一直等到下課。

莊師傅教育我的苦心，我逐漸地明白了，而且感到高興，願意聽從。他教的不只是英文，或者說，英文倒不重要，他更注意的是教育我像個他所說的英國紳士那樣的人。

我十五歲那年，決心完全照他的樣來打扮自己，叫太監到街上給我買了一大堆西裝來。「我穿上一套完全不合身、大得出奇的西服，而且把領帶像繩子似地繫在領子的外面。當我這樣的走進了毓慶宮，叫他看見了的時候，他簡直氣得發了抖，叫我趕快回去換下來。第二天，他帶來了裁縫給我量尺寸，定做了英國紳士的衣服。後來他說：

「如果不穿合身的西裝，還是穿原來的袍褂好。穿那種估衣舖的衣服的不是紳士，是……」是什麼，他沒說下去。

「假如皇上將來出現在英國倫敦，」他曾對我說，「總要經常被邀請參加茶會的。那是比較隨便而又重要的聚會，舉行時間大都是星期三。在那裏可以見到貴族、學者、名流，以及皇上有必要會見的各種人。衣裳不必太講究，但是禮貌十分重要。如果喝咖啡像灌開水，拿點心當飯吃，或者叉子勺兒叮叮噹噹的響。那就壞了。在英國，吃點心、喝咖啡是Refreshment（恢復精神），不是吃飯……」

儘管我對莊士敦師傅的循循善誘不能完全記住，我經常吃到第二塊點心就把吃第一塊時的警惕忘得一乾二淨，可是畫報上的飛機大炮、化學糖果和茶會上的禮節所代表的西洋文明，還是深深印進了我的心底。

從看歐戰畫報起，我有了看外國畫報的愛好。我首先從畫報上的廣告得到了衝動，立刻命令內務府給我向外國定購畫報上那樣的洋犬和鑽石，我按照畫報上的樣式，叫內務府給我買洋式傢俱，在養心殿裝設地板，把紫檀木裝銅活的炕几換成了抹著洋漆、裝著白瓷把手的炕几，把屋子裏弄得不倫不類。

我按照莊士敦的樣子，大量購置身上的各種零碎：懷錶、錶鏈、戒指、別針、袖扣、領帶，等等。我請他給我起了外國名字，也給我的弟弟妹妹們和我的「后」「妃」起了外國名字，我叫亨利，婉容叫伊莉莎白。我模仿他那種中英文夾雜著的說話方法，成天和我的伴讀者交談：

「威廉姆（溥傑的名字），快給我把Pencil（鉛筆）削好，……好，放在desk（桌子）上！」

「亞瑟（溥佳的名字），today（今天）下晌叫莉莉（我三妹的名字）她們來，hear（聽）外國軍樂！」

說的時候，洋洋得意。聽得陳寶琛師傅皺眉閉目，像酸倒了牙齒似的。

總之，後來在我眼裏，莊士敦的一切都是最好的，甚至連他衣服上的樟腦味也是香的。莊士敦使我相信西洋人是最聰明最文明的人，而他正是西洋人裏最有學問的人。恐怕連他自己也沒料到，他竟能在我身上發生這樣大的魅力：他身上穿的毛呢衣料竟使我對中國的絲織綢緞的價值發生了動搖，他口袋上的自來水筆竟使我因中國人用毛筆宣紙而感到自卑。

自從他把英國兵營的軍樂隊帶進宮裏演奏之後，我就更覺中國的絲弦不堪入耳，甚至連丹陛大樂的威嚴也大爲削弱。只因莊士敦譏笑說中國人的辮子是豬尾巴，我才把它剪掉了。

從民國二年起，民國的內務部就幾次給內務府來函，請紫禁城協助勸說旗人剪掉辮子，並且希望紫禁城裏也剪掉它，語氣非常和婉，根本沒提到我的頭上以及大臣們的頭上。內務府用了不少理由去搪塞內務部，甚至辮子可做識別進出宮門的標誌，也成了一條理由。這件事拖了好幾年，紫禁城內依舊是辮子世界。現在，經莊士敦一宣傳，我首先剪了辮子。我這一剪，幾天功夫千把條辮子全不見了，只有三位中國師傅和幾個內務府大臣還保留著。

因爲我剪了辮子，太妃們痛哭了幾場，師傅們有好多天面色陰沉。後來溥傑和毓崇也藉口「奉旨」，在家裏剪了辮子。那天陳師傅面對他的幾個光頭弟子，怔了好大一陣，最後對毓崇冷笑一聲，說道：「把你的辮子賣給外國女人，你還可以得不少銀子呢！」

頂不喜歡莊士敦的，是內務府的人們。那時宮內開支仍然十分龐大，而優待條件規定的經費，年年拖欠。內務府爲了籌辦經費，每年都要拿出古玩字畫金銀瓷器去變賣和抵押。我逐漸地從莊士敦口中，知道了裏面有鬼。

有一次內務府要賣掉一座有一人高的金塔，我想起了莊士敦的話，內務府拿出去的金銀製品，如果當做藝術品來賣都是有很高價值的，可是每次都是按重量賣，吃了很大的虧。據莊士敦說，除非是傻子才這樣幹。我把內務府的人叫來，問這個金塔是怎麼賣法。果然他們說是按重量賣的，我立刻大發脾氣：

「這除非是傻子才幹的事！你們就沒有一個聰明人嗎？」

內務府的人認爲這是莊士敦拆他們的台，他們便想出一個辦法，把金塔抬到莊士敦的家裏，說是皇上請他代售。莊士敦立刻看穿了這個把戲，大怒道：「假如你們不拿走，我馬上奏明皇上！」結果是內務府的人乖乖地把金塔抬走了。他們拿莊士敦沒有辦法，因爲他既是清室的保鏢，又得到了我的充分信任。

在毓慶宮的最後一年，莊士敦已是我的靈魂的重要部分。我們談論課外問題，越來越多地佔用著上課時間，談論的範圍也越來越廣泛。他給我講過英國王室的生活，各國的政體國情，大戰後的列強實力，世界各地風光，「日不落的大英帝國」土地上的風物，中國的內戰局勢，中國的「白話文運動」（他這樣稱呼五四新文化運動）和西方文明的關係，他還談到了復辟的可能性和不可靠的軍閥態度。……

有一次他說：「從每種報紙上都可以看得出來，中國人民思念大清，每個人都厭倦了共和。我想暫且不必關心那些軍人們的態度，皇帝陛下也不必費那麼多時間從報紙上去尋找他們的態度，也暫且不必說，他們擁護復辟和拯救共和的最後目的有什麼區別，總而言之，陳太傅的話是對的，皇帝陛下聖德日新是最要緊的。但是聖德日新，不能總是在紫禁城裏。在歐洲，特別是在英王陛下的土地上，在英王太子讀書的牛津大學裏，皇帝陛下可以得到許多必要的知識，展開寬闊的眼界……」

在我動了留學英國的念頭之前，他已給我打開了不小的「眼界」。經過他的介紹，紫禁城裏出現過英國海軍司令、香港英國總督，每個人都對我彬彬有禮地表示了對我的尊敬，稱我爲皇帝陛下。

我對歐化生活的醉心，我對莊士敦亦步亦趨的模仿，並非完全使這位外國師傅滿意。比如穿衣服，他就另有見解，或者說，他另有對我的興趣。在我結婚那天，我在招待外國賓客的酒會上露過了面。祝了酒，回到養心殿後，脫下我的龍袍，換上了便裝長袍，內穿西服褲，頭戴鴨舌帽。這時，莊士敦帶著他的朋友們來了。一位外國老太太眼尖，她首先看見了我站在廊子底下，就問莊士敦：

「那個少年是誰？」

莊士敦看見了我，打量了一下我這身裝束，立刻臉上脹得通紅，那個模樣簡直把我嚇一跳，而那些外國人臉上做出的那種失望的表情，又使我感到莫名其妙。外國人走了之後，莊士敦的氣還沒有消，簡直是氣急敗壞地對我說：

「這叫什麼樣子呵？皇帝陛下！中國皇帝戴了一頂獵帽！我的上帝！」

六、結婚

當王公大臣們奉了太妃們之命，向我提出我已經到了「大婚」年齡的時候，如果說我對這件事還有點興趣的話，那因爲結婚是個成人的標誌，經過這道手續，別人就不能把我像個孩子似地管束了。

對這類事情最操心的是老太太們。民國十年年初，即我剛過了十五周歲的時候，太妃們把我父親找去商議了幾次，接著，召集了十位王公，討論這件事。從議婚到成婚，經歷了將近兩年的時間。在這中間，由於莊和太妃和我母親的先後去世，師傅們因時局不寧諫勸從緩，特別是發生了情形頗爲複雜的爭執，婚事曾有過幾起幾落，不能定案。

這時莊和太妃剛去世，榮惠太妃沒什麼主見，剩下的兩個太妃，對未來「皇后」人選，發生了爭執，都想找一個跟自己親近些的當皇后。這不單是由於老太太的偏愛，而是由於和將來的地位大有關係。敬懿太妃原是同治妃，她總忘不了慈禧在遺囑上把我定爲承繼同治、兼祧光緒的這句話。隆裕太后在世時滿不睬這一套，不但沒有因爲這句話而對同治的妃有什麼尊重的表示，反而把同治的妃打入了冷宮。隆裕死後，雖然太妃被我一律以皇額娘相稱，但袁世凱又來干涉「內政」，指定端康主持宮中一切事務，因此敬懿依然不能因「正宗」而受到重視。她的素志未償，對端康很不服氣。所以在議婚過程中，這兩個太妃各自提出了自己中意的候選人，互不相讓。

最有趣的是我的兩位叔父，就像從前一個強調海軍，一個強調陸軍，在攝政王面前各不相讓的情形一樣，也各爲一位太妃奔走。「海軍」主張選端恭的女兒，「陸軍」主張選榮源的女兒。爲了做好這個媒，前清的這兩位統帥連日僕僕風塵於京津道上，匆匆忙忙出入於永和宮和太極殿。

究竟選誰，當然要「皇帝」說話，「欽定」一下。同治和光緒時代的辦法，是叫候選的姑娘們，站成一排，由未來的新郎當面挑揀，挑中了的當面做出個記號來——我聽到的有兩個說法，一說是遞玉如意給中意的姑娘，一說是把一個荷包繫在姑娘的鈕子上。到我的時代，經過王公大臣們的商議，認爲把人家閨女擺成一排挑來挑去，不大妥當，於是改爲挑照片的辦法：我看著誰好，就用鉛筆在照片上做個記號。

照片送到了養心殿，一共四張。在我看來，四個人都是一個模樣，身段都像紙糊的桶子。每張照片的臉部都很小，實在分不出醜俊來，如果一定要比較，只能比一比旗袍的花色，誰的特別些。我那時想不到什麼終身大事之類的問題，也沒有個什麼標準，便不假思索地在一張似乎順眼一些的相片上，用鉛筆畫了一個圈兒。

這是滿洲額爾德特氏端恭的女兒，名叫文綉，又名惠心，比我小三歲，看照片的那年是十二歲。這是敬懿太妃所中意的姑娘。這個挑選結果送到太妃那裏，端康太妃不滿意了，她不顧敬懿的反對，硬叫王公們來勸我重選她中意的那個，理由是文綉家境貧寒，長的不好，而她推薦的這個是個富戶，又長的很美。

她推薦的這個是滿洲正白旗郭布羅氏榮源家的女兒，名婉容，字慕鴻（後來在天津有個駐張園的日本警察寫了一本關於我的書，把慕鴻寫成秋鴻，以後以訛傳訛，又成了鴻秋），和我同歲，看照片那年是十六歲。我聽了王公們的勸告，心裏想你們何不早說，好在用鉛筆畫圈不費什麼事，於是我又在婉容的相片上畫了一下。

可是敬懿和榮惠兩太妃又不願意了。不知太妃們和王公們是怎麼爭辯的，結果榮惠太妃出面說：「既然皇上圈過文繡，她是不能再嫁給臣民了，因此可以納為妃。」我想，一個老婆我還不覺得有多大的必要，怎麼一下子還要兩個呢？我不大想接受這個意見。可是禁不住王公大臣根據祖制說出「皇帝必須有后有妃」的道理，我想既然這是皇帝的特點，我當然要具備，於是答應了他們。

這個選后妃的過程，說得簡單，其實是用了一年的時間才這樣定下來的。定下來之後，發生了直奉戰爭，婚禮拖下來了，一直拖到了民國十一年十二月一日，這時徐世昌已經下台，而大規模的婚禮籌備工作已經收不住轡頭，只得舉行。

王公們對二次上台的黎元洪總統不像對徐世昌那麼信賴，生怕他對婚禮排場橫加干涉，但是事情的結果，黎元洪政府答應給的支持，出乎意料的好；即使徐世昌在台上，也不過如此。

民國的財政部寫來一封頗含歉意的信給內務府，說經費實在困難，以致優待歲費不能發足，現在為助大婚，特意從關稅款內撥出十萬元來，其中兩萬，算民國賀禮。同時，民國政府軍、憲、警各機關還主動送來特派官兵擔任警衛的計劃。其中計開：

淑妃妝奩進宮。步軍統領衙門派在神武門、東安門等處及妝奩經過沿途站哨官員三十名，士兵三百名。

皇后妝奩進官。步軍統領衙門派在神武門、皇后宅等處及隨行護送妝奩經過沿途站哨官員三十一名，士兵四百十六名（其中有號兵六名）。

行冊立（皇后）禮。派在神武門、皇后宅等處及隨行護送經過沿途站哨步軍統領衙門官員三十四名（其中有軍樂隊官員三人），士兵四百五十八名（其中有軍樂隊士兵四十二人，號兵六人）。憲兵司令部除官員九名、士兵四十名外還派二個整營沿途站哨。

淑妃進宮。派在神武門、淑妃宅等處及隨行護送經過沿途站哨步軍統領衙門官員三十一名、士兵四百十六名。憲兵司令部官員三名，士兵十四名。警察廳官兵二百八十名。

行奉迎（皇后）禮。派在東華門、皇后宅等處及隨行護送經過沿途站哨步軍統領衙門官兵六百十名，另有軍樂隊一隊。憲兵司令部除官兵八十四名外，並於第一、二、五營中各抽大部分官兵擔任沿途站哨。警察廳官兵七百四十七名。

在神武門、東華門、皇后宅、淑妃宅等處及經過地區警察廳所屬各該管區，加派警察保護。

本來按民國的規定，只有神武門屬於清宮，這次破例，特准「鳳輿」從東華門進宮。婚禮全部儀程是五天：

十一月二十九日　巳刻，淑妃妝奩入宮。
十一月三十日　午刻，皇后妝奩入宮。巳刻，皇后行冊立禮。丑刻，淑妃入宮。
十二月一日　子刻，舉行大婚典禮。寅刻，迎皇后入宮。
十二月二日　帝后在景山壽皇殿向列祖列宗行禮。
十二月三日　帝在乾清宮受賀。

在這個儀程之外，還從婚後次日起連演三天戲。在這個禮儀之前，即十一月十日，還有幾件事預先做的，即納采禮，晉封四個太妃（四太妃從這天起才稱太妃）。事後，又有一番封賞榮典給王公大臣，不必細說了。

這次舉動最引起社會上反感的，是小朝廷在一度復辟之後，又公然到紫禁城外邊擺起了威風。在民國的大批軍警放哨布崗和恭敬護衛之下，清宮儀仗耀武揚威地在北京街道上擺來擺去。

正式婚禮舉行那天，在民國的兩班軍樂隊後面，是一對穿著蟒袍補褂的冊封正副使

（慶親王和鄭親王）騎在馬上，手中執節（像蘇武牧羊時手裏拿的那個鞭子），在他們後面跟隨著民國的軍樂隊和陸軍馬隊、警察馬隊、保安隊馬隊。再後面則是龍鳳旗傘、鑾駕儀仗七十二副，黃亭（內有皇后的金寶禮服）四架，宮燈三十對，浩浩蕩蕩，向「后邸」進發。在張燈結彩的后邸門前，又是一大片軍警，保衛著婉容的父親榮源和她的兄弟們——都跪在那裏迎接正副使帶來的「聖旨」……

民國的頭面人物的厚禮，也頗引人注目。大總統黎元洪在紅帖子上寫著「中華民國大總統黎元洪贈宣統大皇帝」，禮物八件，計：琺琅器四件，綢緞二種，帳一件，聯一副，其聯文云：「漢瓦當文，延年益壽，周銅盤銘，富貴吉祥」。前總統徐世昌送了賀禮二萬元和許多貴重的禮物，包括二十八件瓷器和一張富麗堂皇的龍鳳中國地毯。張作霖、吳佩孚、張勳、曹錕等軍閥、政客都贈送了現款和許多別的禮物。

民國派來總統府侍從武官長蔭昌，以對外國君主之禮正式祝賀。他向我鞠躬以後，忽然宣佈：「剛才那是代表民國的，現在奴才自己給皇上行禮。」說罷，跪在地下磕起頭來。

當時許多報紙對這些怪事發出了嚴正的評論，這也擋不住王公大臣們的興高采烈，許多地方的遺老們更如驚蟄後的蟲子，成群飛向北京，帶來他們自己的和別人的現金、古玩等等賀禮。重要的還不是財物，而是聲勢，這個聲勢大得連他們自己也出乎意外，以致又覺得事情像是大有可為的樣子。

最令王公大臣、遺老遺少以及太妃們大大興奮的，是東交民巷來的客人們。這是辛亥以後紫禁城中第一次出現外國官方人員。雖然說他們是以私人身分來的，但畢竟是外國官員。

爲了表示對外國客人觀禮的重視和感謝，按莊士敦的意思，在乾清宮特意安排了一個招待酒會，由張勳復辟時的「外務部大臣」梁敦彥給我擬了一個英文謝詞，我按詞向外賓念了一遍。這個謝詞如下：

今天在這裏，見到來自世界各地的高貴客人，朕感到不勝榮幸。謝謝諸位光臨，並祝諸位身體的健康，萬事如意。

在這鬧哄哄之中，我從第一天起，一遍又一遍地想著一個問題：「我有了一后一妃，成了家了，這和以前的區別何在呢？」我一遍又一遍地回答自己：「我成年了。如果不是鬧革命，是我『親政』的時候開始了！」

除了這個想法之外，對於夫妻、家庭，我幾乎連想也沒想它。只是當頭上蒙著一塊繡著龍鳳的大紅緞子的皇后進入我眼簾的時候，我才由於好奇心，想知道她長的什麼模樣。

按著傳統，皇帝和皇后新婚第一夜，要在坤寧宮裏的一間不過十米見方的喜房裏度過。這間屋子的特色是：沒有什麼陳設，炕占去了四分之一，除了地皮，全塗上了紅色。行過「合巹禮」，吃過了「子孫餑餑」，進入這間一片暗紅色的屋子裏，我覺得很憋氣。

新娘子坐在炕上，低著頭，我在旁邊看了一會，只覺著眼前一片紅：紅帳子、紅褥子、紅衣、紅裙、紅花朵、紅臉蛋……好像一灘溶化了的紅蠟燭。我感到很不自在，坐也不是，站也不是。我覺得還是養心殿好，便開開門，回來了。

我回到養心殿，一眼看見了裱在牆壁上的宣統朝全國各地大臣的名單，那個問題又來了：

「我有了一后一妃，成了人了，和以前有什麼不同呢？」

被孤零零地扔在坤寧宮的婉容是什麼心情？那個不滿十四歲的文綉在想些什麼？我連想也沒有想到這些。我想的只是：

「如果不是革命，我就開始親政了……我要恢復我的祖業！」

七、內部衝突

自從莊士敦入宮以來，我在王公大臣們的眼裏逐漸成了最不好應付的皇帝。到了我結婚前後這段時間，我的幻想和舉動，越發叫他們覺得離奇，因而驚恐不安。我今天傳內務府，叫把三萬元一粒的鑽石買進來，明天又申斥內務府不會過日子，只會貪汙浪費。

我上午召見大臣，命他們去清查古玩字畫當天回奏，下午又叫預備車輛去遊香山。我對例行的儀注表示了厭倦，甚至連金頂黃轎也不愛乘坐。

爲了騎自行車方便，我把祖先在幾百年間沒有感到不方便的宮門門檻，叫人統統鋸掉。我可以爲了一件小事，怪罪太監對我不忠，隨意叫敬事房笞打他們，撤換他們。

王公大臣們的神經最受不了的，是我一會想勵精圖治，要整頓宮廷內部，要清查財務，一會我又揚言要離開紫禁城，出洋留學。王公大臣們被我鬧得整天心驚肉跳，辮子都急成白的了。

我的出洋問題，有些王公大臣考慮得比我還早，這本來是他們給我請外國師傅的動機之一。我結婚後接到不少遺老的奏摺、條陳，都提到過這個主張。但到我親自提出這個問題的時候，幾乎所有的人都表示了反對。在各種反對者的理由中，最常聽說的是這一條：

「只要皇上一出了紫禁城，就等於放棄了民國的優待。既然民國沒有取消優待條件，爲什麼自己偏要先放棄它呢？」

無論是對出洋表示同情的，還是根本反對的，無論是對「恢復祖業」已經感到絕望的，還是仍不死心的，都捨不得這個優待條件。儘管優待條件中規定的「四百萬歲費」變成了口惠而實不至的空話，但是還有「帝王尊號仍存不廢」這一條。

只要我留在紫禁城，保住這個小朝廷，對恢復祖業未絕望的人固然很重要，對於已絕望的人也還可以保留飯碗和既得的地位，這種地位的價值不說死後的恤典，單看看給人點主、寫墓誌銘的那些生榮也就夠了。

我的想法和他們不同。我首先就不相信這個優待條件能永遠保留下去。不但如此，我比任何人都更能感到自己處境的危險。自從新的內戰又發生，張作霖敗退出關，徐世昌下台，黎元洪重新上台，我就覺得危險突然逼近前來。我想的只是新的當局會不會加害於我，而不是什麼優待不優待的問題。何況這時又有了某些國會議員主張取消優待的傳說。退一萬步說，就算現狀可以維持，又有誰知道，在瞬息萬變的政局和此起彼伏的混戰中，明天是什麼樣的軍人上台，後天是什麼樣的政客組閣？

我從許多方面——特別是莊士敦師傅的嘴裏已經有點明白，這一切政局的變化，沒有一次不是列強在背後起作用。與其等待民國新當局的優待，何不直接去找外國人？如果一個和我勢不兩立的人物上了台，再去想辦法，是不是來得及？對於歷代最末一個皇帝的命運，從成湯放夏桀於南巢，商紂自焚於鹿台，犬戎弒幽王於驪山之下起，我可以一直數到朱由檢上煤山。沒有人比我對這些歷史更熟悉的了。

當然，我沒有向王公大臣們說起這些晦氣的故事，我這樣和他們辯論：

「我不要什麼優待，我要叫百姓黎民和世界各國都知道，我不希望民國優待我，這倒比人家先取消優待的好。」

「優待條件載在盟府，各國公認，民國倘若取消，外國一定幫助我們說話。」他們說。

「外國人幫我們，你們爲什麼不叫我到外國去？難道他們見了我本人不更幫忙嗎？」

儘管我說的很有道理，他們還是不同意。我和父親、師傅、王公們的幾次辯論，只產生這個效果：他們趕緊忙著籌辦「大婚」。

我所以急著要出洋，除上面對王公大臣們說的理由之外，另外還有一條根本沒有和他們提，特別是不敢向我的父親提，這就是我對我周圍的一切，包括他本人在內，越來越看不順眼。

這還是在我動了出洋的念頭以前就發生的。自從莊士敦入宮以後，由於他給我灌輸的西洋文明的知識，也由於少年人好奇心理的發展，我一天比一天不滿意我的環境，覺得自己受著拘束。我很同意莊士敦做出的分析，這是由於王公大臣們的因循守舊。

在這些王公大臣們眼裏，一切新的東西都是可怕的。我十五歲那年。莊士敦發現我眼睛可能近視，建議請個外國眼科醫生來檢驗一下，如果確實的話，就給我配眼鏡。不料這個建議竟像把水倒進了熱油鍋，紫禁城裏簡直炸開了。這還了得？皇上的眼珠子還能叫外國人看？皇上正當春秋鼎盛，怎麼就像老頭一樣戴上「光子」（眼鏡）？從太妃起全都不答應。後來費了莊士敦不少口舌，加之我再三堅持要辦，這才解決。

我所想要的，即使是王公大臣早得到的東西，他們也要反對，這尤其叫我生氣。比如安電話那一次就是這樣。

我十五歲那年，有一次聽莊士敦講起電話的作用，動了我的好奇心，後來聽溥傑說北府（當時稱我父親住的地方）裏也有了這個玩意兒，我就叫內務府給我在養心殿裏也安上一個。內務府大臣紹英聽了我的吩咐，簡直臉上變了色。不過他在我面前向例沒說過抵觸的話，「嗻」了一聲，下去了。第二天，師傅們一齊向我勸導：

「這是祖制向來沒有的事，安上電話，什麼人都可以跟皇上說話了，祖宗也沒這樣幹過……這些西洋奇技淫巧，祖宗是不用的……」

我也有我的道理：「宮裏的自鳴鐘、洋琴、電燈，都是西洋玩意，祖制裏沒有過，不是祖宗也用了嗎？」

「外界隨意打電話，冒犯了天顏，那豈不有失尊嚴？」

「外界的冒犯，我從報上也看了不少，眼睛看和耳朵聽不是一樣的嗎？」

當時或者連師傅們也沒明白，內務府請他們來勸駕是什麼用意。內務府最怕的並不是冒犯「天顏」，而是怕我經過電話和外界有了更多的接觸。在我身邊有了一個愛說話的莊士敦，特別是有了二十來種報紙，已經夠他們受的了。打開當時的北京報紙，幾乎每個月至少有一起清室內務府的闢謠聲明，不是否認清室和某省當局或某要人的來往，就是否認清室最近又抵押或變賣了什麼古物。

這些被否認的謠言，十有九件確有其事，至少有一半是他們不想叫我知道的。有了那些報紙，加上一個莊士敦，早已弄得他們手忙腳亂，現在又要添上個電話，作爲我和外界的第三道橋樑，豈不更使他們防不勝防？因此他們使盡力氣來反對。看師傅說不服我，又搬來了王爺。

我父親這時已經成了徹底的維持現狀派，只要我老老實實住在紫禁城裏，他每年照例拿到他的四萬二千四百八十兩歲銀，便一切滿足，因此他是最容易受內務府擺布的人。但是這位內務府的支持者，並沒有內務府所希望的那種口才。他除重複了師傅們的話以外，沒有任何新的理由來說服我，而且叫我一句話便問得答不上來了：

「王爺府上不是早安上電話了嗎？」

「那是，那是，可是，可是跟皇帝並不一樣。這件事還是過兩天，再說吧……」

我想起他的辮子比我剪得早，電話先安上了，不讓我買汽車而他卻買了，我心裏很不滿意。

「皇帝怎麼不一樣？我就連這點自由也沒有？不行，我就是要安！」我回頭叫太監：「傳內務府：今天就給我安電話！」

「好，好，」我父親連忙點頭，「好，好，那就安……」

電話安上了，又出了新的麻煩。

隨著電話機，電話局送來了一個電話本。我高興極了，翻著電話本，想利用電話玩一玩。我看到了京劇名演員楊小樓的電話號碼，對話筒叫了號。一聽到對方回答的聲音，我就學著京劇裏的道白腔調念道：「來者可是楊——小——樓——呵？」

我聽到對方哈哈大笑的聲音，問：「您是誰呵？哈哈……」不等他說完，我就把電話掛上了。真是開心極了。

接著，我又給一個叫徐狗子的雜技演員開了同樣的玩笑，又給東興樓飯莊打電話，冒充一個什麼住宅，叫他們送一桌上等酒席。這樣玩了一陣，我忽然想起莊士敦剛提到的胡適博士，想聽聽這位「匹克尼克來江邊」的作者用什麼調兒說話，又叫了他的號碼。巧得很，正是他本人接電話。我說：

「你是胡博士呵？好極了，你猜我是誰？」

「您是誰呵？怎麼我聽不出來呢？……」

「哈哈，甭猜啦，我說吧，我是宣統呵！」

「宣統？……是皇上？」

「對啦，我是皇上。你說話我聽見了，我還不知道你是什麼樣兒。你有空到宮裏來，叫我瞅瞅吧。」

我這無心的玩笑，真把他給引來了。據莊士敦說，胡適為了證實這個電話，特意找過了莊士敦，他沒想到真是「皇上」打的電話。他連忙向莊士敦打聽了進宮的規矩，明白了我並不叫他磕頭，我這皇上脾氣還好，他就來了。不過因為我沒有把這件事放在心上，也沒叫太監關照一下守衛的護軍，所以胡博士走到神武門，費了不少口舌也不放通過。後來護軍半信半疑請奏事處來問了我，這才放他進來。

這次由於心血來潮決定的會見，只不過用了二十分鐘左右時間。我問了他白話文有什麼用，他在外國到過什麼地方，等等。最後為了聽聽他對我的恭維，故意表示我是不在乎什麼優待不優待的，我很願意多念點書，像報紙文章上常說的那樣，做個「有為的青年」。

他果然不禁大爲稱讚，說：「皇上真是開明，皇上用功讀書，前途有望，前途有望！」

我也不知道他說的前途指的是什麼。他走了之後，我再沒費心去想這些。沒想到王公大臣們，特別是師傅們，聽說我和這個「新人物」私自見了面，又像炸了油鍋似地背地吵鬧起來了。

總之，隨著我的年事日長，他們覺得我越發不安分，我也覺得他們越發不順眼。這時我已經出紫禁城玩過一兩次，這是從我藉口母親去世要親往祭奠開始，排除了無窮的勸阻才勉強爭得來的一點自由。

這點自由刺激了我的胃口，我越發感到這些喜歡大驚小怪的人物迂腐不堪。到民國十一年的夏季，上面說的幾件事所積下的氣忿，便促成了我下決心出洋的又一股勁頭。我和王公大臣們的衝突，以正式提出留學英國而達到高峰。

這件事和安電話就不同了，王公大臣們死也不肯讓步。最後連最同情我的七叔載濤，也只允許給我在天津英租界準備一所房子，以供萬一必要時去安身。

我因爲公開出紫禁城不可能，曾找莊士敦幫忙。在上節我已說過，他認爲時機不相宜，不同意我這時候行動。於是我故意捺下性子等候時機，同時暗中進行著私逃的準備。我這時有了一個忠心願意協助我的人，這就是我的弟弟溥傑。

我和溥傑，當時真是一對難兄難弟，我們的心情和幻想，比我們的相貌還要相似。他也是一心一意想跳出自己的家庭圈子，遠走高飛，尋找自己的出路，認爲自己的一切欲望，到了外國都可以得到滿足。他的環境和我的比起來，也像他的身體和我的身體比例一樣，不過只小了一號。下面是他的自傳的一段摘錄：

到二十歲離開為止，我的家庭一直是一個擁有房屋數百間、花園一大座、僕役七八十名的「王府」。家中一直使用宣統年號，逢年過節還公然穿戴清朝袍褂，帶著護衛、聽差大搖大擺地走在街上。平日家庭往來無白丁，不是清朝遺老就是民國新貴……

四歲斷乳，一直到十七歲，每天早晨一醒來，老媽子給穿衣服，自己一動不動，連洗腳剪指甲自己也不幹，倘若自己拿起剪刀，老媽便大呼大叫，怕我剪了肉。平時老媽帶著，不許跑，不許爬高，不許出大門，不給吃魚怕卡嗓子，不給……

八歲開讀。塾師是陳寶琛介紹的一位貢生，姓趙，自稱是宋太祖的嫡系後裔，工諸字。老師常聲淚俱下地講三綱五常，大義名分。十三四歲，老師開始罵民國，稱革命黨人「無父無君」。說中國除非「定於一」才有救，軍閥混戰是由於群龍無首。激發我「恢復祖業」，以天下為己任的志氣。

「英國滅了印度，印度王侯至今世襲不斷，日本吞併朝鮮，李王一家現在也仍是殿下……」父親常和我這樣念叨。

母親死前對我說，「你長大後好好幫助你哥哥，無論如何不可忘記你是愛新覺羅的子孫，這樣你才對得起我……」

時常聽說滿族到處受排斥，皇族改姓金，瓜爾佳氏改姓關，不然就找不到職業。聽到這些，心中充滿了仇恨。

十四五歲時，祖母和父親叫我把私蓄幾千元存到銀行吃息錢。自己研究結果，還是送外國銀行好，雖然息錢太低，可是保險。

十四歲起，入宮伴讀。……

溥傑比我小一歲，對外面的社會知識比我豐富，最重要的是，他能在外面活動，只要藉口進宮，就可以騙過家裏了。我們行動的第一步是籌備經費，方法是把宮裏最值錢的字畫和古籍，以我賞賜溥傑爲名，運出宮外，存到天津英租界的房子裏去。溥傑每天下學回家，必帶走一個大包袱。

這樣的盜運活動，幾乎一天不斷地幹了半年多的時間。運出的字畫古籍，都是出類拔萃、精中取精的珍品。因爲那時正值內務府大臣和師傅們清點字畫，我就從他們選出的最上品中挑最好的拿。

我記得的有王羲之、王獻之父子的墨跡《曹娥碑》、《二謝帖》，有鍾繇、僧懷素、歐陽詢、宋高宗、米芾、趙孟頫、董其昌等人的真蹟，有司馬光的《資治通鑑》的原稿，有唐王維的人物，宋馬遠和夏珪以及馬麟等人畫的《長江萬里圖》，張擇端的《清明上河圖》，還有閻立本、宋徽宗等人的作品。

古版書籍方面，乾清宮西昭仁殿的全部宋版明版書的珍本，都被我們盜運走了。運出的總數大約有一千多件手卷字畫，二百多種掛軸和冊頁，二百種上下的宋版書。

民國十三年我出宮後，「清室善後委員會」在點查毓慶宮的時候，發現了「賞溥傑單」，付印公佈，其中說賞溥傑的東西「皆屬琳琅秘籍，縹緗精品，天祿書目所載，寶籍三編所收，擇其精華，大都移運宮外」，這是一點不錯的。

這批東西移到天津，後來賣了幾十件。僞滿成立後，日本關東軍參謀吉岡安直又把這些珍品全部運到了東北，日本投降後，就不知下文了。

我們的第二步計劃，是秘密逃出紫禁城。只要我自己出了城，進到外國公使館，就算木已成舟，不管是王公大臣還是民國當局，就全沒有辦法了，這是幾年來的民國歷史給了我們的一個最有用的知識。更重要的是，我的莊士敦師傅給我想出了更具體的辦法，他叫我先和公使團的首席公使荷蘭的歐登科聯絡好，好使他事先有所準備。

莊師傅給我出這個主意已是民國十二年的三月了。九個月前他曾反對我出洋，認爲時機不好，現在他何以認爲時機已經到來，以及他另外和東交民巷的公使們如何商量的，我一點都不知道。

我從他的指點上獲得了很大的信心，這就很夠我滿足的了。我先請他代往公使那裏通個消息，然後我親自給歐登科公使直接通了電話，爲了把事情辦得穩妥，我又派溥傑親自到荷蘭公使館去了一趟。

結果一切都是滿意的。歐登科在電話裏答應了我，並親自和溥傑約定好，雖然他不能把汽車一直開進宮裏，但將在神武門外等我，只要我能溜出這個大門，那就一切不成問題；從我第一天的食宿到我的腳踏上英國的土地，進入英國學校的大門，他全可以負責。當下我們把出宮的具體日期鐘點都規定好了。

到了三月二十五日這天，剩下的問題就是如何走出神武門了。紫禁城裏的情形是這樣，我身邊有一群隨身太監，各宮門有各宮門的太監，宮廷外圍是護軍的各崗哨，神武門外，還有由民國步兵統領指揮的「內城守衛隊」巡邏守衛。我認爲，最重要的是身邊和宮門太監，只要這幾關打通，問題就不大了。

我想的實在是太簡單了，我打通太監的辦法，也不過是花點錢而已。拿到錢的太監歡天喜地地謝了恩，我就認爲萬事俱備，誰知在預定時間前一小時，不知是哪個收了錢的太監報知了內務府。我還沒走出養心殿，就聽說王爺傳下令來，叫各宮門一律斷絕出入，紫禁城全部進入戒嚴狀態。我和溥傑一聽這消息，坐在養心殿裏全傻了眼。

過了不大功夫，我父親氣急敗壞地來了：

「聽聽聽聽說皇上，要要要走……」

看他這副狼狽的樣子，做錯事的倒好像是他，我忍不住笑起來了。

「沒有那麼回事。」我止住了笑說。

「這可不好，這可怎麼好……」

「沒那回事！」

我父親疑心地瞅瞅溥傑，溥傑嚇得低下了頭。

「沒有那事兒！」我還這樣說。父親嘟嘟囔囔說了幾句，然後領走了我的「同謀犯」。他們走了，我把御前太監叫來追問，是誰說出去的。我非要把洩底的打個半死不可。可是我沒辦法問出來，這件事，又不能叫敬事房去查，只好一個人生悶氣。

從那以後，我最怕看見高牆。

「監獄！監獄！監獄！」我站在堆秀山上望著城牆，常常這麼念叨。「民國和我過不去還猶可說，王公大臣、內務府也和我過不去，真是豈有此理。我爲了城外的祖業江山才要跑出去的，你們爲了什麼呢？……最壞的是內務府，這準是他們把王爺弄來的！」

第二天見了莊士敦，我向他發了一頓牢騷。他安慰了我幾句，說不如暫時不去想這些，還是現實一些，先把紫禁城整頓整頓。

「新來的鄭孝胥，是個很有爲的人。」他說，「鄭很有抱負，不妨聽聽他對整頓的想法。」

我心中又燃起另一種希望。既然紫禁城外祖業不能恢復，就先整頓城裏的財產吧。我對莊師傅的建議非常滿意。我那時萬想不到，他後來在他那本書裏寫到這次逃亡時，竟然把自己說成了毫無干係，而且還是個反對者呢。

八、遣散太監

紫禁城在表面上是一片平靜，內裏的秩序卻是糟亂一團。從我懂事的時候起，就時常聽說宮裏發生盜案、火警，以及行凶事件。至於煙賭，更不用說。到我結婚的時候，偷盜已發展到這種程度：剛行過婚禮，由珍珠玉翠裝嵌的皇后鳳冠上的全部珍寶，竟整個被換成了贗品。

我從師傅們那裏知道，清宮中的財寶早已在世界上聞名。只說古玩字畫，那數量和價值就是極其可觀的。明清兩代幾百年帝王搜刮來的寶物，除了兩次被洋兵弄走的以外，大部分還存放在宮裏。這些東西大部分沒有數目，就是有數目的也沒有人去檢查，所以丟沒丟，丟了多少，都沒有人知道。這就給偷盜者大開了方便之門。

今天想起來，那簡直是一場浩劫。參加打劫行徑的，可以說是從上而下，人人在內。換言之，凡是一切有機會偷的人，是無一不偷，而且盡可放膽地偷。偷盜的方式也各不同，有撬門撬鎖秘密地偷，有根據合法手續，明目張膽地偷。太監大都採用前一種方式，大臣和官員們則採用辦理抵押、標賣或借出鑒賞，以及請求賞賜等等，即後一種方式。至於我和溥傑採用的一賞一受，則是最高級的方式。當然，那時我決不會有這樣想法，我想的只是，別人都在偷盜我的財物。

我十六歲那年，有一天由於好奇心的驅使，叫太監打開建福宮那邊一座庫房。庫門封條很厚，至少有幾十年沒有開過了。我看見滿屋都是堆到天花板的大箱子，箱皮上有嘉慶年的封條，裏面是什麼東西，誰也說不上來。

我叫太監打開了一個，原來全是手卷字畫和非常精巧的古玩玉器。後來弄清楚了，這是當年乾隆自己最喜愛的珍玩。乾隆去世之後，嘉慶下令把那些珍寶玩物全部封存，裝滿了建福宮一帶許多殿堂庫房，我所發現的不過是其中的一庫。有的庫盡是彝器，有的庫盡是瓷器，有的庫盡是名畫，義大利人郎世寧給乾隆畫的許多畫也在內。

在養心殿後面的庫房裏，我還發現了許多很有趣的「百寶匣」，據說這也是乾隆的玩物。這種百寶匣用紫檀木製成，外形好像一般的書箱，打開了像一道樓梯，每層梯上分成幾十個小格子，每個格子裏是一樣玩物，例如一個宋磁小瓶，一部名人手抄的寸半本四書，一個精刻的牙球，一個雕著古代故事的核桃，幾個刻有題詩繪畫的瓜子，以及一枚埃及古幣等等。一個百寶匣中，舉凡字畫、金石、玉器、銅器、瓷器、牙雕等等，無一不備，名爲百寶，實則一個小型的匣子即有幾百種，大型的更不只千種。還有一種特製的紫檀木炕几，上面無一處沒有消息，每個消息裏盛著一件珍品，這個東西我沒看見，我當時只把親自發現的百寶匣，大約有四五十匣，都拿到養心殿去了。

這時我想到了這樣的問題：我究竟有多少財寶？我能看到的，我拿來了，我看不到的又有多少？那些整庫整院的珍寶怎麼辦？被人偷去的有多少？怎樣才能制止偷盜？

莊士敦師傅曾告訴我，他住的地安門街上，新開了許多家古玩舖。聽說有的是太監開的，有的是內務府官員或者官員的親戚開的。後來，別的師傅也覺得必須採取措施，杜絕盜患。最後，我接受了師傅們的建議，決定清點一下。這樣一來，麻煩更大了。

首先是盜案更多了。毓慶宮的庫房門鎖給人砸掉了，乾清宮的後窗戶給人打開了。事情越來越不像話，我剛買的大鑽石也不見了。爲了追查盜案，太妃曾叫敬事房都領侍組織九堂總管，會審當事的太監，甚至動了刑，但是無論是刑訊還是懸重賞，都未獲得一點效果。不但如此，建福宮的清點剛開始，六月二十七日的夜裏便突然發生了火警，清點的和未清點的，全部燒個精光。

據說火警是東交民巷的義大利公使館消防隊首先發現的。救火車開到紫禁城叫門時，守門的還不知是怎麼回事。這場大火經各處來的消防隊撲救了一夜，結果還是把建福宮附近一帶，包括靜怡軒、慧曜樓、吉雲樓、碧琳館、妙蓮花室、延春閣、積翠亭、廣生樓、凝輝樓、香雲亭等一大片地方燒成焦土。這是清宮裏貯藏珍寶最多的地方，究竟在這一把火裏毀掉了多少東西，至今還是一個謎。內務府後來發表的一部分糊塗賬裏，說燒毀了金佛二千六百六十五尊，字畫一千一百五十七件，古玩四百三十五件，古書幾萬冊。這是根據什麼賬寫的，只有天曉得。

在救火的時候，中國人，外國人，紫禁城裏的人，城外的人，人來人往，沸騰一片，忙成一團。除了救火還忙什麼，這是可以想像的。但紫禁城對這一切都表示了感謝。有一位來救火的外國太太，不知爲什麼跟中國消防隊員發生了爭執，居然動手把對方打得鼻子出了血，手裏的扇子也濺上了血。後來她托人把這扇子拿給我看，以示其義勇，我還在上面題了詩，以示感謝。這場火災過去之後，內務府除用茶點招待了救火者，還送給警察和消防隊六萬元「酬勞」費。

要想估計一下這次的損失，不妨說一下那堆燒剩和「摸」剩下的垃圾處理。那時我正想找一塊空地修建球場，由莊士敦教我打網球，據他說這是英國貴族都會的玩意。這片火場正好做這個用場，於是叫內務府趕快清理出來。

那堆灰燼裏固然是找不出什麼字畫、古瓷之類的東西了，但燒熔的金銀銅錫還不少。內務府把北京各金店找來投標，一個金店以五十萬元的價格買到了這片灰燼的處理權，把熔化的金塊金片揀出了一萬七千多兩。金店把這些東西揀走之後，內務府把餘下的灰燼裝了許多麻袋，分給了內務府的人們。後來有個內務府官員告訴我，他叔父那時施捨給北京雍和宮和柏林寺每廟各兩座黃金「壇城」，它的直徑和高度均有一尺上下，就是用麻袋裏的灰燼提製出來的。

起火的原因和損失真相同樣的無從調查。我疑心這是偷盜犯故意放火滅跡的。過不多天，養心殿東套院無逸齋的窗戶上又發生火警，幸好發現得早，一團浸過煤油的棉花剛燒著，就被發現撲滅。我的疑心立刻更加發展起來。我認爲不但是有人想放火滅跡，而且還想要謀害我了。

事實上，偷竊和縱火滅跡都是事實，師傅們也沒有避諱這一點，而對我的謀害則可能是我自己神經過敏。我的多疑的性格，這時已顯露出來了。按清宮祖制，皇帝每天無論如何忙，也要看一頁《聖訓》（這些東西一年到頭擺在皇帝寢宮裏）。我這時對雍正的《硃批諭旨》特別欽佩。雍正曾說過這樣的話：「可信者人，而不可信者亦人，萬不可信人之必不負於己也。不如此，不可以言用人之能」。

他曾在親信大臣鄂爾泰的奏摺上批過：「其不敢輕信人一句，乃用人第一妙訣。朕從來不知疑人，亦不知信人」。又說，「對人即經歷幾事，亦只可信其已往，猶當留意觀其將來，萬不可信其必不改移也」。

這些話都深深印入我的腦子裏。我也記得康熙的話：「爲人上者，用人雖宜信，然亦不可遽信」。康熙特別說過太監不可信，他說：「朕觀古來，太監良善者少，要在人主防微杜漸，慎之於始」。祖宗們的這些訓諭，被這幾場火警引進了我的思索中。

我決定遵照雍正皇帝「察察爲明」的訓示行事。我想出了兩條辦法，一條是向身邊的小太監們套問，另一條是自己去偷聽太監們的談話。後來我用第二條辦法，在東西夾道太監住房窗外，發現了他們背後議論我，說我脾氣越來越壞，這更引起了我的猜疑。在無逸齋發生火警這天晚上，我再到太監窗下去偷聽，不料聽到他們的議論更發展了一步，竟說這把火是我自己放的。我覺得他們真是居心叵測，我如果不先採取措施，後害實在無窮。

這時剛剛發生了一起行凶案。有個太監因爲被人告發了什麼過失，挨了總管的責打，於是懷恨在心，一天早晨趁告發人還沒起身，拿了一把石灰和一把刀，進了屋子，先撒石灰在那人臉上，迷了他的眼，然後用刀戳那人的臉。這個行凶的人後來未被捉住，受傷的人送進了醫院。

我這時想起許多太監都受過我的責打，他們會不會對我行凶呢？想到這裏，我簡直連覺都不敢睡了。從我的臥室外間一直到抱廈，都有值更太監打地舖睡著，這裏面如果有誰對我不懷好心，要和我過不去，那不是太容易下手了嗎？我想挑一個可靠的人給我守夜，挑來挑去，只挑出一個皇后來。

我從這天起讓婉容整夜爲我守衛，如果聽見了什麼動靜，就叫醒我。同時我還預備了一根棍子，放在床邊，以便應變。一連幾天，婉容整夜不能睡覺，我看這究竟不是個辦法。爲了一勞永逸，最後我決定，把太監全都趕走不要！

我知道這件事必定要引起一場風波。不把父親對付好，是行不通的。我想好了一個主意，親自去找我的父親。他沒有辦法和內務府大臣以及師傅們商量，突然遇到了這個問題，他的口才就更加不行，變得更加結巴了。他非常吃力地講出了一些七零八碎的理由，什麼祖制如此咧，這些人當差多年不致圖謀不軌咧，等等，來進行勸服。並且說：「這這也得慢慢商議，皇帝先回到宮，過兩天……」

我不管他怎麼說，只用這一句話來回答：

「王爺不答應，我從今天起就再不回宮啦！」

他見我這樣對付他，急得坐也不是，站也不是，又抓頭，又撓腮，直在地上打轉兒，桌上的一瓶汽水給他的袖子碰倒掉在地上，砰地一聲炸了。瞅他這副模樣，我禁不住反倒格格樂起來，並且從容不迫地打開書桌上的一本書，裝作決心不想離開的樣子。

父親終於屈服了。最後決定，除了太妃身邊離不開的一些以外，其他太監全部遣散。

九、整頓內務府

我遣散太監的舉動，大受社會輿論的稱讚和鼓勵。在莊師傅的進一步指引下，我接著把「勵精圖治」的目標又轉到內務府方面。

關於內務府，我想先抄一段內務府一位故人寫給我的材料：

內務府人多不讀書

內務府人多不知書，且甚至以教子弟讀書為播種災禍者。察其出言則一意磨楞，觀其接待則每多繁縟；視中飽如經逾格之恩，作舞弊如被特許之命。暢言無忌，自得洋洋。乃有「天棚魚缸石榴樹，地炕肥狗胖丫頭」，以及「樹小房新畫不古，一看就知內務府」之諷，極形其鄙而多金，俗而無學也。余竊恥之，而苦不得採其源。迨及民十七八之間，遍讀東華錄，在嘉慶朝某事故中（林清之變或成德之案，今不能清楚矣）發現有嘉慶之文字，略敘在清代中之背反者，其中有宗室有八旗有太監，而獨無內務府人，足見內務府尚不幸負歷代豢養之恩，較之他輩實為具有天良者。嘉慶之慨歎，實為內務府人之表彰。於是始得解惑焉。內務府人亦常有自謂「皇上家叫我們賺錢，就為的養活我們」，此語之來，必基於此矣。至其言語舉動之不成文章者，正所以表其馴貼之愚，而絕無圭角之志；其畏讀書，則為預避文禍之於觸，與夫遺禍於後昆；其視舞弊及中飽如奉明言者，乃用符「不枉受歷代優遇豢養之恩」也歟？……而內務府人之累代子孫亦為之貽誤，乃至於此，曷勝歎哉！

這位老先生當年由於家庭不許他升學深造，受過不少刺激，所以他對於內務府人不讀書的感慨特別深。我那時對三旗世家所包辦的內務府❾，最不滿的還不是俗而無學，而是他們「視中飽舞弊，如奉明言」。

關於內務府中飽、舞弊的故事，在這裏只舉出兩個例子就行了。一個是內務府每年的驚人開支，即使四百萬元的優待費全部照付，也會入不敷出。民國十三年我出宮後，「清室善後委員會」在北京《京報》上揭露的當年收入抵押金銀古玩款，達五百多萬元，當年並無剩餘，全部開支出去了。據前面那段文字的作者說，那幾年每年開支都在三百六十萬兩上下，這是和《京報》上揭露的材料大體相符的。

另一個例子是我岳父榮源經手的一次抵押。抵押合同日期是民國十三年五月三十一日，簽字人是內務府紹英、耆齡、榮源和北京鹽業銀行經理岳乾齋，抵押品是金編鐘、金冊、金寶和其他金器，抵押款數八十萬元，期限一年，月息一分。

合同內規定，四十萬元由十六個金鐘（共重十一萬一千四百三十九兩）做押品，另四十萬元的押品則是：八個皇太后和五個皇后的金寶十個，金冊十三個，以及金寶箱、金印池、金寶塔、金盤、金壺等，計重一萬零九百六十九兩七錢九分六厘，不足十成的金器三十六件，計重八百八十三兩八錢，另加上嵌鑲珍珠一千九百五十二顆，寶石一百八十四塊，瑪瑙碗等珍品四十五件。

只這後一筆的四十萬元抵押來說，就等於是把金寶金冊等十成金的物件當做荒金折賣，其餘的則完全白送。這樣的抵押和變價，每年總要有好幾宗，特別是逢年過節需要開銷的時候。一到這時候，報上就會出現秘聞消息，也必有內務府闢謠或解釋的聲明。比如這一次抵押事先就有傳聞，內務府和榮源本人也有聲明，說所賣都是作廢的東西，其中決沒有傳說中的慈禧的冊寶云云⓾。

我在出宮之前，雖然對內務府的中飽和舞弊拿不到像上面說的這樣證據，但是，每年的「放過款項」的數字告訴了我一個事實：我的內務府的開支，竟超過了西太后的內務府的最高紀錄。

內務府給我寫過一份叫做宣統七年放過款項及近三年比較」的材料，是內務府爲了應付清理財產的上諭而編造的（後面還要談到這次清理），據他們自己的統計，除去了王公大臣的俸銀不計，屬於內務府開支的，民國四年是二百六十四萬兩，民國八、九、十年是二百三十八萬兩，一百八十九萬兩，一百七十一萬兩，而西太后時代的內務府，起先每年開支不過三十萬兩，到西太后過七十整壽時，也不過才加到七十萬兩，我這個人再不識數，也不能不覺得奇怪。

同時我也注意到了這個事實：有些貴族、顯宦之家已經坐吃山空，日趨潦倒，甚至於什麼世子王孫倒斃城門洞，郡主、命婦墜入煙花等等新聞已出現在報紙社會欄內，而內務府人卻開起了古玩店、票莊（錢莊）、當舖、木廠（營造業）等等大買賣。

師傅們雖然幫助過內務府，反對我買汽車、安電話，可是一提起內務府這些事，誰也沒有好感。伊克坦師傅在去世前（我結婚前一年）不久曾因爲陳師傅不肯向我揭發內務府的弊端，說陳師傅犯了「欺君之罪」，不配當「太傅」。至於莊師傅就更不用說了，內務府在他看來就是「吸血鬼」的化身。他對內務府的看法促成了我整頓內務府的決心。

「從宮廷的內務府到每個王公的管家人，都是最有錢的。」他有一次說，「主人對自己的財產不知道，只有問這些管家的人，甚至於不得不求這些管家的人，否則就一個錢也拿不到。不必說恢復故物，就說手裏的這點珍寶吧，如果不把管家的整頓好，也怕保不住！」

他又說：「內務府有個座右銘，這就是——維持現狀！無論是一件小改革還是一個偉大的理想，碰到這個座右銘，全是——Stop（停車）！」

我的「車」早已由師傅們加足了油，而且開動了引擎。如果說以前是由別人替我駕駛著，那麼現在則是我自己坐在司機座位上，向著一個理想目標開去。現在我剛剛勝利地開過「遺散太監」的路口，無論是誰叫我「停車」，也不行了。

我下了決心。我也找到了「力量」。

我在婚禮過去之後，最先運用我當家做主之權的，是從參加婚禮的遺老裏，挑選了幾個我認爲最忠心的、最有才幹的人，作爲我的股肱之臣。被選中的又推薦了他們的好友，這樣，紫禁城裏一共增加了十二三條辮子。這就是：鄭孝胥、羅振玉、景永昶、溫肅、柯劭忞、楊鍾羲、朱汝珍、王國維、商衍瀛等等。

我分別給了他們「南書房（皇帝書房）行走」、「懋勤殿（管皇帝讀書文具的地方）行走」的名銜。另外我還用了兩名旗人，做過張學良老師的鑲紅旗蒙古副都統金梁和我的岳父榮源，派爲內務府大臣。

他們那些動人的口頭奏對都沒留下紀錄，他們寫的條陳也一時找不全，現在把手頭上一份金梁的條陳——日期是「宣統十六年正月」，即金梁當內務府人臣前兩個月寫的——抄下一段（原文中抬頭和側書都在此免了）：

臣意今日要事，以密圖恢復為第一。恢復大計，旋乾轉坤，經緯萬端，當先保護宮廷，以固根本；其次清理財產，以維財政。蓋必有以自養，然後有以自保，能自養自保，然後可密圖恢復，三者相連，本為一事，不能分也。今請次第陳之：

一曰、籌清理。清理辦法當分地產、實物二類。一、清地產，從北京及東三省入手，北京如內務府之官地、官房，西山之園地，二陵之餘地、林地；東三省如奉天之鹽灘、魚池、果園，三陵莊地，內務府莊地，官山林地，吉林黑龍江之貢品各產地，旺清、楧楞林，湯原鵬棚地，其中包有煤鐵寶石等礦，但得其一，已足富國。是皆皇室財產，得人而理，皆可收回，或派專員放地招墾，或設公司合資興業，酌看情形，隨時擬辦。……

一、清寶物，各殿所藏，分別清檢，佳者永保，次者變價，既免零星典售之損，亦杜盜竊散失之虞。籌有鉅款，預算用途，或存內庫，或興實業，當謀持久，勿任消耗。……此清理財產之大略也。

一曰、重保護。保護辦法當分舊殿、古物二類。一、保古物，擬將寶物清理後，即請設皇室博覽館，移置珍藏，任人觀覽，並約東西各國博物館，借贈古物，聯絡辦理，中外一家，古物公有，自可絕人干涉。一、保舊殿，擬即設博物館於三殿，收回自辦，三殿今成古蹟，合保存古物古蹟為一事，名正言順，誰得覬覦。且此事既與友邦聯絡合辦，遇有緩急，互相援助，即內廷安危，亦未嘗不可倚以為重。……此保護宮廷之大略也。

一曰、圖恢復。恢復辦法，務從縝密，當內自振奮而外示韜晦。求賢才、收人心、聯友邦，以不動聲色為主。求賢才，在勤延攬，則守舊維新不妨並用；收人心，在廣宣傳，則國聞外論皆宜注意；聯友邦，在通情誼，則贈聘酬答不必避嫌。至於恢復大計，心腹之臣運籌於內，忠貞之士效命於外。成則國家蒙其利，不成則一二人任其害。機事唯密，不能盡言……

此密圖恢復之大略也。

金梁當了內務府大臣之後，又有奏摺提出了所謂「自保自養二策，」他說「自養以理財爲主，當從裁減人手，自保以得人爲主，當從延攬人手」。「裁減之法，有應裁弊者，有應裁人者，有應裁款者」，總之，是先從內務府整頓著手。這是我完全贊同的做法。

除了這些最積極於「密圖恢復」的人之外，就是那些態度消極悲觀的遺老們，大多數也不反對「保護宮廷，清理財產」和裁人裁款裁弊。其中只有很小的一部分人，可以我的陳師傅爲代表，一提到改革內務府的各種制度總是搖頭的。這些人大抵認爲內務府積弊已深，冰凍三尺，非一日之寒，從乾隆時代起，隨著宮廷生活的日趨奢靡，即已造成這種局勢，嘉慶和道光時代未嘗不想整頓，但都辦不到，現在更談何容易？在陳師傅們看來，內務府不整頓還好，若整起來必然越整越壞；與其弄得小朝廷內部不安，不如暫且捺下，等到時來運轉再說。但是像陳師傅這樣的遺老，儘管不贊成整頓，卻也並不說內務府的好話，甚至還可以守中立。

我在婚前不久，幹過一次清理財產的傻事。那時根據莊士敦的建議，我決定組織一個機構，專門進行這項工作。我邀請莊士敦的好朋友、老洋務派李經邁來主持這件事，李不肯來，推薦了他一位姓劉的親戚代替他。內務府並沒有直接表示反對，曾搬出了我的父親來攔阻。我沒有理睬父親的勸阻，堅持要委派李經邁的親戚進行這件事，他們讓了步，請劉上任。可是他幹了不過三個月，就請了長假，回上海去了。

經過那次失敗，我還沒有看出內務府的神通。我把失敗原因放在用人失當和我自己尚未「親政」上面；那時正值政局急變，我幾乎要逃到英使館去，也無暇顧及此事。現在，我認爲情形與前已大不相同，一則我已當家成人，任何人攔阻不了我，再則我身邊有了一批人，力量強大了。我興致勃勃地從這批人才裏面，選出了鄭孝胥來擔當這件整頓重任。

鄭孝胥是陳寶琛的同鄉，在清朝做過駐日本神戶的領事，做過一任廣西邊務督辦。陳寶琛和莊士敦兩位師傅過去都向我推崇過他，尤其是莊師傅的推崇最力，說鄭孝胥是他在中國二十多年來最佩服的人，道德文章，全中國找不出第二位來，說到辦事才幹和魄力，沒有比他更好的。陳師傅還告訴過我，鄭孝胥曾多次拒絕民國總統的邀請，不肯做民國的官，不拿民國的錢。我從報紙上也看到過頌揚他的文字，說他十幾年來以詩酒自娛，「持節不阿」，捧他爲同光派詩人的後起之秀。他的書法我早看過，據說他鬻書筆潤收入，日達千金。他既然放棄了功名利祿前來效力，可見是個難得的忠臣。

我和鄭孝胥第一次見面是在民國十二年夏天。他從盤古開天闢地一直談到未來的大清中興，談到高興處，眉飛色舞，唾星亂飛，說到激昂慷慨處，聲淚俱下，讓我大爲傾倒。我立時決定讓他留下，請他施展他的抱負。我當時怎麼說的已記不清了，只記得當時他聽我談完後大爲感動，很快做出了一首「紀恩詩」：

君臣各避世，世難誰能平？
天心有默啟，驚人方一鳴。
落落數百言，肝腦輸微誠。
使之盡所懷，日月懸殿楹。
進言何足異，知言乃聖明。
自意轉溝壑，豈知復冠纓。
獨抱忠義氣，未免流俗輕。
須臾願無死，終見德化成。

鄭孝胥成了「懋勤殿行走」之後，幾次和我講過要成大業，必先整頓內務府，並提出了比金梁的條陳更具體的整頓計劃。按照這個計劃，整個內務府的機構只要四個科就夠了，大批的人要裁去，大批的開支要減去，不僅能杜絕流失，更有開源之策。

總之，他的整頓計劃如果能夠實現，復辟首先就有了財務上的保證。因此我破格授這位漢大臣為總理內務府大臣，並且「掌管印鑰」，為內務府大臣之首席。鄭孝胥得到了我這破格提拔，又洋洋自得地做了兩首詩：

十月初三日夜值

太王事獯鬻，勾踐亦事吳。
以此慰吾主，能屈誠丈夫。
一慚之不忍，而終身慚乎。
勿云情難堪，且復安須臾。
天命將安歸，要觀人所與。
苟能得一士，豈不勝多許。
埋首唯寫形，聊以辟群鼠。
持危誰同心，相倚譬蛩驅。

但是，如果認爲俗而無學的內務府會敗在鄭孝胥的手裏，那就把這有二百多年歷史的宮廷管家衙門估計得太低了。儘管鄭孝胥吹得天花亂墜，而且有我的支持和信賴，他的命運還是和李經邁的親戚一樣，也只幹了三個月。

那些俗而無學的內務府人，究竟是誰把鄭孝胥擠走的，我始終沒有完全弄清楚。是紹英搗亂嗎？可是紹英是出名的膽小怕事的人。是耆齡嗎？耆齡是個不熟悉內務府差使的外行，一向不多問事。至於寶熙，來的時間很短，未必有那樣大的神通。如果說一切都是下面的人自作主張，竟敢和鄭大臣搗亂，也不全像。

鄭孝胥上任之後，遇見的第一件事，是面前出現了辛亥以來成堆的積案。鄭孝胥對付的辦法是先來個下馬威，把原任堂郎中開除，把這個重要的位置抓過來，由他的親信佟濟煦接任。可是沒想到，從此內務府就像癱瘓了一樣，要錢，根本沒錢——真的沒有，賬上是明明的這樣記著；要東西，東西總是找不到存放的地方，賬上也是這樣記著……

鄭孝胥為了拉攏下級司員，表示虛懷若谷，傾聽下情，他規定每星期和司員們座談一次，請司員們為改革出些主意。

有一位司員建議說，宮中各處祭祀供品向例需用大批果品糕點，所費實在太大，其實只不過是個意思，不如用泥土和木雕代替，一樣的莊重。鄭對這個主意大為賞識，下令執行，並且對出主意的人擢升一級。可是那些把供品作為自己合法收入的太監（裁減後還剩下百名左右），個個都把鄭孝胥恨之入骨。鄭孝胥上任沒有幾天，就成了紫禁城中最不得人心的人。

鄭孝胥不想收兵，於是便接到了恐嚇信。信上說：你正在絕人之路，你要當心腦袋。與此同時，被我派去整頓頤和園的莊士敦也接到了恐嚇信。信上說：你如果敢去上任，路上就有人等著殺你。後來莊士敦很自得地對我說：「我也沒坐車，偏騎馬去，看他們敢不敢殺我，結果我活著到任了。我早看透了那些人！」他指的那些人就是內務府的人。他和鄭孝胥對恐嚇信都表示不在乎。

事情最後的收場，還是在我這裏。

我剛剛任命了鄭的差使，就得到了一個很頭痛的消息：民國國會裏又有一批議員提出了議案，要廢止優待條件，由民國接收紫禁城。早在兩年前，在國會裏就有過這類提案，理由根據是清室在民國六年鬧過復辟，現在又不斷向民國官吏賜官賜爵賜謚，儼然駕於民國之上，顯然圖謀復辟。現在舊案重提，說我不但給復辟犯張動謚法，更非法的是賞給漢人鄭孝胥紫禁城騎馬和授內務府大臣。

報紙上登出了這個消息，這個消息就像信號一樣，攻擊內務府的舉動接二連三地出現了。如內務府出售古玩給日本商人，內務府大臣榮源把歷代帝后冊寶押進四大銀行等等，這些過去本來不足為奇的事情，也引起了社會上嘖嘖煩言。

同時，在清點字畫中，那些被我召集到身邊的股肱之臣，特別是羅振玉，也遭到了物議。這些新增加的辮子們來到紫禁城裏，本來沒有別的事，除了左一個條陳，右一個密奏，陳說復興大計之外，就是清點字畫古玩，替我在清點過的字畫上面蓋上一個「宣統御覽之寶」，登記上賬。

誰知這一清點，引起了滿城風雨。當時我卻不知道，不點還好，東西越點越少，而且給遺老們增闢了各種生財之道。羅振玉的散氏盤、毛公鼎的古銅器拓片，佟濟煦的珂羅版的宮中藏畫集都賣了大價錢，轟動了中外。頂傷腦筋的是，民國的內務部突然頒布了針對清宮販賣古物出口而定的「古籍、古物及古蹟保存法草案」。

不久，鄭孝胥的開源之策——想把四庫全書運到上海商務印書館出版，遭受當局的阻止，把書全部扣下了。

我父親這時找到我，婉婉轉轉地，更加結結巴巴地向我說，鄭孝胥的辦法值得斟酌，如果連民國當局也不滿意，以後可就更不好辦了。

原來的那些內務府大臣紹英、耆齡、寶熙，還是那麼恭順，沒有說出一句關於鄭、金、榮三人的壞話。不過榮源因爲賣冊寶出了事，不露頭了，金梁因爲上的條陳裏有勸我讓醇親王退休的話，被我父親大罵一頓，也不知哪裏去了。

這一天，紹英帶著一副膽小怕事的樣子出現在我面前，說現在的步軍統領王懷慶對鄭孝胥的做法很不滿意，王懷慶說如果再叫鄭孝胥鬧下去，民國如果有什麼舉動，他就再沒辦法幫我的忙。一聽這話，這才真慌了頭。這時，鄭孝胥「懇請開去差事」的奏摺到了。結果是，鄭孝胥回到「懋勤殿行走」，紹英依然又掌管了內務府印鑰。

十、紫禁城的末日

這次整頓內務府宣告失敗，並不能使我就此「停車」。車沒有停，不過拐個彎兒。我自從上了車，就不斷有人給我加油打氣，或者指點路標方向。

遺老們向我密陳恢復「大計」，前面說的只不過是其中的一例。在我婚後，像那樣想爲我效力的人，到處都有。例如康有爲和他的徒弟徐勤、徐良兩父子，打著「中華帝國憲政黨」的招牌，在國內國外活動。

他們的活動情況，繼續地通過莊士敦傳到宮中。徐勤寫來奏摺吹牛說，這個黨在海外擁有十萬黨員和五家報紙。在我出宮前兩年，徐良曾到廣西找軍閥林俊廷去活動復辟，他給莊士敦來信說，廣西的三派軍人首領陸榮廷、林俊廷和沈鴻英「三人皆與我黨同宗旨，他日有事必可相助對待反對黨也」⓫。

民國十三年春節後，康有為給莊士敦的信中說：「經年奔走，至除夕乃歸，幸所至遊說，皆能見聽，亦由各方厭亂，人有同心。」據他說陝西、湖北、湖南、江蘇。安徽、江西、貴州、雲南全都說好了，或者到時一說就行。他最寄予希望的是吳佩孚，說「洛（指吳，吳當時在洛陽）忠於孟德（指曹錕），然聞已重病，如一有它，則傳電可以旋轉」。又說湖北蕭耀南說過「一電可來」的話，到他生日，「可一賞之」。

現在看起來，康有為信中說了不少夢話，後來更成了沒有實效的招搖行徑。但當時我和莊士敦對他的話不僅沒有懷疑，而且大為歡欣鼓舞，並按他的指點送壽禮、賞福壽字。我在他們指點之下，開始懂得為自己的「理想」去動用財富了。

同樣的例子還有「慈善捐款」。這是由哪位師傅的指點，不記得了，但動機是很清楚的，因為我這時懂得了社會輿論的價值。那時在北京報紙的社會版上，差不多天天都有「宣統帝施助善款待領」的消息。

我的「施助」活動大致有兩種，一種是根據報紙登載的貧民消息，把款送請報社代發，另一種是派人直接送到貧戶家裏。無論哪一種做法，過一兩天報上總有這樣的新聞：

「本報前登某某求助一事，荷清帝遣人送去X元……」既表彰了我，又宣傳了「本報」的作用。爲了後者，幾乎無報不登吸引我注意的貧民消息，我也樂得讓各種報紙都給我做宣傳。以至有的報居然登出這樣的文章來：

時事小言 皇恩浩蕩

皇恩浩蕩，乃君主時恭維皇帝的一句普通話，不意改建民國後，又聞有皇恩浩蕩之聲浪也。今歲入冬以來，京師貧民日眾，凡經本報披露者，皆得有清帝之助款，貧民取款時，無不口訴皇恩之浩蕩也。即本報代為介紹，同人幫同忙碌，然盡報紙之天職，一方替貧民之呼籲，一方代清帝之布恩，同人等亦無不忻忻然而云皇恩浩蕩也。或曰清帝退位深宮，坐擁巨款，既無若何消耗，只好救濟貧民，此不足為奇也。唯民國之政客軍閥無不坐擁鉅款，且並不見有一救濟慈善者，於此更可見宣統帝之皇恩浩蕩也⓬。

像這樣的文章，對我的價值自然比十塊八塊的助款大得太多了。

我付出最大的一筆賑款，是對民國十二年九月發生的日本「震災」。那次日本地震的損失驚動了世界，我想讓全世界知道「宣統帝」的「善心」，決定拿出一筆鉅款助賑。我的陳師傅看的比我更遠，他在稱讚了「皇恩浩蕩，天心仁慈」之後，告訴我說：「此舉之影響，必不僅限於此。」

後來因爲現款困難，便送去了據估價在美金三十萬元上下的古玩字畫珍寶。日本芳澤公使陪同日本國會代表團來向我致謝時，宮中出現的興奮氣氛，竟和外國使節來觀大婚禮時相像。

在這個時期，我的生活更加荒唐，幹了不少自相矛盾的事。比如我一面責怪內務府開支太大，一面又揮霍無度。我從外國畫報上看到洋狗的照片，就叫內務府向國外買來，連同狗食也要由國外定購。狗生了病請獸醫，比給人治病用的錢還多。北京警察學校有位姓錢的獸醫，大概看準了我的性格，極力巴結，給我寫了好幾個關於養狗知識的奏摺，於是得到了綠玉手串、金戒指、鼻煙壺等十件珍品的賞賜。

我有時從報上看見什麼新鮮玩意，如四歲孩子能讀《孟子》，某人發現一隻異樣的蜘蛛，就會叫進宮裏看看，當然也要賞錢。我一下子喜歡上了石頭子兒，便有人買了各式各樣的石頭子兒送來，我都給以巨額賞賜。

我一面叫內務府裁人，把各司處從七百人裁到三百人，「御膳房」的二百廚師減到三十七個人，另方面又叫他們添設做西餐的「番菜膳房」，這兩處「膳房」每月要開支一千三百多元菜錢。

關於我的每年開支數目，據我婚前一年（即民國十年）內務府給我編造的那個被縮小了數字的材料，不算我的吃穿用度，不算內務府各處司的開銷，只算內務府的「交進」和「奉旨」支出的「恩賞」等款，共計年支八十七萬零五百九十七兩。

這種昏天黑地的生活，一直到民國十三年十一月五日，馮玉祥的國民軍把我驅逐出紫禁城，才起了變化。

這年九月由朝陽之戰開始的第二次直奉戰爭，吳佩孚的直軍起初尚處於優勢，十月間，吳部正向山海關的張作霖的奉軍發動總攻之際，吳部的馮玉祥突然倒戈回師北京，發出和平通電。在馮、張合作之下，吳佩孚的山海關前線軍隊一敗塗地，吳佩孚自己逃回洛陽。後來吳在河南沒站住腳，又帶著殘兵敗將逃到岳州，直到兩年後和孫傳芳聯合，才又回來，不過這已是後話。

吳軍在山海關敗績消息還未到，占領北京的馮玉祥國民軍已經把賄選總統曹錕軟禁了起來，接著解散了「豬仔國會」，顏惠慶的內閣宣告辭職，國民軍支持黃郛⓭組成了攝政內閣。

政變消息剛傳到宮裏來，我立刻覺出了情形不對。紫禁城的內城守衛隊被國民軍繳械，調出了北京城，國民軍接替了他們的營地，神武門換上了國民軍的崗哨。我在御花園裏用望遠鏡觀察景山，看見了那邊上上下下都是和守衛隊服裝不同的士兵們。內務府派去了人，送去茶水吃食，國民軍收下了，沒有什麼異樣態度，但是紫禁城裏的人誰也放不下心。

我們都記得，張勳復辟那次，馮玉祥參加了「討逆軍」，如果不是段祺瑞及時地把他調出北京城，他是要一直打進紫禁城裏來的。段祺瑞上台之後，馮玉祥和一些別的將領曾通電要求把小朝廷趕出紫禁城。憑著這點經驗，我們對這次政變和守衛隊的改編有了不祥的預感。

接著，聽說監獄裏的政治犯都放出來了，又聽說什麼「過激黨」都出來活動了，莊士敦和陳師傅他們給我的種種關於「過激」「恐怖」的教育——最主要的一條是說他們要殺掉每一個貴族——這時發生了作用。我把莊士敦找來，請他到東交民巷給我打聽消息，要他設法給我安排避難的地方。

王公們陷入惶惶不安，有些人已在東交民巷的「六國飯店」定了房間，但是一聽說我要出城，卻都認爲目前尙無必要。他們的根據還是那一條：有各國公認的優待條件在，是不會發生什麼事情的。

然而必須發生的事，終歸是發生了。

那天上午，大約是九點多鐘，我正在儲秀宮和婉容吃著水果聊天，內務府大臣們突然踉踉蹌蹌地跑了進來。爲首的紹英手裏拿著一件公文，氣喘吁吁地說：

「皇上，皇上，……馮玉祥派了軍隊來了！還有李鴻藻的後人李石曾，說民國要廢止優待條件，拿來這個叫，叫簽字，……」

我一下子跳了起來，剛咬了一口的蘋果滾到地上去了。我奪過他手裏的公文，看見上面寫著：

大總統指令

派鹿鐘麟、張璧交涉清室優待條件修正事宜，此令。

中華民國十三年十一月五日

國務院代行國務總理黃郛……

修正清室優待條件

今因大清皇帝欲貫徹五族共和之精神，不願違反民國之各種制度仍存於今日，特將清室優待條件修正如左：

第一條、大清宣統帝即日起永遠廢除皇帝尊號，與中華民國國民在法律上享有同等一切之權利；

第二條、自本條件修正後，民國政府每年補助清室家用五十萬元，並特支出二百萬元開辦北京貧民工廠，儘先收容旗籍貧民；

第三條、清室應按照原優待條件第三條，即日移出宮禁，以後得自由選擇住居，但民國政府仍負保護責任；

第四條、清室之宗廟陵寢永遠奉祀，由民國酌設衛兵妥為保護；

第五條、清室私產歸清室完全享有，民國政府當為特別保護，其一切公產應歸民國政府所有。

中華民國十三年十一月五日

老實說，這個新修正條件並沒有我原先想像的那麼可怕。但是紹英說了一句話，立即讓我跳了起來：「他們說限三小時內全部搬出去！」

「那怎麼辦？我的財產呢？太妃呢？」我急得直轉，「打電話找莊師傅！」

「電話線斷，斷，斷了！」榮源回答說。

「去人找王爺來！我早說要出事的！偏不叫我出去！找王爺！找王爺！」

「出不去了，」寶熙說，「外面把上了人。不放人出去了！」

「給我交涉去！」

「嗻！」

這時端康太妃剛剛去世不多天，宮裏只剩下敬懿和榮惠兩個太妃，這兩位老太太說什麼也不肯走。紹英拿這個作理由，去和鹿鐘麟商量，結果允許延到下午三點。過了中午，經過交涉，父親進了宮，朱、陳兩師傅被放了進來，只有莊士敦被擋在外面。

聽說王爺進來了，我馬上走出屋子去迎他，看見他走進了宮門口，我立即叫道：

「王爺，這怎麼辦哪？」

他聽見我的叫聲，像挨了定身法似的，黏在那裏了，既不走近前來，也不回答我的問題，嘴唇哆嗦了好半天，才迸出一句沒用的話：

「聽，聽旨意，聽旨意……」

我又急又氣，一扭身自己進了屋子。後來據太監告訴我，他聽說我在修正條件上簽了字，立刻把自己頭上的花翎一把揪下來，連帽子一起摔在地上，嘴裏嘟囔著說：「完了！完了！這個也甭要了！」

我回到屋裏，過了不大功夫，紹英回來了，臉色比剛才更加難看，哆哆嗦嗦地說：「鹿鐘麟催啦，說，說再限二十分鐘，不然的話，不然的話……景山上就要開炮啦……」

其實鹿鐘麟只帶了二十名手槍隊，可是他這句嚇唬人的話非常生效。首先是我岳父榮源嚇得跑到御花園，東鑽西藏，找了個躲炮彈的地方，再也不肯出來。我看見王公大臣都嚇成這副模樣，只好趕快答應鹿的要求，決定先到我父親的家裏去。

這時國民軍已給我準備好汽車，一共五輛，鹿鐘麟坐頭輛，我坐了第二輛，婉容和文綉、張璧、紹英等人依次上了後面的車。

車到北府門口，我下車的時候，鹿鐘麟走了過來，這時我才和他見了面。鹿和我握了手，問我：

「溥儀先生，你今後是還打算做皇帝，還是要當個平民？」

「我願意從今天起就當個平民。」

「好！」鹿鐘麟笑了，說：「那麼我就保護你。」又說，現在既是中華民國，同時又有個皇帝稱號是不合理的，今後應該以公民的身分好好為國效力。張璧還說：

「既是個公民，就有了選舉權和被選舉權，將來也可能被選做大總統呢！」

一聽大總統三個字，我心裏特別不自在。這時我早已懂得「韜光養晦」的意義了，便說：

「我本來早就想不要那個優待條件，這回把它廢止了，正合我的意思，所以我完全贊成你們的話。當皇帝並不自由，現在我可得到自由了。」

這段話說完，周圍的國民軍士兵都鼓起掌來。

我最後的一句話也並非完全是假話。我確實厭惡王公大臣們對我的限制和阻礙。我要「自由」，我要自由地按我自己的想法去實現我的理想——重新坐在我失掉的「寶座」上。

十一、在北府裏

我說了那幾句漂亮話，匆匆走進了國民軍把守著的北府大門。我在父親的書房裏坐定，心想我這不是在王府裏，而是進了虎口。我現在第一件要辦的事，就是弄清楚究竟我的處境有多大危險。

我臨出宮以前，曾叫人送信給宮外的那些「股肱之臣」，讓他們從速設法，營救我逃出國民軍的掌握。這時，不但他們的奔走情形毫無消息，就連外邊的任何消息也都無法知道。我很想找人商量商量，哪怕聽幾句安慰話也好。在這種情勢下，我的父親讓我感到了極大的失望。

他比我還要驚慌。從我進了北府那一刻起，他就沒有好好地站過一回，更不用說安安靜靜地坐一坐了。他不是喃喃自語地走來走去，就是慌慌張張地跑出跑進，弄得空氣格外緊張，後來，我實在忍不下去了，請求他說：

「王爺，坐下商量商量吧！得想想辦法，先打聽一下外邊的消息呀！」

「想想辦法？好！好！」他坐了下來，不到兩分鐘，忽然又站起來，「載洵也不露面了！」說了這句牛頭不對馬嘴的話，又來來去去地轉了起來。

「得打聽打聽消息啊！」

「打，打聽消息？好，好！」他走出去了，轉眼又走進來，「外邊不，不讓出去了！大門上有兵！」

「打電話呀！」

「打，打電話，好，好！」走了幾步，又回來問：「給誰打電話？」

我看實在沒辦法，就叫太監傳內務府大臣們進來。這時內務府大臣榮源住進了外國醫院，治神經病去了（兩個月後才出來），耆齡忙著搬移我的衣物，處理宮監、宮女的問題，寶熙在照顧未出宮的兩位太妃，只剩下紹英在我身邊。他的情形比王爺好不了多少，一個電話也沒打出去。幸虧後來其他的王公大臣和師傅們陸續地來了，否則北府裏的慌亂還不知要發展到什麼地步。

莊士敦在傍晚時分帶來的消息是最好的：經過他的奔走，公使團首席公使荷蘭的歐登科、英國公使麻克類、日本公使芳澤已經向攝政內閣外交總長王正廷提出了「抗議」，王正廷向他們保證了我的生命財產的安全。這個消息對北府裏的人們起了鎮定作用，但是對於我父親，好像「劑量」還不足。莊士敦在他的著作裏曾描寫過那天晚上的情形：

皇帝在一間大廳裏接見了我，那間屋子擠滿了滿洲貴族和內務府的官員。……我的第一個任務，是說明三位公使拜訪外交部的結果。他們已經從載濤那裏，知道了那天早晨我們在荷蘭使館進行了磋商，所以他們自然急於要知道，和王博士（正廷）會見時的情形。他們全神貫注地聽我說話，只有醇親王一人，在我說話的時候不安地在屋裏轉來轉去，顯然是漫無目的。有好幾次忽然加快腳步，跑到我跟前，說了幾句前言不搭後語的話。他的口吃似乎比平時更加厲害了。他每次說的話都是那幾句，意思是「請皇上不要害怕」——這句話從他嘴裏說出，完全是多餘的，因為他顯然要比皇帝驚慌。當他把這種話說到四五次的時候，我有點不耐煩了，我說，『皇帝陛下在這裏，站在我旁邊，你為什麼不直接和他說呢？』可是，他太心慌意亂了，以致沒有注意到我說話的粗魯。接著，他又漫無目的地轉起圈子來。……

那天晚上，我父親的另一舉動，尤其令我不能滿意。

莊士敦到了不久，鄭孝胥帶著兩個日本人來了。從「東京震災」捐款時起，東交民巷的日本公使館就和我的「股肱」們有了交際，羅振玉和鄭孝胥來到紫禁城之後，又和日本兵營有了往來。鄭孝胥這時和東交民巷的竹本多吉大佐商定了一條計策，由竹本的副官中平常松大尉，穿上便衣，帶著一名醫生，假裝送我進醫院，把我運出北府，接進日本兵營。鄭孝胥帶著中平大尉和日本醫生村田到了北府，說出了他們的計策，但是遭到了王公大臣和師傅們的一致反對。

他們認爲這個辦法很難混過大門口的士兵，即使混過了他們，街上還有國民軍的步哨，萬一被發現，那就更糟糕。我父親的態度最爲激烈，他的反對理由是這樣：「就算跑進了東交民巷，可是馮玉祥來找我要人，我怎麼辦？」結果是鄭孝胥和日本人被送出大門去了。

到了次日，北府的門禁突然加嚴，只准進，不准出。後來稍放鬆一點，只許陳、朱兩師傅和內務府大臣出進，外國人根本不許進來。這一下子，北府裏的人又全慌了神，因爲既然國民軍不把洋人放在眼裏，那就沒有可保險的了。

後來兩個師傅分析了一下，認爲歷來還沒有不怕洋人的當局，王正廷既向三國公使做出保證，料想他不會推翻。大家聽了，覺得有理，我卻仍不放心。話是不錯，不過誰知道大門口的大兵是怎麼想的呢？

那年頭有句話：「秀才遇見兵，有理講不清！」黃郛和王正廷儘管如何保證，離我最近的手持凶器的還是門口的大兵。萬一他們發作起來，就怕一切保證都不頂事。我越想越怕，後悔沒有跟鄭孝胥帶來的日本人出去，同時心裏也埋怨父親只考慮自己，卻不顧我的安危。

正在這時候，羅振玉從天津回來了。他是在馮軍接管內城守衛的時候乘坐京津國際列車⓮到天津求援去的。他到了天津日本駐屯軍司令部，司令部的金子參謀告訴他，鹿鐘麟已進了宮，日本司令官叫他去找段祺瑞。

這時段祺瑞也接到了北京竹本大佐轉來鄭孝胥的求援電報。段祺瑞發出了一封反對馮玉祥「逼宮」的通電。羅振玉看了那個電稿，明白了段祺瑞馬上就要出山，覺得形勢並不那麼嚴重，不過他仍然要求日軍司令部出面「保護」。日軍司令部告訴他，北京的竹本大佐會有辦法。

根據日本駐屯軍司令部的指示，他返回北京找到竹本大佐，竹本大佐叫他告訴我，日本騎兵將在北府附近巡邏，如國民軍對北府有什麼異樣舉動，日本兵營會立即採取「斷然措施」。陳寶琛也告訴我，日本兵營想把日本軍用信鴿送進北府，以備報警之用（後來因為怕國民軍知道，沒敢收），於是我對日本人的「感情」又發展了一步。這樣一來，羅振玉在我心裏得到了與鄭孝胥相等的地位，而王爺就被擠得更遠了。

我看到了段祺瑞指摘馮玉祥「逼宮」的通電，又聽到了奉軍將要和馮軍火併的消息，這兩件事給我帶來了新的希望。與此同時，陳寶琛給我拿來了日本兵營轉來的段祺瑞的密電，上面說：「皇室事余全力維持，並保全財產。」接著門禁有了進一步的鬆動，允許更多的王公大臣以至宗室人等進來，甚至連沒有「頂戴」「功名」的胡適也沒受到阻攔，只有莊士敦還是不讓進來。

不久，北府所最關心的張、馮關係，有了新的發展，傳來了馮玉祥在天津被奉軍扣押的消息。後來雖然證明是謠傳，但是接踵而至的消息更鼓舞了北府裏的人：國民軍所支持的黃郛攝政內閣，在北京宴請東交民巷的公使，遭到了拒絕。北府裏樂觀地估計，這個和我過不去的攝政內閣的壽命快完了，代替他的自然是東交民巷（至少是日本人）所屬意的段祺瑞。果然，第二天的消息證實了羅振玉的情報，馮玉祥不得不同意張作霖的決定，讓段祺瑞出山。過了不多天，張、段都到北京來了。那幾天的情形，鄭孝胥的日記裏是這樣記載的：

乙巳廿六日（十一月二十二日）。小雪。作字。日本兵營中來電話云：段祺瑞九點自天津開車，十二點半可到京。偕大七（鄭的長子鄭垂）往迎段祺瑞於車站。……三點車始到，投刺而已。……

丙午廿七日（二十三日）。……曹纕衡（段的幕僚）電話云：段欲公為閣員，今日請過其居商之。答之曰：不能就，請代辭，若晤面恐致齟齬。至北府入對。澤公，佇貝子、耆壽民（齡）詢余：就段否？余曰：擬就其顧問，猶慮損名，苟不能復辟，何以自解於天下？併貝子曰：若有利於皇室，雖為總統何害？……

丁未廿八日（二十四日）。……北府電話召。入對。上（溥儀）賜膳，裁兩器、兩盤、數小碟而已。段派癊昌來，守衛兵得其長官令：不禁止洋員（指莊士敦）入見。濤貝勒云：頃已見段，求撤衛兵，但留警察。使垂訪池部（日公使館書記官）。上雲：今日已派柯劭忞、羅振玉商購祿衢胡同盛昱之屋，將為行在。……

戊申廿九日（二十五日）。……至吉兆胡同段宅晤段芝泉（祺瑞），談久之。至北府，入對。……

己酉三十日（二十六日）……召見，賜草張作霖詔，羅振玉書之。詔云：「奉軍入京，人心大定，威望所及，群邪斂跡。昨聞莊士敦述及厚意，備悉一切。予數年以來，困守宮中，囿於聞見，乘此時會，擬為出洋之行，唯籌備尚須時日，日內欲擇暫駐之所，即行移出醇邸。俟料理粗定，先往盛京，恭謁陵寢。事竣之日，再謀遊學海外，以補不足。所有詳情，已屬莊士敦面述。」……北府馮軍撤回。馮玉祥求免職，段批假一月。聞馮已赴西山。……

段、張合作的消息一傳出，北府的氣氛就變了。王公們首先給張作霖秘密地寫了一封信，請求他庇護。張、段入京後，王公們派了代表和鄭孝胥一齊表示歡迎，然後又分頭進行活動。由鄭孝胥去找段祺瑞，北府的管家張文治去找他的盟兄張作霖。

讓北府最高興的，是張作霖托張文治特別邀請莊士敦去一趟。結果莊士敦去了兩趟。張作霖找莊士敦的目的，是想通過莊士敦探一探東交民巷對他的態度，而北府裏則希望通過莊士敦探一探張作霖對我的態度。

我讓莊士敦帶去了我的一張簽名照片，一個大鑽石戒指。張作霖留下照片，退了戒指，表示了同情。與此同時，段祺瑞向鄭孝胥表示了，可以考慮恢復優待條件。既有了東交民巷的「同情」，又有了這兩位當權人物的支持，雖然馮玉祥的國民軍還在北京城裏，而北府的人們已經敢於「反攻」了。

十一月二十八日，即大門上的國民軍撤走、馮玉祥通電辭職的第二天，北府裏用內務府的名義發出了致民國內務部的一封公函：

……查法理原則關於刑律之規定，凡以強暴脅迫人者，應負加害之責任，其民法原理凡出於強暴脅迫，欺罔恐嚇之行為，法律上不能發生效力。茲特專函聲明：所有攝閣任意修正之五條件，清室依照法理不能認為有效。……

與此同時還發出了向外國公使們呼籲支援的公函。對攝閣成立時組成的「清室善後委員會」，雖清室代表已參加開了幾次會，現在也否認了。

這天，日本人辦的《順天時報》記者來訪問我，我向他發表了談話，與出宮那天所說的完全相反：

此次國民軍之行動，以假冒國民之巡警團體，武力強迫余之簽字，余決不如外間所傳之欣然快諾……⑮。

《順天時報》是日本公使館支配下的日商報紙。說到當時日本人對我的「熱心」，決不能忽略了這份報紙。它不像竹本大佐那樣的一切在暗中進行，而是依仗特權公然地大嚷大叫，極盡聳動聽聞之能事。

從我進了北府的第二天起，《順天時報》連續發出了對「皇室」無限「同情」，對攝政內閣和國民軍無限「激憤」的消息和評論。裏面大量地使用了「逼宮」、「蒙難」之類的字眼，以及「泰山壓卵」、「欺凌寡婦孤兒」、「綁票」等等的比喻，大力渲染和編造了「旗人紛紛自殺」，「蒙藏發生懷疑」等等的故事，甚至還編造了「某太妃流血殉清朝」，「淑妃斷指血書，願以身守宮門」和「淑妃散髮攀輪，阻止登車」的驚人奇聞。其他外文報紙雖也登過類似的文字，但比起《順天時報》來，則大為遜色。

十二、三岔口上的抉擇

北府裏的人雖然有共同的興奮，卻沒有共同的想法。金梁後來在他補寫的《遇變日記》裏說：「蓋自段、張到京後，皆空言示好，實無辦法。眾爲所欺，以爲恢復即在目前，於是事實未見，而意見已生。有主張原訂條件一字不能動者，有主必還宮復號者，有主改號遜帝者，有主歲費可減，必有外人保證者，有主移住頤和園者，有主在東城購屋者。實則主權在人，無異夢想，皆不知何所見而云然也。」這段話說的的確是實情。

一九二四年十一月五日的這場旋風，把我一下子抛出了紫禁城，落到一個三岔口上。我面前擺著三條路：一條是新「條件」給我指出的，放棄帝王尊號，放棄原來的野心，做個仍然擁有大量財寶和田莊的「平民」；另一條，是爭取「同情者」的支援，取消國民軍的新條件，全部恢復袁世凱時代的舊條件，或者「復號還宮」，讓我回到紫禁城，依然過著從前那樣的生活；還有一條，是最曲折的道路，它通向海外，然後又指向紫禁城，不過那時的紫禁城必須是辛亥以前的紫禁城。這條路當時的說法則是「借外力謀恢復」。

我站在這個三岔路口上，受著各種人的包圍，聽盡了他們的無窮無盡的爭吵。他們對於第一條路，都認爲不屑一顧，而在其他兩條路線的選擇上，則又互不相讓。即使是同一條路線的擁護者，也各有不同的具體主張和詳細計劃。他們每個人都爭先恐後地給我出主意，搶著給我帶路。

在剛進北府的那幾天，爭論的中心是「留在北府呢，還是設法溜出去，躲進東交民巷」？前面已說過，主張溜走的一方是處於孤勢的鄭孝胥和不公開表態的莊士敦，另一方則是以我父親爲首的王公大臣以及師傅們。這場衝突是以鄭孝胥的失敗而告終。

門禁開始放鬆以後，則以「出洋不出洋，爭取不爭取恢復原優待條件」爲中心展開了第二次交鋒。主張立即出洋的一方是金梁和羅振玉（莊士敦仍是不公開表態的一個），另一方仍以我父親爲首，有師傅們參加。他們這次的矛頭主要對著「急先鋒」金梁，也取得了勝利。不過，這是一個表面的勝利。到第三個回合，即鄭、羅、莊聯合了起來，並爭得了陳寶琛的參與，問題重心轉到了「我的當前處境危險不危險，要不要先跑進東交民巷」的時候，那些王公大臣便慘敗了。

以我父親爲首的王公大臣們，一心一意地想恢復原狀，爭取復號還宮。他們對國民軍懷著仇恨，卻希望我加以忍受和等待。國民軍取消了我的皇帝尊號，他們認爲我還可以在家裏做皇帝，反正他們不取消我的尊號。國民軍的統治剛露出了不穩徵兆（張、馮不和，黃內閣被拒於使團），他們的幻想就抬頭了。他們一面勸我靜待佳音，一面對於一切主張出洋以及出府的人，大肆攻擊。

他們在第一個回合上取得了勝利，讓我去不成東交民巷，在第二個回合上，又讓金梁敗得很狼狽。金梁從報上看到了我對鹿鍾麟的談話以後，門禁剛一鬆動，便帶著一份奏摺和替我擬好的「宣言書」來了。

他大大地誇獎了我的談話，請我對外宣佈「敝屣一切，還我自由，余懷此志久矣」！叫我放棄帝號和優待費，把錢拿出來辦圖書館和學校，以「收人心，抗輿論」，同時要「托內事於忠貞之士，而先出洋留學，圖其遠者大者，盡人事以待天命，一旦有機可乘，立即歸國」。他的論點是：「蓋必敝屣今日之假皇帝，始可希望將來之真皇帝」。

他說過之後，又寫成一個《請速發宣言疏》。這一番話，儘管令我動心，但是我父親知道之後，對他大怒，把他稱做「瘋子」，請他以後不要再上門來。

其實，金梁並不是堅決的「出洋派」。他的主張曾讓我一時摸不著頭腦。段祺瑞上台後，還原的呼聲甚囂塵上之際，他托人遞摺子給我，再不提「敝屣一切」和放棄優待條件、帝號的話，說如果能爭回帝號，我亦不可放棄。他同時上書張作霖說：「優待條件事關國信，效等約法，非可輕易修改。」他對別人解釋說，他原並不是主張放棄帝號的，不過此事不宜由我去爭而已。他的解釋沒有得到我父親的諒解，也引不起我的興趣，北府的大門也進不來了。

我父親趕走金梁之後，爲了防範別人對我的影響，每逢有他認爲靠不住的人來訪我，他不是加以攔阻，就是立在一邊看守著，因此另一個主張出洋的羅振玉被他弄得無法跟我說話。我父親的「王爺」威風只有對莊士敦不敢使用，但是門口上的大兵無形中幫了父親的忙，莊士敦從第二天起就進不來了。所以我父親這一次在對付出洋派上，又成了勝利者。

我父親這一派人接連得到的兩次勝利，卻是十分不鞏固的勝利。他的封鎖首先引起我心中更大的反感。儘管我對自己的前途還沒有個明確的打算，但這一點是從進了北府大門就明確了的：無論如何我得離開這個地方。我不能出了一座大紫禁城，又鑽進一座小紫禁城，何況這裏並不安全。

後來，我向父親表示了不滿，我不希望在我接見人的時候總有他在場，更不希望想見我的人受到阻攔。父親讓了步，於是情況有了變化，各種帶路人都帶著最好的主意來了。這時又出現了一個新的出洋派。我的老朋友胡適博士來了。

不久以前，我剛在報上看到胡適一封致王正廷的公開信，大罵國民軍，表示了對於「以武力脅迫」修改優待條件這種行爲的「義憤」。雖然陳寶琛仍然把他視同蛇蠍，但鄭孝胥已經和他交上了朋友，有些遺老也認爲他究竟比革命黨和國民軍好。他走進北府，沒有受到阻攔，我見到他，表示了歡迎，並且稱讚他在報上發表的文章。他又把國民軍罵了一通，說：「這在歐美國家看來，全是東方的野蠻！」

胡適這次見我，並不是單純的慰問，而是出於他的「關心」。他問我今後有什麼打算。我說王公大臣們都在活動恢復原狀，我對那些毫無興趣，我希望能獨立生活，求些學問。

「皇上很有志氣！」他點頭稱讚，「上次我從宮裏回來，就對朋友說過，皇上很有志氣。」

「我想出洋留學，可是很困難。」

「有困難，也不太困難。如果到英國，莊士敦先生可以照料。如果想去美國，也不難找到幫忙的人。」

「王公大臣們不放我，特別是王爺。」

「上次在宮裏，皇上也這樣說過。我看，還是要果斷。」

「民國當局也不一定讓我走。」

「那倒好說，要緊的還是皇上自己下決心。」

儘管我對這位「新人物」本能地懷著戒心，但他的話確實給了我一種鼓勵。我從他身上覺察出，我的出洋計劃，一定可以得到社會上不少人的同情。因此，我越發討厭那些反對我出洋的王公大臣們了。

我認爲，那些主張恢復原狀的，是因爲只有這樣，才好保住他們的名銜。他們的衣食父母不是皇上，而是優待條件。

有了優待條件，紹英就丟不了「總管內務府印鑰」，榮源就維持住樂在其中的抵押、變價生涯，醇王府就每年可以照支四萬二千四百八十兩的歲費，這是不管民國政府拖欠與否，內務府到時都要湊足送齊的。除了這些人以外，下面的那些嘍羅，不斷地遞摺子、上條陳，也各有其小算盤。

我六叔載洵有個叫吳錫寶的門客，寫了一個「奏爲陳善後大計」的摺子，一上來就抱怨說，他早主張要聘用各國法學家研究法律，以備應付民國違法毀約的舉動，因爲沒聽他的主意，所以今天手忙腳亂，駁辯無力。接著他提出五條大計，說來說去都沒離了用法律和法學家，其原因，他自己就是一名律師。

還有一個名叫多濟的旗人，是掛名的內務府員外郎，他堅決主張無論如何不可放棄帝號，不但如此，我將來有了兒子還要叫做「宣統第二」。他又主張今後我應該把侍奉左右的人都換上八旗子弟。看來他也打好主意，讓他的兒子做「多濟第二」，來繼承員外郎這份俸銀。

我見過了胡適，莊士敦也回到我身邊，向我轉達了張作霖的關懷。我覺得胡適說的不錯，出洋的問題不致於受到當局的阻攔。我和莊士敦計議如何籌備出洋的事，張作霖又做了表示，歡迎我到東北去住。我想先到東北住一下也好，我到了東北，就隨時可以出洋。我剛剛拿定了主意，這時又出了新問題。

國民軍的警衛從大門撤走之後，形勢本來已經緩和，我已敢放膽向記者罵國民軍了，忽然鄭孝胥面容嚴肅地出現在我面前，問我看過報沒有。

「看了，沒有什麼呀！」

「皇上看看《順天時報》。」他拿出報來，指著一條「赤化運動之平民自治歌」標題給我看。這條消息說，馮軍入京以後，「赤化主義」乘機活動，最近竟出現數萬張傳單，主張「不要政府真自治、不要法律大自由」云云。那時我從鄭、陳、莊諸人的嘴裏和《順天時報》上，常聽到和看到什麼共產黨是過激主義、赤化主義，赤化、過激就是洪水猛獸、共產共妻，馮玉祥的軍隊就和赤化過激有關，等等的鬼話。現在根據鄭孝胥的解釋，那是馬上要天下大亂的，「赤化主義」對我下毒手，則更無疑問。

我被鄭孝胥的話正鬧得心驚膽戰，愁容滿面的羅振玉出現了。我一向很重視羅振玉從日本方面得來的消息。他這次報告我說，日本人得到情報，馮玉祥和「過激主義」分子將對我有不利行動。「現在馮軍占了頤和園，」他說，「出事可能就在這一兩天。皇上要趁早離開這裏，到東交民巷躲避一下才好。」

這時莊士敦也來了，帶來了外國報上的消息，說馮玉祥要第三次對北京採取行動。這樣一來，我沉不住氣了，連陳寶琛也著了慌。陳寶琛同意了這個意見：應該趁馮玉祥的軍隊不在的時候，抓機會躲到東交民巷去，先住進德國醫院，因爲那位德國大夫是認識我的。我和陳、莊二師傅悄悄地商議了一個計策，這個計策不但要避免民國當局知道，也要防備著我的父親。

我們按照密議的計劃進行。第一步，我和陳師傅同出，去探望比我晚幾天出宮的住在麒麟碑胡同的敬懿、榮惠兩太妃，探望完了，依舊回北府，給北府上下一個守信用的印象。這一步我們做到了。

第二天，我們打算再進行第二步，即藉口去裱褙胡同看一所準備租用的住房，然後從那裏繞一下奔東交民巷，先住進德國醫院。第三步則是住進使館。只要到了東交民巷，第三步以及讓婉容她們搬來的第四步，就全好辦了。但是在執行這第二步計劃的時候，我們剛上了汽車，我父親便派了他的大管家張文治，偏要陪我們一起去。我和莊士敦坐在第一輛汽車上，張文治跟在陳寶琛後邊，上了另一輛車。

「事情有點麻煩。」莊士敦坐進了汽車，皺著眉頭，用英文對我說。

「不理他！」我滿肚子的氣，讓司機開車。車子開出了北府。我真想一輩子再不進這個門呢。

莊士敦認爲，不理這個張文治是不行的，總得設法擺脫他。在路上，他想出了個辦法：我們先到烏利文洋行停一停，裝作買東西，打發張文治口去。

烏利文洋行開設在東交民巷西頭一入口的地方，是外國人開的出售鐘錶、相機的舖子。我們到了烏利文，我和莊士敦進了舖子。我看了一樣又一樣的商品，最後挑了一隻法國金懷錶，蘑菇了一陣，可是張文治一直等在外面，沒有離開的意思。到了這時，莊士敦只好拿出最後一招，對張文治說，我覺得不舒服，要去德國醫院看看。張文治狐疑不安地跟我們到了德國醫院。到了醫院，我們便把他甩在一邊。莊士敦向醫院的棣柏大夫說明了來意，把我讓到一間空病房裏休息，張文治一看不是門道，趕緊溜走了。我們知道他必是回北府向我父親報信去了，莊士敦不敢放鬆時間，立刻去英國使館辦交涉。誰知他這一去就杳無音信，等得我好不心焦。我生怕這時張文治把我父親引了來，正在焦躁不安的功夫，陳寶琛和鄭孝胥相繼到了。

鄭孝胥的日記裏，有這樣一段記載：

壬子初三日。弢庵（陳寶琛）、叔言來。昨報載：李煜瀛見段祺瑞，爭皇室事，李忿言：「法國路易十四，英國殺君主，事尤數見，外交干涉必無可慮。」張繼出告人曰：「非斬草除根，不了此事。」平民自治歌有曰：「留宣統，真怪異，唯一汙點尚未去。」余語弢庵曰：「事急矣！」乃定德國醫院之策。午後，詣北府，至鼓樓，遣弢庵之馬車，曰：「已往蘇州胡同矣！」馳至蘇州胡同，無所見，余命往德國醫院。登樓，唯見上（溥儀）及弢庵，云莊士敦已往荷蘭、英吉利使館。余定議奉上幸日本使館，上命余先告日人。即訪竹本，告以皇帝已來。竹本白其公使芳澤，乃語余：「請皇帝速來。」於時大風暴作，黃沙蔽天，數步外不相見。余至醫院，慮汽車或不聽命，議以上乘馬車；又慮院前門人甚眾，乃引馬車至後門，一德醫持鑰從，一看護引上下樓，開後門，登馬車，余及一僮驂乘。

德醫院至日使館有二道，約里許：一自東交民巷轉北，一自長安街轉南。余叱御者曰：「再赴日使館。」御者利北道稍近，驅車過長安街。上驚叫曰：「街有華警，何為出此！」然車已迅馳，余曰：「咫尺即至！馬車中安有皇帝？請上勿恐。」既轉南至河岸，復奏上曰：「此為使館界矣！」遂入日使館。

竹本、中平迎上入兵營。弢庵亦至。方車行長安街，風沙悍怒，幾不能前，昏晦中入室小憩。上曰：「北府人知我至醫院耳，莊士敦、張文治必復往尋，宜告之。」余復至醫院，攝政王、濤貝勒皆至。因與同來日館，廷臣奔視者數人。上命余往告段祺瑞，命張文治往告張作霖。……

關於莊士敦，鄭孝胥在日記裏只簡單地提了一句，原因是他在德國醫院沒有看見莊士敦，莊士敦那時已經帶著忿懣到日本使館去了。

我在日本使館裏和這位一去不回的莊師傅相見時，很覺奇怪。他對我解釋說：「我到英國公使那裏去了，麻克類說那裏地方很小，不便招待……既然陛下受到日本公使先生的接待，那是太好了，總之，現在一切平安了。」

在那匆匆忙忙之中，我沒再細問——既然我保險了，過去的事情我也就沒有興趣再去知道了。後來我才弄明白，引起他忿懣的，並非像他那天和我解釋的「麻克類說，那裏地方很小，不便招待」，以致有失面子，更不像後來在自己的著作《紫禁城的黃昏》一書中所說，只有日本公使館才願意給我以有效保護（也許英國公使館有這個看法——他在書中是這樣說的），而他在這次爭奪戰中成了敗北者，才是使他忿懣的根本原因。

鄭孝胥對自己在這次出逃中所起的作用，得意極了。這可以從他寫的兩首七言詩中看出來：

十一月初三日奉乘輿幸日本使館

陳寶琛、莊士敦從幸德國醫院，孝胥踵至，遂入日本使館。

乘日風兮載雲旗，縱橫無人神鬼馳，

手持帝子出虎穴，青史茫茫無此奇！

是日何來蒙古風？天傾地坼見共工，

休嗟猛士不可得，猶有人間一禿翁⑯。

這位儼然以「猛士」自居的人後來藏了一幅畫：在角樓的上空雲霧中，有一條張牙舞爪的龍。陳寶琛虔誠地在畫上題了「風異」二字，並作詩一首恭維他：「風沙叫嘯日西垂，投止何門正此時；寫作昌黎詩意讀，天昏地黑扈龍移。」莊士敦頗知湊趣，也用英文把事件經過寫在上面。

讓鄭孝胥如此得意忘形的原因之一，是他在這場爭奪壟斷的戰鬥中，勝過了他的暗中對手羅振玉。羅不但沒有趕上這個機會，而且竹本大佐這個値錢的關係，也被鄭輕輕拿在手裏，成了鄭的本錢。鄭、羅二人之間的衝突，原來是掩蓋在他們與王公們的爭奪戰後面。而從這時起，開始了他們之間的爭奪戰了。

不過莊士敦卻在旁不免暗笑。在他的一九三二年出版的書裏，他肯定了鄭孝胥的日記所敘述的正確性之後說：「不過有一點除外，那就是鄭孝胥錯誤地認爲，竹本大佐在同意用他自己的住處接待皇帝之前，已經和日本公使商量過了。日本使館內文武官員之間的關係，並不像其他使館文武官員之間的關係那麼親近和友好，竹本大佐是否認爲自己應當聽從日本公使的命令，是大可懷疑的。因此，他並不認爲必須把他和鄭孝胥先生談的話向芳澤謙吉先生匯報，而且他也沒有這樣做。事實上，他本人急於要接待皇帝，不希望日本公使把他的貴客奪走。……」

事實上，後來是奪走了。這剛開始不久的爭奪戰，不僅展開在王公大臣和鄭、羅之間，也不僅在鄭與羅之間，原來還發生在日本人之間。這一場爭奪戰中的真正勝利者，有一段談話刊在第二天的《順天時報》上：

日使對容留遜帝之談話

日本芳澤公使，昨日對於往訪記者所談遜帝溥儀遷入日本使館之經過，並公使所持之態度如下：

上星期六午後三時，忽有某氏（公使不欲宣佈其姓名）來訪余（公使自稱，下同），告以遜帝現已入德國醫院，並謂此不過暫時辦法，萬難期其久居，且於某某方面亦曾懇談遜帝遷居事，咸以遷居日本使館為宜，故遜帝遣某來為之先容，萬希俯允所請等語。余當時在大體上因無可推辭，然以事出突然，故答以容暫考慮，再為答覆等語。某氏辭去約二十分鐘，余即接得報告，謂遜帝已至日本兵營，要求與余面會。余當即親赴兵營迎迓，一面為之準備房屋。午後五點迎入本館後，即派池部書記官赴外交部謁沈次長，說明遜帝突然來館之始末，並請轉達段執政，以免有所誤會。當蒙其答覆，極為諒解。……

十三、由「使館區」到「租界」

在那個時代，「使館區」和「租界」正是「好客」的地方。我進了日本公使館才知道，我並不是唯一的客人，當時還住著一個名叫王毓芝的人物，他是賄選大總統曹錕的心腹謀士。曹錕沒有來得及逃往使館區，被國民軍軟禁了起來。王毓芝的腿快，做了這裏的客人。

我還記得，七年前我第二次做皇帝的時候，被張勳趕走的黎元洪也在這裏住過，我第二次退位以後，被段祺瑞趕走的張勳做過荷蘭使館的客人。每逢使館裏到了必須接待來客的時候，使館區裏的飯店和醫院總免不了跟著熱鬧一番，因爲每次總有一批神經脆弱而又身價夠不上進使館的人們往這裏跑，把這裏塞得滿滿的，甚至於連樓梯底下都有人願意付租金。

辛亥、丁巳和我這次被趕出紫禁城，有不少的滿族貴族都爭先恐後地到這裏做客。有一次飯店老闆貼出了一張很不禮貌的告示：「查本店寄居者過多，樓梯下亦已住滿，衛生狀況殊爲不佳，且有隨地吐痰、極不文明者，……茲規定，如再有人吐痰於地，當罰款十元，決不寬貸！」儘管如此，還是有人趨之若鶩，流連忘返。

我在這裏遇到的熱情是空前的，也許還是絕後的。有一件小事我在前面沒有說到，是我從北府出來的時候，在我汽車上還有北府的兩名警察，他們按照當時「要人」們乘車的習慣，站在車外踏腳板上，一邊一個，一直陪我到了德國醫院。後來知道我不回去了，他們不能回去交差，便要求留在日本使館。他們得到了准許，作爲我的隨侍被收留了。

後來我派人再去北府接婉容和文綉的時候，那邊的警察再不肯放走她們。使館裏派了一名書記官特意去交涉，也沒有成功，最後還是芳澤公使親自去找了段執政，婉容和文綉才帶著她們的太監、宮女來到了我的身邊。

使館主人看我周圍有那麼一大群人，三間屋子顯然住不開，特意騰出了一所樓房，專供我使用。於是我那一班人馬——南書房行走和內務府大臣以及幾十名隨侍、太監、宮女、婦差、廚役等等又各得其所。在日本公使館裏，「大清皇帝」的奏事處和值班房又全套恢復了。

更重要的是，芳澤公使給我取得了執政府的諒解。執政府除了向芳澤公使做了表示之外，並且派了陸軍中將曲同豐，親自到日本兵營的竹本大佐那裏，再次表明：「執政府極願尊重遜帝的自由意志，並於可能範圍內，保護其生命財產及其關係者之安全。」

以我父親爲首的王公們曾來勸我回去，說北府現在已經安全，有段祺瑞和張作霖在，國民軍決不敢任意行事，還說段和張都向他們做了保證。但我相信羅振玉他們的話，段和張的保證都是因爲我進了使館才說的，我如果還在北府，而國民軍還在北京，什麼保證都靠不住。我拒絕了他們。事實上，王公們也正在向使館區裏找住處，後來有的進了德國兵營，有的進了六國飯店。我父親一面勸我，又一面在西什庫教堂租庫房，存放他的珍貴財物，後來北府裏的弟妹們也都跑到西什庫教堂去住了。

看見日本使館對我的殷勤照料，連許多不知名的遺老也活躍起來了。他們從各地給段執政打電報，要求恢復優待；他們給我寄錢（這叫做「進奉」），供我使用；有的人從外地跑到北京，給我請安，密陳大計。

蒙古王公好像吃了興奮劑似的，發出通電並上呈文給執政府，質問對他們的優待怎麼辦，執政府連忙答覆說照舊不變。王公大臣們的腰板也硬起來了，拒絕出席「清室善後委員會」的會議。這個剛成立不久的委員會，由代表民國方面的李石曾（委員長）、易培基（代表汪精衛）、俞同奎、沈兼士、范源濂、鹿鍾麟、張璧和代表清室方面的紹英、載潤、耆齡、寶熙等組成，並請了羅振玉列席。

委員會要清點財物，劃分公產私產以決定處理，紹英等四人不但不去參加，並再次向當局聲明不承認這個組織。寶熙後來通過他的門生從宮裏弄出十幾箱東西運到了日本使館，羅振玉立刻反對說：「這豈不是從強盜手裏討施捨？如果要就全要，否則就全不要！」原來他另有打算，想把宮裏的東西弄到他可以支配的地方去。那時我不知道這個底細，只覺得他說的有理，有骨氣。至於後來又弄了沒弄，弄出了什麼來，我就全不知道了。

這些表示骨氣的，請安的，送進奉的，密陳各種「中興大計」的，敢於氣勢洶洶質問執政府的遺老遺少們，出進日本使館的一天比一天多。到了舊曆的元旦，我的小客廳裏陡然間滿眼都是辮子。我坐在坐北朝南、以西式椅子代替的寶座上，接受了朝賀。

許多遺老對使館主人懷著感激之情。他們從使館的招待上看出了希望，至少得到了某種心理上的滿足。王國維在奏摺裏說：「日使……非徒以皇上往日之餘尊，亦且視為中國將來之共主，凡在臣僚，誰不慶幸？」

舊曆元旦那天，小客廳裏是一片慶幸的臉色。那天有段插曲值得一提。正當第三班臣僚三跪九叩行禮如儀之際，突然在行列裏發出一聲乾嚎，把人們都嚇了一跳，接著，有一個用袖掩面的人推開左右，邊嚎邊走，奪門而出。當時我還以為是誰碰瞎了眼睛，眾人也愕然不知所措。有人認出這是前內務府大臣金梁，他乾嚎個什麼，沒有一個人知道。到第二天，《順天時報》上刊出了他寫的詩來，人們這才恍然大悟，原來昨天這一幕怪劇，是為了寫這首詩而做的苦心準備。詩曰：

元旦朝故主，不覺哭失聲；慮眾或駭怪，急歸掩面行。閉門恣痛哭，血淚自縱橫。自晨至日午，伏地不能興；家人驚欲死，環泣如送生。急夢至天上，雙忠（文忠、忠武）下相迎；攜手且東指，彷彿見蓬瀛；波濤何洶湧，風日倏已平。悠悠如夢覺，夕陽昏復明，餘生唯一息，叩枕徒哀鳴⑰。

過了舊曆元旦，眼看我的生日又要到了，而且是二十（虛歲）整壽。我本來不打算在別人家做壽，不料主人偏要湊趣，硬要把使館裏的禮堂讓出來，作爲接受朝賀之用。禮堂佈置起來了，地板上鋪上了豪華的地毯，作爲寶座的太師椅上鋪了黃緞子坐墊，椅後一個玻璃屏風貼上了黃紙，僕役們一律是清朝的紅纓大帽。

到了生日這天，從天津、上海、廣東、福建等地來的遺老竟達一百以上，東交民巷各使館的人員也有人參加，加上王公大臣、當地遺老，共有五六百人之多。因爲人多，只得仍照例寫出秩序單，分班朝賀。下面就是當時的禮單：

一班　近支王公世爵，載濤領銜；
二班　蒙古王公、活佛喇嘛，那彥圖領銜；
三班　內廷司員、師傅及南書房翰林，陳寶琛領銜；
四班　前清官吏在民國有職務者，志琦領銜；
五班　前清遺臣，郭曾炘領銜；
六班　外賓，莊士敦領銜。

那天我穿的是藍花絲葛長袍，黑緞馬褂，王公大臣和各地遺老們也是這種裝束。除了這點以外，儀節上就和在宮裏的區別不大了。明黃色、辮子、三跪九叩交織成的氣氛，使我不禁傷感萬分，愁腸百結。

儀式完畢之後，在某種衝動之下，我在院子裏對這五六百人發表了一個即席演說。這個演說在當時的上海報紙上刊載過，並不全對，但這一段是大致不差的：

我今年二十歲，年紀甚輕，不足言壽，況現在被難之時，寄人籬下，更有何心做壽，但你們遠道而來，餘深願乘此機會，與爾等一見，更願乘此機會，與爾等一談。照世界大勢，皇帝之不能存在，余亦深知，決不願冒此危險。平日深居大內，無異囚犯，諸多不能自由，尤非余所樂為。余早有出洋求學之心，所以平日專心研究英文，原為出洋之預備，只以其中牽掣太多，是以急切不能實行。至優待條件存在與否，在余視之，無關輕重，不過此事在余自動取消則可，在他人強迫則不可。優待條件係雙方所締結，無異國際之條約，斷不能一方面下令可以更改。此次馮玉祥派兵入宮，過於強迫，未免不近人情，此事如好好商量，並不難辦到。余之不願擁此虛名，出於至誠，蓄之久矣，若脅之兵威，余心中實感不快。即為民國計，此等野蠻舉動，亦大失國家之體面，失國家之信用，況逐餘出官，另有作用，余雖不必明言，大約爾等亦必知之。余此時係一極無勢力之人，馮玉祥以如此手段施之於余，勝之不武，況出宮時所受威脅情形，無異凌辱，一言難盡。逐余出宮，猶可說也，何以歷代祖宗所遺之衣物器具文字，一概扣留，甚至日用所需飯碗茶盅及廚房器具，亦不許拿出，此亦為保存古物乎？此亦可值金錢乎？此等舉動，恐施之盜賊罪囚，未必如此苛刻。

在彼一方面，言丁巳復辟為破壞優待條件，須知丁巳年余方十二歲，有無自動復辟之能力，姑不具論，但自優待條件成立以來，所謂歲費，曾依時付過一次否？王公世爵俸銀，曾照條件支給否？八旗生計，曾照條件辦理否？破壞之責，首先民國，今捨此不言，專藉口於丁巳之復辟，未免太不公允！余今日並非牢騷，不過心中抑鬱，不能不借此機會宣洩，好在將有國民會議發現，如人心尚有一線光明，想必有公平之處置，余唯有靜以俟之。余尚有一言鄭重聲明，有人建議勸余運動外交，出為干涉，余至死不從，余決不能假借外人勢力干涉中國內政。

在我做生日的前後，許多報紙上出現了抨擊我這夥人的輿論，反映了社會上多數人的義憤。這種義憤無疑是被我的投靠日人，被小朝廷在當局的姑息和外人的包庇下的囂張舉動刺激出來的。

這時「清室善後委員會」在清查宮內財物時發現了一些材料，如袁世凱做皇帝時寫在優待條件上的親筆跋語，內務府抵押、變賣、外運古物的文據等等，公佈了出來，於是輿論大嘩。當然最引人忿慨的，還是小朝廷和日本人的關係以及遺老們發起的要求恢復優待條件的運動（在我過生日的時候，報上刊登的已有十五個省三百餘人十三起聯名呈請）。

爲了對付小朝廷，北京出現了一個叫「反對優待清室大同盟」的團體，展開了針鋒相對的活動。這些社會義憤在報紙上表現出的有「別館珍聞」的諷刺小品，也有嚴肅激昂的正面指責；有對我的善意忠告，也有對日本使館和民國當局的警告式的文字。

今天看來，哪怕我從這些文章中接受一條意見，也不會把我的前半生弄成那樣。記得有幾篇是揭發日本人的陰謀的，現在我把它找出來了。這是一份登在《京報》上的「新聞編譯社」的消息，其中有一段說到日本人對我的打算，它和後來發生的事情竟是那麼吻合，簡直令我十分驚訝：

其極大黑幕，為專養之以俟某省之有何變故，某國即以強力護送之到彼處，恢復其祖宗往昔之地位名號，與民國脫離，受某國之保護，第二步再實施與某被合併國家同樣之辦法。

這個文章後面又說：「此次溥儀之恐慌與出亡，皆有人故意恫嚇，入其圈套，即早定有甚遠之計劃」，「其目前之優待，供應一切，情願破鈔，侍從人員，某國個個皆買其歡心，不知皆已受其牢寵，爲將來之機械也」。

這些實在話，在當時我的眼裏，都一律成了誣蔑、陷害，是爲了把我騙回去加以迫害的陰謀。當時有些文章，顯然其作者既不是共產黨人也不是國民黨人，例如下面《京報》的一篇短評，或者還是一位講究封建忠義之士的手筆，對我的利益表現了關心，說的又是實在事：

遺老與愛新覺羅氏有何仇恨

胡為必使傾家敗產而後快？

點查清宮之結果，而知大宗古物多數業已抵責，即歷代之金寶金冊皆在抵押中，雖以細人非至極窮，尚或不至賣其祠廟墳墓之碑額，奈何以煌煌歷代皇后金冊，亦落於大腹長袖者手？……吾敬為一班忠臣設計，應各激發忠義，為故主之遺嗣圖安寧，勿徒硜硜自詡，以供市井覓利者流大得其便宜貨，使來路不明之陳設品遍置堂室也。

看了這樣的文章，我已經不是像在宮裏時那樣，感到內務府人的不可信任，我對於這份《京報》和短評作者，只看成是我的敵人。至於那些指責文章，更不用說，在我心裏引起的反應唯有仇恨。

我在日本使館住著，有幾次由於好奇，在深夜裏帶上一兩名隨侍，騎自行車外遊（後來使館鎖了大門，不讓出去了）。有一次我騎到紫禁城外的筒子河邊上，望著角樓和城堞的輪廓，想起了我剛離開不久的養心殿和乾清宮，想起了我的寶座和明黃色的一切，復仇和復辟的欲望一齊湧到我的心頭，不由得心如火燒。我的眼睛噙著淚水，心裏發下誓願，將來必以一個勝利的君王的姿態，就像第一代祖先那樣，重新回到這裏來。「再見！」我低低地說了這兩個雙關含意的字，然後跳上車子疾駛而去……

在使館的三個月裏，我日日接觸的，是日本主人的殷勤照拂，遺老們的忠誠信誓和來自社會的抗議。我的野心和仇恨，在這三種不同的影響下，日夜滋長著。我想到這樣待下去是不行的，我應該爲我的未來進行準備了，原先的打算又回到我的心中——我必須出洋到日本去。

使館對我的想法表示了支持。公使正面不做什麼表示，而池部書記官公開表現了極大的熱情。羅振玉在他的自傳《集蓼編》中提過這個池部，他說：「予自隨待入使館後，見池部君爲人有風力，能斷言，乃推誠結納，池部君亦推誠相接，因密與商上行止，池部君謂：異日中國之亂，非上不能定，宜早他去，以就宏圖，於是兩人契益深。……」

關於鄭孝胥和羅振玉這兩位「寵臣」的事，這裏要補述一下。這時以我爲目標的爭奪戰，在日使館中又進入了新的階段，這次是以鄭孝胥的失敗和羅振玉的勝利而收場的。

鄭孝胥曾經拍過胸脯，說以他和段的關係，一定可以把優待條件恢復過來，段的親信幕僚曾毓雋、梁鴻志都是他的同鄉，王揖唐等人跟他半師半友，這些人從旁出力，更不在話下。後來段祺瑞許下的空口願不能兌現，使鄭孝胥大爲狼狽。對鄭孝胥的微詞就在我耳邊出現了。從天津來的舊臣升允首先表示了對鄭的不滿，他向我說了不少鄭孝胥「清談誤國」、「妄談誑上」、「心懷叵測」、「一手遮天」之類的話。當時我並不知道，在前一個回合中失敗的羅振玉，和這些反鄭的議論，有什麼關係。經過升允這位先朝老臣的宣傳，我對鄭孝胥是冷淡下來了，而對羅振玉增加了好感。

羅振玉在我面前並沒有十分激烈地攻擊鄭孝胥，他多數時間是講他自己，而這樣做法比攻擊別人的效果還大。我從他的自我表白中得到的印象，不僅他是這場風險中救駕的大功臣，而且相形之下，鄭孝胥成了個冒功取巧的小人。

據羅振玉自己說，段祺瑞從天津發出反對馮玉祥趕我出宮的電報，乃是他的活動結果之一。他回到北京，找到了他的好朋友竹本大佐，因此才有了迎我入日本兵營的準備。後來北府門前國民軍的撤走，據他說也是他找執政府交涉的結果。甚至我到東交民巷前決定的「先隨便出入，示人以無他」的計策，也是他事先授給陳寶琛的。

羅振玉後來在《集蓼編》中，關於我進日本使館的這一段，對鄭孝胥一字未提，只是在敘述我進日本使館後的情形時，說了一句：「自謂能令段祺瑞恢復優待者，以不能實其言，亦不告而南歸矣！」事實上，那時我一心想出洋，鄭孝胥並沒有支持我，在莊士敦已經不宣傳去倫敦做客的情形下，主張「東幸」的羅振玉自然更受到我的重視，我對鄭孝胥因此不再感興趣。於是鄭孝胥終於有一天鬱鬱地向我請假，說要回上海料理私事去，我當時還不明白他的意思，所以沒挽留他，他一氣就跑了。

生日過後不多天，羅振玉來告訴我說：他和池部已商量妥當，出洋的事應該到天津去做準備，在這裏住著是很不方便的；到天津，最好還是在日本租界裏找一所房子，早先買好的那房子在英租界，地點很不合適。我聽他說得有理，也很想看看天津這個大都市，他的主意正中下懷，便立即同意了。我派「南書房行走」朱汝珍去天津日租界找房子，結果看中了張園。

不多天，羅振玉又說，張園那裏已經準備好，現在國民軍在換防，鐵路線上只有少數的一些奉軍，正是個好機會，可以立即動身。我向芳澤公使談了，他表示同意我去天津。爲了我這次轉移，他派人通知了段祺瑞。段表示同意，還要派軍隊護送。芳澤沒有接受他的好意，他決定由天津日本總領事館的警察署長和便衣警察來京，由他們先護送我去，然後婉容她們再去。事情就這樣談妥了。

民國十四年二月二十三日下午七時，我向芳澤公使夫婦辭行。我們照了相，我向他們表示了謝意，他們祝我一路平安，然後由池部和便衣日警們陪著，出了日本公使館的後門，步行到了北京前門車站。我在火車上找到了羅振玉父子。火車在行進的一路上，每逢到站停車，就上來幾個穿黑便衣的日本警察和特務，車到了天津，車廂裏大半都被這樣的人占滿了。日本駐天津總領事吉田茂和駐屯軍的軍官士兵們，大約有幾十名，把我接下了車。

第三天，《順天時報》上便出現了日本公使館的聲明：

本公使館滯在中之前清宣統皇帝，於二十三日夜，突然向天津出發，本館即於二十四日午後，將此旨通知段執政及外交總長，備作參考。原宣統皇帝懷有離京之意，早為執政之政府所熟知，而無何等干涉之意，又為本館所了解，但豫想迄實行之日，當尚有多少時日，不意今竟急遽離開北京，想因昨今一二新聞，頻載不穩之記事，致促其行云云。

註釋：

❶嚴格地說，復辟活動到此時尚未停止。偽滿改帝制後，雖然我的活動告一段落，但關內有些人仍不死心，後來日本發動了全面侵略，占領了平津，這些人在建立「後清」的幻想下，曾有一度活動。因為日本主子不同意，才沒鬧起來。

❷古德諾原為美國政治大學教授。他發表的這篇文章的題目叫做《共和與君主論》，胡說什麼「中國如用君主制較共和制為宜」，作為袁世凱實行帝制的理論根據。

❸籌安會是袁世凱實行帝制的御用機關，由楊度建議，吸收孫毓筠、嚴復、劉師培、李燮和、胡瑛等組成，為袁稱帝進行鼓吹和籌備工作。

❹行走即是已有一定官職，又派到別的機構去辦事的意思。南書房在乾清宮之右，原為康熙讀書處，康熙十六年始選翰林等官入內當值，凡被選入值者，叫做「入值南書房」或「南書房行走」，這是大臣難得的待遇。

❺上駟院是內務府管轄的三院之一，管理養牧馬駝等事務。順治初叫御馬監，後改為阿登衙門，康熙時才改名上駟院。

❻據說張勳原來保存了一整箱子關於這方面的文件，可後來竟不知被什麼人偷去，並且運往法國去了。

❼意思是穿著清朝袍褂的人在馬路上出現，這種服裝當時是只有從祖宗畫像上才看得到的。

❽清制凡都察院、通政司、詹事府以及其他諸卿寺的堂官均稱為京堂，除左都御史外都是三、四品官。後來京堂便兼用為三、四品京官的虛銜，因此，三品京堂即是指三品京官。

❾在滿清八旗中，鑲黃、正黃、正白三個滿軍旗系皇室親自率領的所謂親軍，內務府人均出自這最親信的三旗，自堂郎中以下所有司員全不例外；堂郎中以上即內務府大臣，也有的是司員提上來的，也有的是從外調來的。總之，除個別大臣外，全被三旗包下來了。

❿上面說的這個合同，見民國十四年二月十四日北京《京報》，關於事先的傳聞和內務府與榮源的聲明，見於十三年年底的《京報》。

⓫民十三年我出宮後，接收清宮的清室善後委員會在養心殿搜出了康有力和徐良給莊士敦的信共二封，連同金梁的條陳和江亢虎請覲見的信都發表了出來，但當時卻沒發表這一封，也沒發表康有為向吳佩孚進行活動的往來信件。

⓬見民國十二年十二月十五日《平報》，作者：秋隱。

⓭黃郛字膺白，浙江人，反動的投機政客，後來北伐戰爭時幫助蔣介石策劃反革命政變，成為國民黨親日派，也是新政學系首領之一。

⓮內戰中，火車常被軍閥扣留，京津間交通很不正常，因這趟車是根據東交民巷的意思組成的，所以交戰雙方都不敢動它。

⓯這是記者報導的文字，登在民國十四年十一月二十九日的《順天時報》上，基本和我當時的思想一致。

⓰見劉邦《大風歌》：「大風起兮雲飛揚，威加海內兮歸故鄉，安得猛士兮守四方？」

⓱文忠、忠武是梁鼎芬和張勳的謚法。

第四章 在天津的活動

一、羅振玉的努力

到了天津，才知道並不像羅振玉所說的那樣，「住處準備妥當」，因此我先在大和旅館住了一天。次日婉容、文綉和日本使館裏的那一套人馬都來了，才一同搬進匆忙佈置起來的張園。

張園是一座占地約有二十畝的園子，中間有一座天津人稱之爲八樓八底的樓房。這是前清駐武昌第八鎮統制張彪做遊藝場用的地方。武昌起義時，張彪嚇得連官印也不要了，帶著他的金銀財寶和家眷溜到天津，在日本租界裏當了寓公。

我剛住進了張園，這位前清的「名將」，堅決不收房錢，每天清晨都要帶著一把掃帚，親自來給我掃院子，大概是表示自己一貫矢忠之意。後來不知是經誰的勸阻，他才丟下那把掃帚。我在這裏住了五年。後來張彪死了，他的兒子拿出房東的面孔要房租，我也嫌他的房子不好，於是又搬到了陸宗輿的「靜園」。

我到天津來的目的原是爲了出洋，結果卻一連住了七年。這是我在各派遺老、各種主意之間搖擺的七年。這時，王公們對我的左右力量，早已大爲減弱；我父親起初不大來天津，後來雖然常來（住在我原先買的英租界戈登路的房子裏），對我也不發生什麼作用。在這期間，莊士敦老師離開了我，又到威海衛當專員去了。

威海衛被中國政府收回後，一九二六年他與北洋政府辦理庚款問題時，到天津和我見過一次面。他曾爲我奔走於吳佩孚等人之間，毫無結果。後來他回英國接受爵士爵位，做了倫敦大學的漢學教授兼英國外交部顧問。

這七年間，在我身邊進行勾心鬥角的人物，大致可分爲這幾派：起初把希望放在恢復優待條件方面，後來又退縮爲維持原狀的，是以陳寶琛爲首的一批「舊臣」，可以稱之爲「還宮派」；把希望放在出洋以取得外國（主要是日本）援助上的，是以羅振玉爲首，其中有遺老遺少，也有個別王公如溥偉之流，按當時的說法，可以稱之爲「聯日」或「出洋」派；把希望放在聯絡、收買軍閥方面，即所謂「用武人」一派，這派人物頗複雜，有前清遺老，也有民國的政客，中心人物卻是我自己。

後來又回到我身邊的鄭孝胥，起先並不屬於哪一派，好像哪一派的主張他都贊成過，也反對過，他更提出過任何一派不曾提過的如所謂「用客卿」（外國人）、「門戶開放」（同任何肯幫助復辟的國家勾結）等主張，因而也受過各派人的反對。當他後來一拿定了投靠日本這個主意，就戰勝了一切對手。他不但勝過了他們，而且連他的老對手、「聯日派」的老首領羅振玉，在這個階段的爭奪中又被他將多年經營來的成果，輕輕攫取到手。不過這也是後話，現在還是先把羅振玉說一說。

羅振玉到宮裏來的時候，五十出頭不多，中高個兒，戴一副金絲近視鏡（當我面就摘下不戴），下巴上有一綹黃白山羊鬍子，腦後垂著一條白色的辮子。我在宮裏時，他總是袍褂齊全，我出宮後，他總穿一件大襟式馬褂，短肥袖口露出一截窄袍袖。一口紹興官話，說話行路慢條斯理，節奏緩慢。

他在清末做到學部參事，是原學部侍郎寶熙的舊部，本來是和我接近不上的，在我婚後，由於升允的推薦，也由於他的考古學的名氣，我接受了陳寶琛的建議，留作南書房行走，請他參加了對宮中古彝器的鑒定。

和他前後不多時間來的當時的名學者，有他的姻親王國維和以修元史聞名的柯劭忞。陳寶琛認為南書房有了這些人，頗為清室增色。當然，羅振玉在復辟活動方面的名氣比他在學術上的名氣，更受到我的注意。

他在辛亥革命那年東渡，在日本做了十年寓公，考古寫書，自名「仇亭老民」。升允和善耆到日本活動，尋求復辟支援時，和他攪在一起，結了緣。後來，升允灰了心，在青島住了一陣後，跑到天津日本租界裏當寓公；善耆定居在旅順大連，受日本人的豢養。

羅振玉比他們都活躍，他一九一九年回國，先住在天津，結交日本人，後來在大連碼頭開設了一個叫墨緣堂的古玩舖，一邊走私販賣古玩、字畫，一邊繼續和日本人拉拉扯扯，廣泛尋求復辟的同情者。

羅振玉在古玩、字畫、金石、甲骨方面的騙錢行徑，是由來已久的。他出身於浙江上虞縣一個舊式書商之家，成年後在江西一個丘姓巨紳家教書。這位巨紳是個藏書家。羅振玉任西席的第三年，東翁突然去世，他利用女東家的無知，一方面裝作十分哀痛的樣子，拒絕接受這一年的束修，要用以充做奠儀，另方面表示，願留下東家的幾件舊書和字畫，作爲紀念。

女東家認爲這位先生心眼太好，就請他自己到藏書樓任意挑選。於是這位書賈世子就精選出幾筐「紀念品」，內有百餘卷唐人寫經，五百多件唐宋元明的字畫，滿載而歸。

在這個基礎上，他由刻三字經、百家姓的書舖變成了古玩字畫商，生意越做越好，古玩字畫的鑒賞家的名聲越來越大，後來更通過售賣古籍文物的路子，和日本人拉上了關係。他在日本的那些年，靠日本書商關係結交了一批朝野名流，有許多日本人把他看成了中國古文物學術的權威，常拿字畫請他鑒定。他便刻了一些「羅振玉鑒定」、「羅振玉審定」的圖章，日本古玩商拿字畫請他蓋一次，付他三元日金，然後再拿去騙人。

後來他竟發展到仿刻古人名章印在無名字畫上，另加上「羅振玉鑒定」章，然後高價出賣。他時常藉口忙，把人家拿來請他鑒定的珍貴銅器，拖壓下來，盡量多拓下一些拓片出賣。

他的墨緣堂出售的宋版書，據說有一些就是用故宮的殿版《圖書集成》裏的扉頁紙僞造的。殿版紙是成化紙或羅紋紙，極像宋版書用紙。據說內務府把那批殿版書交羅振玉代賣時，他把那一萬多卷書的空白扉頁全弄了下來，用仿宋體的刻版印了「宋版」書。我當時對這事是根本不知道的。

有人說，羅振玉人品固然不佳，才學還好。據我看，他的才學究竟有多少，也很值得懷疑。在僞滿時有一次他拿來一批漢玉請我觀賞。我對漢玉說不上有什麼研究，只是因爲十分愛好，收藏了不少，所謂不怕不識貨，就怕貨比貨。

當然，所謂漢玉，並不是非漢朝的不可，這只不過是對古玉的慣稱。我看過羅振玉拿來的漢玉，不禁對他的「才學」暗吃一驚，因爲全部都是假貨。

羅振玉並不經常到宮裏來，他的姻親王國維能替他「當值」，經常告訴他當他不在的時候，宮裏發生的許多事情。

王國維對他如此服服貼貼，最大的原因是這位老實人總覺得欠羅振玉的情，而羅振玉也自恃這一點，對王國維頗能指揮如意。我後來才知道，羅振玉的學者名氣，多少也和他們這種特殊瓜葛有關。

王國維求學時代十分清苦，受過羅振玉的幫助，王國維後來在日本的幾年研究生活，是靠著和羅振玉在一起過的。王國維爲了報答他這份恩情，最初的幾部著作，就以羅振玉的名字付梓問世。

羅振玉後來在日本出版、轟動一時的《殷墟書契》，其實也是竊據了王國維甲骨文的研究成果。

羅、王二家後來做了親家，按說王國維的債務更可以不提了，其實不然，羅振玉並不因此忘掉了他付出過的代價，而且王國維因他的推薦得以接近「天顏」，也要算做欠他的情分，所以王國維處處都要聽他的吩咐。

我到了天津，王國維就任清華大學國文教授之後，不知是由於一件什麼事情引的頭❶，羅振玉竟向他追起債來，繼而以要休退他的女兒（羅的兒媳婦）為要挾，逼得這位又窮又要面子的王國維，在走投無路的情況下，於一九二七年六月二日跳進昆明湖自盡了。

王國維死後，社會上曾有一種關於國學大師殉清的傳說，這其實是羅振玉做出的文章，而我在不知不覺中，成了這篇文章的合作者。

過程是這樣：羅振玉給張園送來了一份密封的所謂王國維的「遺摺」，我看了這篇充滿了孤臣孽子情調的臨終忠諫的文字，大受感動，和師傅們商議了一下，發了一道「上諭」說，王國維「孤忠耿耿，深堪惻憫，……加恩諡予忠愨，派貝子溥伒即日前往奠醊，賞給陀羅經被並洋二千元……」。羅振玉於是一面廣邀中日名流、學者，在日租界日本花園裏為「忠愨公」設靈公祭，宣傳王國維的「完節」和「恩遇之隆，為振古所未有」，一面更在一篇祭文裏宣稱他相信自己將和死者「九泉相見，諒亦匪遙」。

其實那個表現著「孤忠耿耿」的遺摺，卻是假的，它的編造者正是要和死者「九泉相見」的羅振玉。

那時我身邊的幾個最善於勾心鬥角的人，總在設法探聽對手的行動，手法之一是收買對手的僕役，因而主人的隱私，就成了某些僕人的獲利資本。在這上面最肯下功夫的，是鄭孝胥和羅振玉這一對冤家。

羅振玉假造遺摺的秘密，被鄭孝胥通過這一辦法探知後，很快就在某些遺老中間傳播開了。這件事情的真相當時並沒有傳到我耳朵裏來，因爲，一則謚法業已踢了，誰也不願擔這個「欺君之罪」，另則這件事情傳出去實在難聽，這也算是出於遺老們的「愛國心」吧，就這樣把這件事情給壓下去了。一直到羅振玉死後，我才知道這個底細。

近來我又看到那個遺摺的原件，字寫得很工整，而且不是王國維的手筆。一個要自殺的人居然能找到別人代繕絕命書，這樣的怪事，我當初卻沒有察覺出來。

羅振玉給王國維寫的祭文，很能迷惑人，至少是迷惑了我。他在祭文裏表白了自己沒有看見王國維的「封奏」內容之後，以臆測其心事的手法渲染了自己的忠貞，說他自甲子以來曾三次「犯死而未死」。在我出宮和進日本使館的時候，他都想自殺過，第三次是最近，他本想清理完未了之事就死的，不料「公竟先我而死矣，公死，恩遇之隆，爲振古所未有，予若繼公而死，悠悠之口或且謂予希冀恩澤」，所以他就不便去死了，好在「醫者謂右肺大衰，知九泉相見，諒亦匪遙」。

這篇祭文的另一內容要點，是說他當初如何發現和培養了那個窮書記❷，這個當時「黯然無力於世」的青年如何在他的資助指點之下，終於「得肆力於學，蔚然成碩儒」。總之，王國維無論道德、文章，如果沒有他羅振玉就成不了氣候。那篇祭文當時給我的印象，就是這樣。

但是，儘管我長久以來弄不清羅振玉的底細，而羅振玉在我身上所打的政治算盤，卻一直不能如願。在他最後敗給鄭孝胥之前，僅陳寶琛、胡嗣瑗一夥就弄得他難於招架。在那一連串的、幾起幾落的爭吵中，我自己則是朝三暮四，猶豫不決。

這兩夥人起初的爭論焦點，是出洋不出洋的問題。我從北京日本使館跑到天津日本租界後，社會上的抨擊達到一個新高潮。天津出現了一個「反清大同盟」專門和我作對。羅振玉這一夥人乘此機會便向我說，無論爲了安全還是爲了復辟，除了出洋別無他路可走。

這一夥人的聲勢陣容，一時頗爲浩大，連廣東一位遺老陳伯陶也送上奏摺說，「非外遊不足以保安全，更不足以謀恢復」，並主張遊歷歐美之後可定居日本，以待時機變化。

陳寶琛這一夥則認爲這完全是輕舉妄動。他們認爲一則馮玉祥未必能站得住腳，危險並不那麼大；另則出洋到日本，日本未必歡迎。倘若在日本住不成，而國內又不能容，更不用想段祺瑞和張作霖之流會讓我回到紫禁城，恢復以前的狀況。我對陳寶琛等人的意見不感興趣，但他們提出的警告卻引起了我的注意，對羅振玉的主張犯了猶豫。

一九二六年，政局曾經一度像陳寶琛這一夥所希望的那樣發生了變動，張作霖轉而和吳佩孚聯合，張、馮終於發生衝突，馮軍遭到了奉軍的攻擊。馮玉祥撤走了天津的軍隊，北京的馮軍處於包圍之中。段祺瑞與張作霖勾結，被馮軍發現，段祺瑞逃走了，隨後馮軍也在北京站不住腳，退往南口，奉軍張宗昌進了北京。

七月間，張、吳兩「大帥」在北京的會面，引起「還宮派」無限樂觀，還宮派活躍起來了。我身邊的陳寶琛親自到北京，找他的舊交，新任的內閣總理杜錫珪去活動，在外面的康有為也致電吳佩孚、張作霖、張宗昌等人，呼籲恢復優待條件。

康有為給吳佩孚寫了一封長信，信中歷數清朝的「功德」，並以「中華之為民國，以清朝讓之，非民國自得之也」為理由，請吳佩孚乘機復辟。

他對吳說，張作霖等人都沒問題，外交方面也有同心，甚至「國民黨人私下亦無不以復辟為然」，「全國士大夫無不疑民國而主復辟」，因此，「今但待決於明公矣」！

其實，這時已到了北洋軍閥的迴光返照時期。雖然北方各系軍人忽然又合作了，張作霖又被公推為安國軍總司令了，但一九二四年開始了國共第一次合作，一九二五年開始了國民革命軍的北伐，到一九二六年，北伐軍前鋒勢如破竹，孫傳芳、吳佩孚、張作霖的前線軍隊，不住地潰敗下來，他們正自顧不暇，哪有心思管什麼優待條件？陳寶琛沒有活動出什麼結果，吳佩孚給康有為的回信也很簡單，敷衍說：「金石不渝，曲高無和必矣。」過了一年，康有為便抱著未遂之志死在青島了。

還宮希望破滅了，陳寶琛這一夥泄了氣，羅振玉這邊又活躍起來。一九二六年三月，當我正因北伐軍的迫近而陷入憂慮之際，溥偉派人從旅順給我送來奏摺和致羅振玉的一封信，說他已和日方官紳接洽好，希望我遷到旅順去住，「先離危險，再圖遠大」，「東巡西幸亦必先有定居」。

我因爲對羅振玉的閒話聽得多了，已經對他有些不放心，不過我對溥偉的印象頗好。我到天津不久，溥偉從旅順跑來給我請安，這位初次見面的「恭親王」，向我說了一句很令我感動的話：「有我溥偉在，大清就不會亡！」

我看了他勸我到旅順的信，自然有些動心。因爲他通過了羅振玉來勸我，所以我對羅的懷疑也消除了不少。後來，北伐軍占領了武昌，北方軍隊全線動搖，羅振玉更向我宣傳革命軍全是「洪水猛獸」，「殺人放火」，倘若落在他們手裏，決無活路。

我聽了這些話，已經決定隨他去大連了，但由於陳寶琛的勸告，又決定暫緩。陳寶琛從日本公使館得到的消息，事情似乎並不那麼令人悲觀。

我觀望了不久，果然，國民黨的清黨消息來了，蔣介石在成批地屠殺被指做「洪水猛獸」的共產黨人，在這前後時間裏，還接二連三地傳來了英國軍艦炮轟南京，日本出兵山東，阻擋南方軍隊北上的消息。

這些消息讓我相信了陳寶琛那夥人的穩健，覺得事情確不像羅振玉這夥人說得那麼嚴重。蔣介石既然和袁世凱。段祺瑞、張作霖一樣的怕洋人，我住在外國租界，不是和以前一樣的保險嗎？

「還宮」和「出洋」這兩派人的最終理想，其實並不矛盾，他們是一致希望復辟的。陳寶琛這一夥人在還宮希望破滅之後，重彈起「遵時養晦」的老調，主張採取「靜待觀變」的政策，但是他們在「聯日」方面，也並非反對羅振玉那夥人的主張。

例如一位南書房行走叫溫肅的遺老（張勳復辟時做過十二天的都察院副都御史），曾上奏說，「陳寶琛有曠世之才，與芳澤甚密」，「行在」設在天津，可由陳與芳澤就近聯繫「密商協助餉械，規定利權」，以「厚結外援，暗樹勢力」，「津京地近，往返可無痕跡」。

有一個比溫肅更討厭羅振玉的張琨（前清順天府文安縣知縣，候補知州），他對於出洋之所以不太支持，原因不過如此：「出洋如為避禍，以俟復辟轉圜則可，若再以彼道義之門、治平之範，棄其學而學焉，則大不可也」。可見他並不完全反對羅振玉的出洋理由。

甚至陳寶琛也曾一度讓步說，倘若非要出洋不可，只望我選可靠的扈從人員。原來問題的真正焦點，還是在於反對羅振玉這個人。

現在我能記得起的最堅決反對出洋的遺老，是極個別的，甚至也有人說過「日本唯利是圖，不會仗義協助復辟」的話，他們認為復辟只能放在「遺臣遺民」身上，在他們的遺臣遺民裏，是要把羅振玉剔除出去的。

兩夥人既然不是什麼主張、辦法上的爭執，而是人與人的爭執，因此在正面的公開條陳議論之外，暗地裏勾心鬥角就更為激烈。在這方面，羅振玉儘管花樣再多，結果仍是個失敗者。

有一天，羅振玉得到我的召見允許，到我的小召見室裏來了。他拿著一個細長的布包兒，對我說：

「臣罪該萬死，不當以此擾亂天心，然而臣若為了私交，只知隱惡揚善，則又不忠不義。」

「你說的什麼呀？」

我莫名其妙地望著他，只見他慢慢騰騰，就像個老太監洗臉梳頭似地，動手解那個包兒。包兒打開了，裏面是一副對聯，他不慌不忙地把它展開，還沒展完，我就認出來，這是我寫給陳寶琛的。

「臣在小市上發現的宸翰御墨，總算萬幸，被臣請回來了……」

那時我還不知道，羅振玉這些人一貫收買敵對者的僕役，幹些卑鄙的勾當，我只想到陳寶琛居然對皇上的「恩賜」如此不敬，居然使我的御筆擺到小市的地攤上！我心中十分不快，一時煩惱之至，不知說什麼是好，只好揮揮手，叫羅振玉趕快走開。

這時陳寶琛到北京去了。胡嗣瑗知道了這件事，他堅持說，這決不是陳寶琛的過失，他不相信陳家的僕人敢把它拿到小市上去，但又說陳家的僕人偷出去賣倒是可能。至於不賣給小市又賣給誰？爲什麼會到了羅振玉手裏？他卻不說出來。在我追問之下，他只說了一個叫我摸不著頭腦的故事。

「嘉慶朝大學士松筠，皇上必能知道，是位忠臣。松筠的故事，皇上願意聽，臣就講一講。嘉慶二十四年，仁宗睿皇帝要御駕巡幸出關，大學士松筠知道了，心中不安，一則仁宗聖躬違和，如何能經這番奔波？另則和珅雖然伏誅，君側依然未淨，只怕仁宗此去不吉。松筠心中有話不能向上頭明說，只好在奏摺上委婉其詞，托詞夜觀天象，不宜出巡。

仁宗閱奏大怒，下諭一道，說自古以孝治天下，朕出關祭祀祖宗，豈有不吉之理？因此松筠奪官，降爲驍騎校。仁宗後來在熱河行宮龍馭上賓，宣宗（道光）即位還朝，一進西直門，看見了松筠，帶著兵丁潑街，想起了松筠進諫大行皇帝的那些話，明白了話中的含意，才知道這才是忠心耿耿的重臣，立即官復原職……」

說到這裏，胡嗣瑗停住了。我著急地問：

「你說的什麼呀？這跟陳寶琛有什麼關係？」

「臣說的是陳寶琛，跟松筠一樣，有話不好明說。」

「那麼我是仁宗還是宣宗？」

「不，不……」胡嗣瑗嚇得不知說什麼是好了。我不耐煩地說：

「你是個乾脆人，別也學那種轉彎抹角的，乾脆說吧！」

「嗻，臣說的陳寶琛，正是忠心耿耿，只不過他對上頭進諫，一向是迂迴的，皇上天亶聰明，自然是能體察到的。」

「行啦，我知道陳師傅是什麼人。」

我雖然還不明白松筠的故事的含義，也樂意聽胡嗣瑗說陳師傅的好話，至少這可以除去那副對聯所引起我心裏的不舒服，但願它真是賊偷去的就好了。

羅振玉經過一連串的失敗，特別是在後面將要講到的另外一件事上，更大大失掉了我的信任，他終於在一九二八年末搬到旅順另覓途徑去了。

這裏暫且不敘遺老們之間的爭鬥，先談一談使我留津而不想出洋的另外的原因，這就是我對軍閥的希望。

二、我和奉系將領之間

八月初五日，早七時起，洗漱畢，蕭丙炎診脈。八時，鄭孝胥講《通鑒》。九時，園中散步，接見康有為。十時餘，康辭去，這張憲及張慶昶至，留之早餐，賜每人福壽字一張，在園中合攝一影。張憲為李景林部之健將，張慶昶為孫傳芳部之驍將。十二時辭去。接見濟煦，少時即去。余用果品並用茶點，適英國任薩姆女士至，與之相談。皇后所召之女畫士亦至，余還寢室休息。在園中騎車運動，薄暮乘汽車出園，赴新購房地，少時即返。八時餘晚餐，休息，並接見結保川醫士。十一時寢❸。

八月初六日，早八時餘起。十時召見袁勵準。十一時早餐，並見結保川。十二時接見康有為，至一時康辭去，陳師傅來見。三時休息。魯軍軍長畢庶澄及其內兄旅長常之英來謁，少時辭去。少頃吳忠才至，托其南下時代向吳佩孚慰問。六時畢翰章來謁，六時餘辭去。余在園內散步，適榮源至，稍談，余即入室休息。

從這僅存的一九二七年的一頁日記中，可以看出當時我的日常生活和接見的人物。從一九二六到一九二八年，畢庶澄、張宗昌等人是張園的經常客人。除他們之外，我還接見過張學良、褚玉璞、徐源泉、李景林等等奉系將領。

第一個和我見面的是李景林。我到天津時，正是剛戰勝吳佩孚的奉軍占領著天津，奉系的直隸督辦李景林立即以地方官的身分來拜訪我，表示了對我保護之意。儘管他和當時任何的中國將軍一樣，他們的軍法政令是進不了「租界」的。

我在天津的七年間，拉攏過一切我想拉攏的軍閥，他們都給過我或多或少的幻想。吳佩孚曾上書向我稱臣，張作霖向我磕過頭、段祺瑞主動地請我和他見過面。其中給過我幻想最大的，也是我拉攏最力、爲時最長的則是奉系將領們。這是由張作霖向我磕頭開始的。

我到天津的這年六月，榮源有一天很高興地向我說，張作霖派了他的親信閻澤溥，給我送來了十萬元，並且說張作霖希望在他的行館裏和我見一見。這件事叫陳寶琛知道了，立刻表示反對，認爲皇上到民國將領家去見人，而且去的地方是租界外面，那是萬萬不可以的。我也覺得不能降這種身分和冒這個險，所以拒絕了。

不料第二天的夜裏，榮源突然把閻澤溥領了來，說張作霖正在他住的地方等著我，並且說中國地界內決無危險，張作霖自己不便於走進租界，所以還是請我去一趟。經過榮源再三宣傳張作霖的忠心，加之我想起了不久前他對我表示過的關懷，我又早在宮裏就聽說過，除了張勳（二張還是兒女親家）之外，張作霖是對於清朝最有感情的。因此，我沒有再告訴別人，就坐上汽車出發了。

這是初夏的一個夜晚，我第一次出了日本租界，到了張作霖的「行館」曹家花園。花園門口有個奇怪的儀仗隊——穿灰衣的大兵，手持古代的刀槍劍戟和現代的步槍，從大門外一直排列到大門裏。汽車經過這個行列，開進了園中。

我下了汽車，被人領著向一個燈火輝煌的大廳走去。這時，迎面走來了一個身材矮小、便裝打扮、留著小八字鬍的人，我立刻認出這是張作霖。我遲疑著不知應用什麼儀式對待他——這是我第一次外出會見民國的大人物，而榮源卻沒有事先指點給我——出乎意外的是，他毫不遲疑地走到我面前，趴在磚地上就向我磕了一個頭，同時問：「皇上好？」

「上將軍好？」我就著勁，扶起他，一同走向客廳門。我心裏很高興，而且多少——雖然這已不像一個皇上的心理——有點感激他剛才那個舉動，這把我從「降貴紆尊」中感到的不自在消除了。當然，我更高興的是，這個舉足輕重的人物看來是並不忘舊的。

客廳裏擺的是硬木桌椅、西式沙發、玻璃屏風，非常講究而又不倫不類。我們在一個圓桌邊對面坐下，張作霖一支接一支地抽著紙煙，打開了話匣子。他一張嘴先痛罵馮玉祥「逼宮」，說馮玉祥那是爲了要拿宮中的寶物，而他是非常注意保護古代文化和財寶的，由於這個緣故，他不但把奉天的宮殿保護得很好，而且這次把北京的一套四庫全書也要弄去，一體保護。他帶著見怪的口氣說，我不該在他帶兵到了北京之後，還向日本使館裏跑，而他是有足夠力量保護我的。他問我出來之後的生活，問我缺什麼東西，儘管告訴他。

我說，張上將軍對我的惦念，我完全知道，當時因爲馮玉祥軍隊還在，實是不得已才進了日本使館的。我又進一步說，奉天的宗廟陵寢和宮殿，我早尸知道都保護得很好，張上將軍的心意，我是明白的。

「皇上要是樂意，到咱奉天去，住在宮殿裏，有我在，怎麼都行。」

「張上將軍真是太好了，……」

但是這位張上將軍卻沒有接著再說這類話，就把話題轉到我的生活上去了：「以後缺什麼，就給我來信。」

我缺的什麼？缺的是一個寶座，可是這天晚上我無法把它明說出來，這是顯然的事。

我們談話時，沒有人在場，和我們在一起的只有一屋子的蒼蠅。我立刻意識到，深夜裏還有蒼蠅飛，這在租界裏是沒有的現象。

後來，有個副官進來說：「楊參謀長（宇霆）求見。」張作霖揮揮手說：「不著忙，待回兒再說！」我忙站起來說：「上將軍很忙，我就告辭了。」他連忙說：「不著忙，不著忙。」這時似乎有個女人的臉在屏風後閃了一下（後來聽說是張作霖的五姨太太），我覺得他真是忙，再度告辭，這回他不攔阻了。

我每逢外出，駐張園的日本便衣警察必定跟隨著，這次也沒例外。我不知道張作霖看沒看見站在汽車旁邊的那個穿西服的日本人，他臨送我上車時，大聲地對我說：

「要是日本小鬼欺侮了你，你就告訴我，我會治他們！」

汽車又通過那個奇怪的儀仗隊，出了曹家花園，開回到租界上。第二天日本總領事有田八郎向我提出了警告：

「陛下如再私自去中國地界，日本政府就再不能保證安全！」

雖然張作霖說他會治日本小鬼，雖然日本領事提出這樣的抗議，但是當時任何人都知道日本人和張作霖的關係，如果不是日本人供給張作霖槍炮子彈，張作霖未必就能有這麼多的軍隊。所以由這次會見在我心裏所升起的希望，並沒有受到這個抗議的影響，更不用說陳寶琛那一派的反對了。

我的復辟希望更被後來的事實所助長，這就是以提出「田中奏摺」❹出名的田中內閣，於一九二七年上台後所表現的態度。田中奏摺遲於一九二九年才揭發出來，其實它的內容在一九二七年就露出來了。這裏我引述一段《遠東國際軍事法庭判決書》上對當時情勢的敘述❺：

田中首相所提倡的「積極政策」是藉著與滿洲當局、特別是與東北邊防軍總司令及滿洲、熱河的行政首長張作霖的合作，以擴大和發展日方認為已在滿洲取得了的特殊權益。田中首相還曾聲明說：儘管日本尊重中國對滿洲的主權，並願盡可能的實行對華「門戶開放政策」，但日本具有充分的決心，絕對不允許發生擾亂該地的平靜和損害日本重大權益的情勢。

田中內閣強調必須將滿洲看做和中國其他部分完全不同的地方，並聲明如果爭亂從中國其他地方波及滿洲和蒙古時，日本將以武力來保護它在該地的權益。

給我磕頭的張作霖，在得到田中內閣的支持之後，成了北方各系軍人的領袖，做了安國軍總司令，後來又做了軍政府的大元帥。當蔣介石的軍隊北上的時候，「保護」滿蒙地區「權益」的日本軍隊，竟開到遠離滿蒙數千里的濟南，造成了驚人的「濟南慘案」。日本軍隊司令官岡村寧次還發了一份佈告警告過蔣介石。

天津日本駐屯軍參謀官爲表示對我的關切，曾特地抄了一份給我。蔣介石爲了討好帝國主義，剛殺過了共產黨和工人、學生，看見了這份佈告，又恭恭敬敬地退出了濟南，並禁止民眾有任何反日行動。

在此同時，我和奉系將領之間也進入了緊張的接觸。

公開的酬酢往來，是從我見過張作霖之後開始的。我父親的大管家張文治，在奉軍將領中有不少的把兄弟，這時又和張宗昌換了帖，成了奉軍將領的引見人之一。前內城守衛隊軍樂隊長李士奎，這時也成了奉軍人物，褚玉璞和畢庶澄就是他引進的。胡若愚還給我帶來了張學良。

這些將領們到張園來，已和從前進紫禁城時不同，他們不用請安叩頭，我不用賞朝馬肩輿，他們只給我鞠個躬，或握一下手，然後平起平坐。我給他們寫信，也不再過分端皇帝架子。我和奉軍將領交往的親疏，決定於他們對復辟的態度。

最先使我發生好感的是畢庶澄，因爲他比別人更熱心於我的未來事業，什麼「人心思舊」、「將來唯有帝制才能救中國，現在是群龍無首」，說的話跟遺老遺少差不了多少。他是張宗昌的一名軍長，兼渤海艦隊司令，曾請我到他的軍艦參觀過。我對他抱著較大的希望，後來聽到他被褚玉璞槍斃的消息時，我曾大爲傷感。他死後，我的希望便轉移到了張宗昌身上。

張宗昌，字效坤，山東掖縣人。我在天津見到他的時候，他有四十多歲，一眼看去，是個滿臉橫肉的彪形大漢，如果一細看，就會發現這個彪形大漢的紫膛面皮上，籠著一層鴉片中毒的那種青灰色。他十五、六歲時流浪到營口，在「寶棚」當過賭傭，成天與地痞流氓賭棍小偷鬼混，在關東當過鬍匪的小頭目，以後又流落到沙俄的海參崴，給華商總會當門警頭目。由於他揮霍不吝和善於逢迎勾結，能和沙俄憲兵警察緊密合作，竟成了海參崴流氓社會的紅人，成了包娼、包賭、包庇煙館的一霸。

武昌起義後，南方革命軍派人到中俄邊境，爭取鬍子頭目劉彈子（玉雙）投效革命，雙方談判成功，將劉部編爲一個騎兵團，授劉爲騎兵團長。張是中間的介紹人，一同到了上海，不知道他怎麼一弄，自己成了革命軍的團長，劉彈子反而成了他下面的一名營長。「二次革命」爆發，他投了反革命的機，以屠殺革命軍人之功，得到了馮國璋的賞識，當上了馮的衛隊營營長，以後層層運動，又得到了十一師師長的位置。不久在江蘇安徽戰敗，逃亡出關，投奔張作霖，當了旅長。

從此以後，他即藉奉軍之勢，從奉軍進關那天起，步步登高，由師長、軍長而山東軍務督辦、蘇皖魯剿匪總司令，一直做到了直魯聯軍司令，成了割據一方的土皇帝。由於他流氓成性，南方報紙曾給了他一個「狗肉將軍」的綽號，後來看他打仗一敗即跑，又給了他一個「長腿將軍」的別名。

一九二八年四月二日，在蔣介石和張學良夾擊之下，張宗昌兵敗灤河，逃往旅大，後來又逃到日本門司，受日本人的庇護。一九三二年他以回家掃墓的名義回到山東，暗地裏運動劉珍年部下倒戈，打算以倒戈隊伍為基礎，重整旗鼓，奪取當時山東省主席韓復矩的地盤，恢復其對山東的統治。一九三二年九月三日，他在濟南車站被一個叫鄭繼成的當場打死。

這位兇手自首說是為叔父報仇（他的叔父是被張宗昌槍斃的馮玉祥部下軍長鄭金聲），實際是山東省主席韓復矩主使下的暗殺。據說張被打死後，他的屍首橫在露天地裏，他的秘書長花錢雇不到人搬運他的屍體，棺材舖的老闆也不願意賣給他棺材，後來還是主持謀殺的省當局，叫人收了屍。這個國人皆曰可殺的惡魔，曾是張園的熟客，是一個被我寄託以重大希望的人物。

我在北府時，張宗昌就化裝來看過我，向我表示過關心。我到天津後，只要他來天津，必定來看我。每次來都在深夜，因為他白天要睡覺，晚上抽了大煙，精神特別足。談起來，山南海北，滔滔不絕。

一九二六年，張吳聯合討馮，與馮軍激戰於南口，馮軍退後，首先占領南口的是張宗昌的隊伍。我一聽到這個好消息，立刻給張宗昌親筆寫了一封半信半諭的東西：

字問

效坤督辦安好。

久未通信，深為想念，此次南口軍事業已結束，討赤之功十成八九，將軍以十萬之眾轉戰直魯，連摧強敵，當此炎夏，艱險備嘗，堅持討逆，竟於數日內，直搗賊穴，建此偉大功業，挽中國之既危，滅共產之已成。今赤軍雖已遠颺，然根株不除，終恐為將來之患，仍望本除惡務盡之意，一鼓而蕩平之，中國幸甚，人民幸甚。現派索玉山贈與將軍銀瓶一對，以為此次破南口之紀念，望哂納。

漢卿、芳宸、蘊山❻均望致意

丙寅七月十三日

我得到張宗昌勝利的消息，並不慢於報紙上的報導，因爲我有自己的情報工作。有一些人爲我搜集消息，有人給我翻譯外文報紙。我根據中外報紙和我自己得到的情報，知道了張宗昌的勝利和聲勢，簡直是令我心花怒放。我希望張宗昌得到全面勝利，爲我復辟打下基礎。但是這位「狗肉將軍」在飛黃騰達的時候，總不肯明確地談這些事，好像只有變成了「長腿將軍」的時候，才又想起它來。

一九二八年，蔣介石、馮玉祥、閻錫山等人宣告合作，向北方的地盤上撲了過來，津浦線的這一路，繞過了給張宗昌幫忙的日本人，把張宗昌的根據地山東吞沒了。張宗昌兵敗如山倒，一直向山海關跑。

這時張作霖已被日本人炸死，「少帥」張學良拒絕張宗昌出關。張宗昌的軍隊被困在蘆台、灤州一線，前後夾擊，危在旦夕。這一天，他的參謀金卓來找我，帶來了他的一封信，向我大肆吹噓他還有許多軍隊、槍炮，規復京津實非難事，唯尙無法善其後，須先統籌兼顧，接著又說他正在訓練軍隊，月需餉銀二百五十萬元，他「伏乞睿哲俯賜，巽令使疆埸小卒，知所依附」。

擔當聯絡的金卓，一再陳說張宗昌勝利在望，只等我的支援。這時陳寶琛、胡嗣瑗聽說我又要花錢了，都來勸阻我，結果只寫了一個鼓勵性的手諭。不久，張宗昌完全垮台，到日本去了。他離我越遠，越有人在我們中間自動地來遞信傳話，張宗昌的信也越來越表現了他矢忠清室之志，但都有一個特點，就是向我要錢。

帶信人除了前面說過的金卓（後來在偽滿給我當侍從武官）之外，還有後來當了僞滿外交大臣的謝介石、德州知縣王繼興、津浦路局長朱曜、陳寶琛的外甥劉驤業、安福系政客費毓楷和自稱是張的秘書長的徐觀晸等人。他們給我帶來關於張宗昌的各種消息。我已不記得給他們拿去了多少錢，我現在找到了一部分當時的來信和去信的底稿，挑兩件抄在下面：

朕自聞灤河熸師，苦不得卿消息，旰夕憂懸。昨據朕派遣在大連之前外務部右丞謝介石專人奏陳，悉卿安抵旅順，並聞與前俄謝米諾夫將軍訂彼此互助之約，始終討赤，志不稍挫，聞之差慰。勝負兵家之常，此次再起，務須籌備完密，不可輕率進取。謝米諾夫懷抱忠義與卿相同，彼此提挈呼應，必奏膚功。方今蒼生倒懸，待援孔亟，朕每念及，寢食難安，望卿為國珍重以副朕懷。今命謝介石到旅順慰勞，並賞卿巨鑒一部，其留心閱覽，追蹤古人，朕有厚望焉。

皇上聖鑒：敬陳者，宗昌月前觀光東京，得晤劉驤業，恭讀
手諭，感激莫名，業經覆呈，計達
天聰。宗昌自來別府，荏苒經年，對於祖國民生之憔悴，國事之蜩螗，夙夜焦灼，寢饋難安。一遵我
皇上憂國愛民之至意，積極規劃，罔敢稍疏。唯凡舉大事，非財政充裕，不能放手辦理，即不能貫徹主張，一木難支，眾擎易舉，當在
聖明洞鑒之中。去秋訂購槍械一批，價洋日金貳百壹拾萬元，當交十分之五，不料金

票陡漲，以中國銀幣折合約須叁百萬元。目前軍事方面籌劃妥協，確有徹底辦法，不動則已，動出萬全。唯槍械一項，需款甚巨，四處張羅，緩不濟急。籌思再四，唯有懇乞

俯鑒愚忱，須發款項壹百萬元。萬一力有不及，或先籌濟叁伍拾萬，以資應用，而利進行。感戴鴻慈，靡有涯既。茲派前德州知事王繼興，馳赴行宮，代陳一切。人極穩妥，且係宗昌至戚。如蒙俞允，即由該知事具領攜回，一俟款到，即行發動。此款回國後兩月內即可歸還。時機已迫，望若雲霓，披瀝上陳，無任屏營待命之至，伏乞

睿鑒。恭請

聖安

張宗昌謹呈

上面說的那筆錢，我沒有給那位德州縣知事。經陳寶琛、胡嗣瑗的勸止，我也沒有再去信。但同時，我仍不能忘情於奉系，雖然這時張作霖已經死了。

張作霖之死❼盡人皆知是日本人謀殺的。我後來聽說，日本人殺張，是由於張越來越不肯聽話，張的不聽話，是由於少帥的影響，要甩掉日本，另與美國結成新歡。因此日本人說他「忘思負義，不夠朋友」。

他的遇害雖然當時也把我嚇了一跳，有的遺老還提醒我注意這個殷鑒，但是後來我沒

有理會那些遺老的話，因爲我自認是與張作霖不同的人。張是個帶兵的頭目，這樣的人除了他還可以另外找得到。而我是個皇帝，這是日本人從中國人裏再找不出第二個來的。

那時在我身邊的人就有這樣一個論點：「關東之人恨日本刺骨，日本禁關東與黨軍（指張學良與國民黨）協和，力足取之，然日本即取關東不能自治，非得皇上正位則舉措難施」。

我深信日本是承認這一點的。「我欲借日本之力，必先得關東之心」，這是隨之而來的策略，因此，我就從奉系裏尋找張作霖的舊頭目們，爲我復辟使用。

有個叫商衍瀛的遺老，是廣東駐防旗人，從前做過翰林，當時是東北紅「卍」字會的名人，這時出來給我活動奉系的將領。因爲張學良已明白表示了要與蔣介石合作，所以商衍瀛進行的活動特別詭密。

簡要地說，這個最後的活動並沒有結果，只留下了下面一點殘跡：

上諭

數日來肝火上升，每於夜間耳鳴頭悶，甚感疲怠，是以未能見卿。卿此去奉，表面雖為地款，實則主要不在此耳，此不待言而明也。余備玉數種，分與相（張作相）、惠（張景惠）等人，到行帶去。

再如降乩時，可否一問，余身體常不適，及此次肝熱，久不能豫。

俟後為款事，自當隨時與辦事處來函。唯關於大局事，若有來函，務須格外縝密。

商衍瀛的奏摺及我的批語

臣商衍瀛跪

奏

皇上聖躬久安，務求靜養，時局變幻不出三個月內。今日
皇上之艱難，安知非他日之福？望
聖躬勿過憂勞，以待時機之復。奉
諭各節，臣當敬謹遵
諭辦理。古玉敬謹分
賜。臣擬明日出關。再往吉林，哈爾濱，如蒙
俞允，即當就道，臣恭請
聖安

宣統二十一年二月初九日

此去甚是。唯須借何題目，免啟學良之疑。卿孤忠奮發，極慰朕志。當此時局擾亂，

甚易受嫌，卿當珍重勤密，以釋朕懷。

三、謝米諾夫和「小諸葛」

我在拉攏、收買軍人方面，花了多少錢，送了多少珠寶玉器，都記不起來了，只記得其中比較大的數目，是白俄謝米諾夫拿去的。

謝米諾夫是沙俄的一個將軍，被蘇聯紅軍在遠東擊潰以後，率殘部逃到中國滿蒙邊境一帶，打家劫舍，姦淫燒殺，無惡不作。這批土匪隊伍一度曾想侵入蒙古人民共和國，被擊潰後，想在中蒙邊境建立根據地，又遭到中國當地軍隊的掃蕩。到一九二七年，實際上成了人數不多的股匪。

這期間，謝米諾夫本人往來於京、津、滬、旅順以及香港、日本等地，向中國軍閥和外國政客活動，尋找主顧，終於因爲貨色不行，變成了純粹的招搖撞騙。

第二次世界大戰之後，謝米諾夫被蘇聯軍隊捉了去，我在蘇聯被拘留時期曾聽到過關於他被處絞刑的消息。我在天津的七年間，和這個雙手沾滿了中蘇蒙三國人民鮮血的劊子手一直沒有斷過往來。我在他身上花了大量的錢，對他寄託了無限的希望。

謝米諾夫起先由升允和羅振玉向我推薦過，我由於陳寶琛的反對，沒有見他。後來，鄭孝胥經羅振玉的介紹，和謝會了面，認爲謝是大可使用的「客卿」人才，給他「用客卿」的計劃找到了第一個目標。

他向我吹噓了一通，主張不妨先把謝給張宗昌撮合一下。那時正是我對張宗昌抱著希望的時候，因此同意了鄭孝胥的辦法。就這樣，在鄭孝胥的直接活動下，張宗昌接受了謝米諾夫提供的外國炮灰，擴大了白俄軍隊。後來張、謝之間還訂了一項《中俄討赤軍事協定》。

經過鄭孝胥的慫恿，一九二五年的十月，我在張園和謝米諾夫會了面，由他帶來的蒙古人多布端（漢名包文淵）當翻譯。我當時很滿意這次談話，相信了他的「犯難舉事、反赤復國」的事業必能實現，立時給了五萬元，以助其行。後來鄭孝胥、謝米諾夫、畢瀚章、劉鳳池等人在一起照了相，結成盟兄弟，表示一致矢忠清室。

那時正是繼十四國進軍蘇聯失敗，世界上又一次出現大規模反蘇反共高潮之時。我記得謝米諾夫和鄭孝胥對我談過，英美日各國決定以謝米諾夫作爲反蘇的急先鋒，要用軍火、財力支持謝米諾夫，「俄國皇室」對謝米諾夫正抱著很大希望。皇室代表曾與鄭孝胥有過來往，但詳情我已不記得。

我記得的是，謝米諾夫和多布端有個計劃與我有莫大關係，是要使用他們在滿蒙的黨羽和軍隊，奪取滿蒙地區建立起「反赤」根據地，由我在那裏就位統治。

爲了供應謝米諾夫活動費，我專爲他立了一個銀行存摺，由鄭孝胥經手，隨時給他支用。存款數字大約第一次是一萬元。謝米諾夫曾經表示，他本來並不需要我供給他活動費，因爲他將要得到白俄僑民捐助的一億八千萬（後來又說是三億）盧布，以後還會有美英日各國的財政支援；但是，這些錢一時還拿不到手，故此先用一點我的錢。後來他屢次因爲「錢沒到手」，總是找鄭孝胥支錢，而每次用錢都有一套動人的用途。

記得有一次他說，日本駐津司令官高田豐樹給他聯絡好了張作霖，他急待去奉天商討大計，一時沒有川資；又一次說，蘇聯的駐滬領事奉上級命令找了他，爲了取得妥協，表示願把遠東某個地區給他成立自治區，他因此需要一筆路費，以便動身到東京研究這件事。謝米諾夫究竟拿去了多少錢，我已經無法計算，只記得直到「九一八」事變前兩三個月，還要去了八百元。

在謝米諾夫和我的來往期間，出現了不少的中間聯絡人物。其中有個叫王式的，據這個人自稱，不但謝米諾夫對他十分信賴，而且日本要人和中國軍閥都與他有密切關係。我從他嘴裏最常聽到的是這幾句話：「這是最緊要的關頭」，「這是最後的機會」，「此真千載一時之機，萬不可失」，「機不可失，時不再來」等等，總是把我說得心眼裏發癢。下面是他寫的兩個奏摺：

臣王式跪

奏為外交軍事，具有端倪，旋乾轉坤在此一舉，恭摺仰祈

聖鑒事。竊臣於五月十二日面奉

諭旨，致書俄臣謝米諾夫，詢其近狀。臣行抵上海即馳書東京，並告以遣使赴德及聯絡軍隊二事，旋得其覆函，言即將來華，不必東渡。既又接其電報，約會於大連。臣得電馳往與之晤見。據稱：自昔年面奉
溫詔並
賞厚帑，即感激
天恩，誓圖報稱。後在滬上與臣相見，彼此以至誠相感，而訂互助之口約，始終不渝。東旋以後，謀與彼邦士大夫遊，漸復與彼執政貴族日益親近，屢以言餂之，迄不得其要領。至今年春末，始獲得蘇俄擾亂滿蒙及朝鮮日本之確據，出以示彼，日本方有所覺悟，毅然決然為其招募朝鮮子弟八千人，一切餉糈器械，悉已完備，更欲為其招募俄國白黨萬餘人，現散處於滿蒙一帶者，其餉糈器械等等亦已籌備。英人聞此更首先與蘇俄絕交，願以香港匯豐銀行所存八千萬元，俟調查實在即予提取，故特電英國政府派遣參謀部某官至奉天，候其同往察看。法意二國亦有同情均願加入；美國則願先助美金五百萬元，後再接濟，共同在滿蒙組織萬國反赤義勇團，推其為盟主，共滅赤俄。今聞臣張宗昌已歸順朝廷，曾遣臣金卓至大連，訂期面商，加入團中，兩月之間成軍可必，成軍之後即取東三省，迎
鑾登極，或俟赤俄削平，再登
大寶。所擬如此，不敢擅專，囑臣請旨遵行。臣又聞日臣田野豐云，彼國政府慮赤禍

蔓延將遍中國，中國共和以來亂益滋甚，知中國必不能無君，張學良勾結南京偽政府，必不能保三省治安，必不能為中國之主，故朝野一致力助謝米諾夫，使謝米諾夫力助

皇上，光復舊物，戡定大亂，共享承平。臣聞其言，十七年積憤為之頓釋……臣道出大連，有沈向榮者現充張宗昌部下三十軍軍長，來見臣於逆旅之中，謂已糾集南北軍長十人，有眾十萬，槍炮俱全，布列七省，願為皇上效力，待臣返大連共同討論，聽臣指揮。此真千載一時之機，萬不可失。伏願

皇上效法

太祖皇帝，羅舉七大恨，告

廟誓眾，宣佈中外，萬眾一心，掃蕩赤化。

皇上純孝格天，未始非天心厭亂，特造此機，使

皇上還踐帝官，復億萬年有道之基也。不然此機一失，人心懈矣。……

倘蒙皇上召見臣，更有謝米諾夫、周善培諸臣密陳之言，並臣與鄭孝胥、羅振玉、榮源諸臣所商籌款之法，謹當縷陳，請旨定奪，謹奏

奏為興復之計，在此一舉，坐失時機，恐難再得，恭摺仰祈

聖鑒事。竊臣於本月初一日謹將俄臣謝米諾夫、日臣田野豐在大連所擬辦法及臣沈向榮在彼俟臣進行諸事，已恭摺具呈

御覽。唯謝米諾夫因英人在奉天久待，無可托辭，故需款至急，皇上行在帑藏難支，臣斷不敢瀆請，連日商諸臣羅振玉願將其在津房產抵押，約可得洋四萬元以充經費，不足之數臣擬俟皇上召見，面陳一切未盡之言，並有至密之事請旨定奪後，即赴大連上海再行設法……不然田野豐已有微詞，倘日人稍變初衷，謝米諾夫即萌退志，各國不能越俎，張宗昌即不能支持，縱使謝米諾夫他日再起，我亦不能再責其踐盟，九仞之山將全功盡棄。……更有日人要求之事，謝米諾夫預定之謀，內部小有參商之處，均當面請乾斷，唯祈訓示抵遵，謹奏

宣統二十年八月初九日

王式寫這幾個奏摺的日子，正是鄭孝胥出門，不在張園的時候。由於陳寶琛、胡嗣瑗這一派人的阻攔，他進不了張園的門，並且遇到了最激烈的攻擊。

攻擊王式最激烈的是胡嗣瑗。胡嗣瑗在清末是個翰林，張勳復辟時與萬繩栻同任內閣閣丞，在我到天津之後到了張園，被人起了個外號叫「胡大軍機」，因為凡是有人要見我或遞什麼摺子給我，必先經他過濾一下，這是由於我相信他為人「老實」而給他的職務，名義是管理「駐津辦事處」。

他最反對我和鄭、羅等人接觸。他看見了王式的摺子，就給我上奏摺，逐條分析王

式和謝介石等的言行前後矛盾之處，指出這純粹是一場騙局。陳寶琛向我搖頭歎氣，不滿意鄭孝胥和這些人的來往，說：「蘇龕（鄭字），蘇龕，他真是疏忽不堪！」我被他們說動了心，決定不理這個王式和謝米諾夫的任何代表了，可是鄭孝胥一回到天津，經他三說兩說，我又信了他的話，又拿出了錢供客卿們花用。

記得後來鄭孝胥還推薦過一個叫阿克第的奧國人和一個叫羅斯的英國人。阿克第是奧國從前的貴族，在天津奧國租界工部局任過職，據他自稱在歐洲很有地位，可以爲我在歐洲展開活動，取得復辟的聲援。因此我派他做我的顧問，叫他到歐洲去活動，並且一次支給了這位客卿半年俸金一千八百元。羅斯是個記者，說要復辟必得有報，要我拿兩萬元給他辦報。我給了他三千元，後來報是出來了，叫做《誠報》，可是沒幾天就關了門。

事實就是如此，儘管有個「胡大軍機」攔闕，還是有不少人只要是拿著「聯絡軍人、擁護復辟」這張「門票」，便可走進張園。特別是從一九二六年起，一批批的光桿司令和失意政客湧進了租界，我的門客更是有增無減。

這些人物裏最值得一說的是「小諸葛」劉鳳池。我和劉的相識，是由於張勳手下的奉系老軍閥許蘭洲的介紹。劉是許的舊部下，在許的嘴裏，劉是個「現代的諸葛亮，得此一人，勝於臥龍鳳雛，復辟大業，已有九成把握」。

劉鳳池那年大約四十歲左右，他見了我，在吹噓了自己的通天手眼之後，立時建議我拿出些古玩字畫和金銀給他，去聯絡台上人物。「那些福壽字、春條，對這類人是不行的」，這句話我還是從他嘴裏第一個聽到，雖然有點不舒服，但又賞識這個人直率。我認爲他敢於講別人不敢講的，可見他的話一定可靠。於是我慷慨解囊，叫他一批一批地拿去那些最值錢的東西。後來，他竟指名要這要那，例如有一次他說要去活動張作霖的部下鄒作華，給我來信說：

> 姓鄒者才甚大，張作霖勝，彼功甚大，張待之甚厚，小物品不能動其心也，應進其珍珠、好寶石或鑽石，按萬元左右貴重物予之，當有幾十倍之大利在也。

爲了拉攏奉系的榮臻、馬占山、張作相，他指明要各送十顆朝珠；爲了拉攏一個姓穆的，他指明要珠頂冠上的那顆珠子。這種信，三五天必有一封，內中不少這類詞句：「要真才就得多花錢，求儉遭人輕，做大事不拘小節」，「應送端硯、細瓷，外界不易得之物」。如果他報告的活動情況都如實的話，差不多奉系的旅長以上（甚至包括團長，如富雙英當團長時），以及擁有四十萬眾的紅槍會首領、占山爲王的草莽英雄等等，都拿到了我的珍珠。古瓷、鑽石，都在我「不拘小節」之下大受感動，只待我一聲令下，就可以舉事了。但是他拿了無數的東西，人馬卻總不見動靜。

後來，我在陳寶琛勸阻之下，發生了動搖，錢給的就不太積極，於是小諸葛無論面談和來信中多了一種詞句：「已耗費若干，旅費及招待，尚不在數」，「已傾家蕩產，實難再代墊補」，「現在情況萬分緊急，成敗在此一舉，無論如何先接濟二萬元」，「需款萬分緊急，望無論如何將此款賜下，以免誤此良機」。我後來覺出了事情不對，不肯再給錢，不久便接到了他這樣的信：「皇上若每日不知研究，亦不十分注意時局，敢望其必成乎？若不猛進，亦不期望必成，又何必設此想乎？……試將中國史記打開，凡創業中興之主，有如此之冷淡者乎？……」

我已忘記這個「小諸葛」是如何離開我的了，只記得他後來向我哭窮，只要十塊錢救濟。後來聽說他在東北各地招搖，給奉系萬福麟槍斃了。

像劉鳳池這類人物，我還可以舉出一串名字，比如畢瀚章之類的人們，都用過差不多的手法，吊起了我的重登大寶的胃口，騙走了不少現款、古玩、珍珠、寶石等等。這些人最後和我的分手，是各式各樣的，有的不告而別，有的被「胡大軍機」或其他人硬給攔住，也有的是我自己不叫進門。

其中有個綽號「費胖子」的安福系小政客費毓楷，他曾向我報告，他和炸死張作霖的日本大佐取上了聯繫，已組織好張學良的侍衛，即將舉行暴動，在東北實行武裝復辟，迎我「正位」。這個動人的然而難於置信的大話叫陳寶琛知道了，自然又加勸阻，連我岳父榮源也反對我再和他來往。

費胖子最後和張園分手時，比別人多了一場戲。他遭到拒絕進園，立刻大怒，氣勢洶洶地對攔門的榮源嚷：「我出這麼大的力，竟不理我了，好，我要到國民政府，去控告你們皇上顛覆民國的罪狀！」榮源和三教九流頗有來往，聽了毫不在乎，反而笑道：「我勸你算了吧，你寫的那些東西都還存在皇上的手裏呢！」費胖子聽了這話，只好悻悻而退。

這些人物在我身邊真正的絕跡，已經是接近「九一八」事變的時候，也就是在北方軍閥全換上了青天白日旗之後，再過了一段時間。這時我對他們已經真正放棄幻想，同時由於其他後面談到的原因，我已把希望放在別處去了。

四、東陵事件

一九二八年，對我是充滿了刺激的一年，也是使我憂喜不定的一年。在這一年裏，一方面日本的田中內閣發表了滿蒙不容中國軍隊進入的聲明，並且出兵濟南，攔阻南方的軍隊前進，另方面張作霖、吳佩孚、張宗昌這些和我有瓜葛的軍隊，由節節敗退而潰不成軍，爲我聯絡軍閥們的活動家剛報來了動人的好消息，我馬上又讀到那些向我效忠的軍人逃亡和被槍斃的新聞。

我聽說中國的南北政府都和蘇聯絕交了，英蘇也絕交了，國民黨大肆清黨，鄭孝胥、陳寶琛以及日本人和我談的那個「洪水猛獸」，似乎對我減少了威脅，但又據這些人說，危險正逼近到我的身邊，到處有仇恨我的人在活動。

我看到了報紙上關於廣東有暴動的消息，同時，一直被我看成「過激」、「赤化」分子的馮玉祥，已和蔣介石合作，正從京漢線上打過來。

一九二八年下半年，使人灰心喪氣的消息越來越多，張作霖死了，美國的公使在給張學良和蔣介石撮合，……除了這些上面已說過的事件之外，這年還發生了最富刺激性的孫殿英東陵盜墓事件。

東陵在河北省遵化縣的馬蘭峪，是乾隆和西太后的陵寢。孫殿英是一個賭棍和販毒犯出身的流氓軍人，在張宗昌部當過師長、軍長。一九二七年孫受蔣介石的改編，任四十一軍軍長。

一九二八年，孫率部到薊縣、馬蘭峪一帶，進行了有計劃的盜墓。他預先貼出佈告，說是要舉行軍事演習，封鎖了附近的交通，然後由他的工兵營營長顓孫子瑜帶兵挖掘，用三個夜晚的時間，把乾隆和慈禧的殉葬財寶，搜羅一空。

乾隆和慈禧是清朝歷代帝后中生活最奢侈的。我從一份文史資料中，看到過一段關於他們的陵墓的描述：

> 墓中隧道全用漢白玉砌成，有石門四進，亦全係漢白玉雕製，寢宮為八角形，上覆圓頂，雕塑著九條金龍，閃閃發光。寢宮面積約與故宮的中和殿相等。乾隆的棺槨是用陰沉木製成的，安放在一個八角井的上邊。
>
> 兩座墳墓中的殉葬器物，除金銀元寶和明器外，都是些罕見的珍寶。慈禧的殉葬物

品，多是一些珠寶翠鑽之類，她的鳳冠是用很大的珍珠以金線穿製而成的；衾被上有大朵的牡丹花，亦全用珍珠堆製；手鐲係用大小鑽石鑲成一大朵菊花和六小朵梅花，澄徹晶瑩，光彩奪目；手裏握著一柄降魔杵，長約三寸餘，為翡翠製；她的腳上還穿著一雙珠鞋。另外，在棺中還放置著十七串用珠寶綴成的念珠和幾雙翠質手鐲。

乾隆的殉葬品都是一些字畫、書劍和玉石、象牙、珊瑚雕刻的文玩及金質佛像等物，其中絹、絲製品都已腐朽，不可辨認。

我聽到東陵守護大臣報告了孫殿英盜掘東陵的消息，當時所受到的刺激，比我自己被驅逐出宮時還嚴重。宗室和遺老們全激動起來了。陳寶琛、朱益藩、鄭孝胥、羅振玉、胡嗣瑗、萬繩栻、景方昶、袁勵準、楊鍾羲、鐵良、袁大化、升允……不論是哪一派的，不論已經消沉的和沒有消沉的，紛紛趕到我這裏，表示了對蔣介石軍隊的忿慨。各地遺老也紛紛寄來重修祖陵的費用。

在這些人的建議和安排下，張園裏擺上了乾隆、慈禧的靈位和香案祭席，就像辦喪事一樣，每天舉行三次祭奠，遺老遺少們絡繹不絕地來行禮叩拜，痛哭流涕。清室和遺老們分別向蔣介石和平津衛戍司令閻錫山以及各報館發出通電，要求懲辦孫殿英，要求當局賠修陵墓。張園的靈堂決定要擺到陵墓修復為止。

起初，蔣介石政府的反應還好，下令給閻錫山查辦此事。孫殿英派到北平來的一個師長被閻錫山扣下了。隨後不久，消息傳來，說被扣的師長被釋放，蔣介石決定不追究了。又傳說孫殿英給蔣介石新婚的夫人宋美齡送去了一批贓品，慈禧鳳冠上的珠子成了宋美齡鞋子上的飾物。我心裏燃起了無比的仇恨怒火，走到陰森森的靈堂前，當著滿臉鼻涕眼淚的宗室人等，向著空中發了誓言：

「不報此仇，便不是愛新覺羅的子孫！」

我此時想起溥偉到天津和我第一次見面時說的：「有溥偉在，大清就一定不會亡！」我也發誓說：

「有我在，大清就不會亡！」

我的復辟、復仇的思想，這時達到了一個新的頂峰。

在那些日子裏，鄭孝胥和羅振玉是我最接近的人，他們所談的每個歷史典故和當代新聞，都使我感到激動和忿慨不已，都增強著我的復辟和復仇的決心。和國民黨的國民政府鬥爭到底，把靈堂擺到修復原墓為止，就是他們想出的主意。但是後來形勢越來越不利，盜墓的人不追究了，北京天津一帶面目全非，當權的新貴中再沒有像段祺瑞、王懷慶這類老朋友，我父親也不敢再住在北京，全家都搬到天津租界裏來了。於是我的心情也由激忿轉成憂鬱。

蔣宋兩家的結親，就使張園裏明白了英美買辦世家和安清幫兼交易所經紀人的這種結合，說明蔣介石有了比段祺瑞、張作霖、孫傳芳、吳佩孚這些倒台的軍人更硬的後台。這年年末，蔣介石的國民政府得了包括日本在內的各國的承認，他的勢力和地位已超過了以往的任何一個軍閥。我覺得自己的前途已十分黯淡，認爲在這樣一個野心人物的統治下，不用說復辟，連能否在他的勢力範圍內占一席地，恐怕全成問題。

我在心裏發出了狠毒的詛咒，懷著深刻的憂慮，爲蔣介石的政府和自己的命運，一次又一次地卜過卦，扶過乩。我曾卜占「國民政府能長久否？」得「天大同人變離，主申年化沖而散」的一個卦文，其意思是：蔣介石政府將眾叛親離，在一九三二年滅亡。

當然，蔣介石的政府如果垮台，可以發洩我的仇恨，使我痛快。但是，我更關心的是我自己的命運。我屢次叫榮源扶乩，有一次他得到這樣一個乩文：

> 今上乃重興之主，清仍有天下，然子（按指榮源）乃朝廷勳戚大臣，必須直諫君，於致光武，務必勸戒奢華，彌閱世事晦跡，韜光暗成事業，親君子，遠小人，去偽忠，此皆要圖，子忠實君子，吾所夙知，故願直言，將來再興，務必改元，宣統二字，乃寧日一亂絲充滿天下盡，賊犯紫微，務用隆武，隆若不用，可改興武，此天機也，國事且不洩。

但是任何一個欲望強烈和報仇心切的人，都不會只記得「成事在天」而忘了「求事在人」這句話。

我自己幾年來的閱歷，特別是蔣介石的發家史，給了我一條重要的信念，這就是若求成事必須手握兵權，有了兵權實力，洋人自然會來幫助。

像我這樣一個正統的「大清皇帝」，倘若有了軍隊，自然要比一個紅鬍子或者一個流氓出身的將帥更會受到洋人的重視。因此，我決定派我身邊最親信的親族子弟去日本學陸軍。我覺得這比我自己出洋更有必要。

促成我這個想法的，還有一個原因，就是溥傑正爲了要投筆從戎，在家裏鬧得人仰馬翻。他從軍的動機本來也頗可笑，與其說是受到母親遺囑的影響，立志要恢復清朝，還不如說是由於他羨慕那些手握虎符的青年將帥，自己也想當軍官，出出風頭。

張學良在張作霖死後，臨回奉天之前對溥傑說過：「你要當軍官，我送你進講武堂（奉軍的軍官學校）。」於是他便和張學良的家眷乘船離了天津。

我父親看到了他留下的信，急得要命，要我無論如何想個辦法把他追回來。天津日本總領事答應了我的請求，發了電報給大連。在大連碼頭上，溥傑剛從船上走下來，就給日本警察截住了。他被我派去的人接回到天津，見了我就訴說他投軍的志向，是爲了恢復祖業。他的話觸動了我送他去日本學陸軍的心思。

我決定了派溥傑和我的三妹夫潤麟一同到日本去學陸軍。爲了準備他們的留學，我請天津日本總領事介紹了一位家庭教師，教他們日文。日本總領事推薦了一位叫遠山猛雄的日本人，後來知道，這是一個日本黑龍會的會員，認識不少日本政客。這個人後來也爲了我的復辟理想，替我到日本奔走過。

我到東北以後，因爲他不是軍部系統的，受到排擠，離開了我。這位遠山教師教了溥傑和潤麟不多日子的日文，就爲他們的留學問題回到日本去活動了一趟，據說是暫時還不能入日本士官學校，但是可以先進專供日本貴族子弟讀書的學習院，並且還得到了日本的大財閥大倉喜八郎的幫助。一九二九年三月，即「東陵事件」發生後七個月，我這兩個未來的武將就和遠山一起到日本去了。

五、領事館、司令部、黑龍會

敬陳管見，條列於後：

……對日本宜暗中聯合而外稱拒絕也。關東之人恨日本刺骨，日本禁關東與黨和協，而力足以取之。然日本即取關東不能自治，非得
皇上正位則舉措難施。今其勢日漸緊張，關東固無以圖存，日人亦無策善後，此田中之所以屢示善意也。我
皇上並無一成一旅，不用日本何以恢復？機難得而易失，天予不取，後悔莫追。故對日本只有聯合之誠，萬無拒絕之理。所難者我借日本之力而必先得關東之心。若令關東之人，疑我合日謀彼，則以後欲由東三省擁戴，勢有所難。此意不妨與日本當機要

人明言之，將來

皇上復位，日本於三省取得之權，尚須讓步方易辦理。……

這是一九二八年我收到的一份奏摺中的一段。這段話代表了張園裏多數人的想法，也是我經過多年的活動後，日益信服的結論。

前面已經說過，我自從進了北府，得到了日本人的「關懷」以來，就對日本人有了某些信賴。我在日本公使館裏住了些日子，到了天津之後，我一天比一天更相信，日本人是我將來復辟的第一個外援力量。

我到天津的第一年，日本總領事古田茂曾請我參觀了一次日本僑民小學。在我往返的路上，日本小學生手持紙旗，夾道向我歡呼萬歲。這個場面使我熱淚滿眶，感歎不已。當軍閥內戰的戰火燒到了天津的邊緣，租界上的各國駐軍組織了聯軍，聲言要對付敢於走近租界的國民軍的時候，天津日本駐屯軍司令官小泉六一中將特意來到張園，向我報告說：「請宣統帝放心，我們決不讓中國兵進租界一步。」我聽了，大爲得意。

每逢新年或我的壽辰，日本的領事官和軍隊的將佐們必定到我這裏來祝賀。到了日本「天長節」，還要約我去參觀閱兵典禮。記得有一次「天長節」閱兵，日本軍司令官植田謙古邀請了日租界不少高級寓公，如曹汝霖、陸宗輿、靳雲鵬等人都去了。我到場時，植田司令官特意騎馬過來行致敬禮。當閱兵完畢，我們這些中國客人湊在一起，竟然隨著日本人同聲高呼「天皇萬歲」。

日軍司令部經常有一位佐級參謀來給我講說時事，多年來十分認真，有時還帶來專門繪製的圖表等物。第一個來講的大概是名叫河邊的參謀，他調走之後繼續來講的是金子定一，接金子的是後來在僞滿當我的「御用挂」的吉岡安直。這個人在僞滿與我相處十年，後面我要用專門的一節來談他。

日軍參謀講說的時事，主要是內戰形勢，在講解中經常出現這樣的分析：「中國的混亂，根本在於群龍無首，沒有了皇帝。」並由此談到日本的天皇制的優越性，談到中國的「民心」唯有「宣統帝」才能收拾。

中國軍隊的腐敗無力是不可或缺的話題，自然也要用日本皇軍做對比。記得濟南慘案發生後，吉岡安直至少用了一個小時來向我描述蔣介石軍隊的無能。日本佈告的抄件，就是那次他給我拿來的。這些講話加上歷次檢閱日軍時獲得的印象，使我深信日本軍隊的強大，深信日本軍人對我的支持。

有一次我到白河邊上去遊逛，眺望停在河中心的日本兵艦。不知兵艦艦長怎麼知道的，突然親自來到岸上，虔敬地邀請我到他的艦上參觀。到了艦上，日本海軍將校列隊向我致敬。這次由於倉猝間雙方都沒有準備翻譯，我們用筆談了一陣。這條兵艦艦名「藤」，船長姓蒲田。我回來之後，蒲田和一些軍官向我回訪，我應他的請求送了他一張簽名照片，他表示這是他的極大的榮幸。

從這件事情上，我覺得日本人是從心眼裏對我尊敬的。我拉攏軍閥、收買政客、任用客卿全不見效之後，日本人在我的心裏的位置，就更加重要了。

起初，「日本人」三個字在我心裏是一個整體。這當然不包括日本的老百姓，而是日本公使館、天津日本總領事館和天津日本「駐屯軍」司令部裏的日本人，以及和羅振玉、升允來往的那些非文非武的日本浪人。

我把他們看成整體，是因爲他們同樣地「保護」我，把我當做一個「皇帝」來看待，同樣地鄙夷民國，稱頌大清，在我最初提出要出洋赴日的時候，他們都同樣地表示願意贊助。一九二七年，我由於害怕北伐軍的逼近，一度接受羅振玉勸告，決定赴日。經過日本總領事的接洽，日本總領事館向國內請示，田中內閣表示了歡迎，並決定按對待君主之禮來接待我。

據羅振玉說，日本軍部方面已準備用軍隊保護我啓程。只是由於形勢的緩和，也由於陳寶琛、鄭孝胥的聯合勸阻，未能成行。後來，南京的國民黨政府成立了，官方的「打倒帝國主義」、「廢除不平等條約」之類的口號消失了，我逐漸發現，儘管日本人的「尊敬」、「保護」仍然未變，但是在我出洋之類的問題上，他們的態度卻有了分歧。這種分歧甚至達到了令我十分忿慨的程度。

一九二七年下半年，有一天羅振玉向我說：「雖然日租界比較安全，但究竟是魚龍混雜。據日本司令部說，革命黨（這是一直保留在張園裏的對於國民黨和共產黨的籠統稱呼）的便衣（這是對於秘密工作者的稱呼，而且按他們解釋，都是帶有武器的）混進來了不少，聖駕的安全，頗爲可慮。依臣所見，仍以暫行東幸爲宜，不妨先到旅順。恭親王在那邊有了妥善籌備，日本軍方也願協助，擔當護駕之責。」

這時我正被「革命黨便衣」的謠言弄得惶惶不安，聽了羅振玉的話，特別是溥偉又寫來了信，我於是再一次下了出行的決心。我不顧陳寶琛和鄭孝胥的反對，立刻命令鄭孝胥去給我找日本總領事，我要親自和他見面談談。

鄭孝胥聽了我的吩咐，怔了一下，問道：「皇上請加藤，由誰做翻譯呢？是謝介石嗎？」

我明白了他的意思。謝介石是個台灣人，由於升允的引見，在北京時就出入宮中，張勳復辟時做了十二天的外務部官員，後來由日本人的推薦，在李景林部下當秘書官，這時跟羅振玉混在一起，不斷地給我送來什麼「便衣隊行將舉事」，革命黨將對我進行暗殺等等情報。勸說我去旅順避難的，也有他一份。鄭孝胥顯然不喜歡羅振玉身邊的人給我當翻譯，而同時，我知道在這個重要問題上，羅振玉也不會喜歡鄭孝胥的兒子鄭垂或者陳寶琛的外甥劉驤業當翻譯。我想了一下，便決定道：「我用英文翻譯。加藤會英文。」

總領事加藤和副領事岡本一策、白井康都來了。聽完我的話，加藤的回答是：

「陛下提出的問題，我還不能立即答覆，這個問題還須請示東京。」

我心裏想：這本是日本司令部對羅振玉說沒有問題的事，再說我又不是到日本去，何必去請示東京？天津的高級寓公也有到旅順去避暑的，他們連日本總領事館也不用通知就去了，對我爲什麼要多這一層麻煩？我心裏的話沒完全說出來，加藤卻又提出了一個多餘的問題：

「請問，這是陛下自己的意思嗎？」

「是我自己的。」我不痛快地回答。我又說，現在有許多對我不利的消息，我在這裏不能安心。據日本司令部說，現在革命黨派來不少便衣，總領事館一定有這個情報吧？

「那是謠言，陛下不必相信它。」加藤說的時候，滿臉的不高興。他把司令部的情報說成謠言，使我感到很奇怪。我曾根據那情報請他增派警衛，警衛派來了，他究竟相信不相信那情報？我實在忍不住地說：

「司令部方面的情報，怎麼會是謠言？」

加藤聽了這話，半天沒吭氣。那兩位副領事，不知道他們懂不懂英文，在沙發上像坐不穩似地蠕動了一陣。

「陛下可以確信，安全是不會有問題的。」加藤最後說，「當然，到旅順的問題，我將遵命去請示敝國政府。」

這次談話，使我第一次覺出了日本總領事館和司令部方面之間的不協調，我感覺到奇怪，也感覺到很氣人。我把羅振玉、謝介石叫了來，又問了一遍。他們肯定說，司令部方面和接近司令部方面的日本人，都是這樣說的。並且說：

「司令部的情報是極其可靠的。關於革命黨的一舉一動，向來都是清清楚楚的。不管怎麼說，即使暗殺是一句謠言，也要防備。」

過了不多幾天，我岳父榮源向我報告說，外邊的朋友告訴他，從英法租界裏來了馮玉祥的便衣刺客，情況非常可慮。我的「隨侍」祁繼忠又報告說，他發現大門附近，有些形跡可疑的人，伸頭向園子裏張望。我聽了這些消息，忙把管庶務的佟濟煦和管護軍的索玉山叫來，叫他們告知日警，加緊門禁，囑咐護軍留神門外閒人，並禁止晚間出入。第二天，我聽一個隨侍說，昨晚上還有人外出，沒有遵守我的禁令，我立刻下令給佟濟煦記大過一次，並罰扣違令外出者的餉銀❽，以示警戒。總之，我的神經緊張起來了。

有一天夜裏，我在睡夢中忽然被一聲槍響驚醒，接著，又是一槍，聲音是從後窗外面傳來的。我一下從床上跳起，叫人去召集護軍，我認爲一定是馮玉祥的便衣來了。張園裏的人全起來了，護軍們被佈置到各處，大門上站崗的日本巡捕（華人）加強了戒備，駐園的日本警察到園外進行了搜索。結果，抓到了放槍的人。出乎我的意料，這個放槍的卻是個日本人。

第二天，佟濟煦告訴我，這個日本人名叫岩田，是黑龍會分子，日本警察把他帶到警察署，日本司令部馬上把他要去了。我聽了這話，事情明白了七八分。

我對黑龍會的人物，曾有過接觸。一九二五年冬季，我接見過黑龍會的重要人物佃信夫。事情的緣起，也是由於羅振玉的鼓吹。

羅振玉對我說，日本朝野對於我這次被迫出宮和避難，都非常同情，日本許多權勢人物，連軍部在內，都在籌劃贊助我復辟，現在派來了他們的代表佃信夫，要親自和我談一談。他說這個機會決不可失，應當立刻召見這位人物。佃信夫是個什麼人，我原先並非毫無所聞，內務府裏有人認識他，說他在辛亥之後，常常在各王府跑出跑進，和宗室王公頗有些交情。

羅振玉的消息打動了我，不過我覺得日本總領事是日本正式的代表，又是我的保護人，理應找他來一同談談，於是叫人通知了有田八郎總領事，請他屆時出席。誰知那位佃信夫來時一看到有田在座，立刻返身便走，弄得在座的陳寶琛、鄭孝胥等人都十分驚愕。

後來鄭孝胥去責問他何以敢如此在「聖前非禮」，他的回答是：「把有田請來，這不是成心跟我過不去嗎？既然如此，改日再談。」

現在看來，羅振玉這次的活動以及岩田的鳴槍製造恐怖氣氛，就是那次佃信夫的活動的繼續。這種活動，顯然有日軍司令部做後台。

後來我把陳寶琛、鄭孝胥找來，要聽聽他們對這件事的看法。鄭孝胥說：「看起來，日本軍、政兩界，都想請皇上住在自己的勢力範圍之內加以保護。他們雖然不合作，卻也於我無損。不過羅振玉做事未免荒唐，他這樣做法，有敗無成，萬不可過於重用。」陳寶琛說：「不管日軍司令部也罷，黑龍會也罷，做事全不負責任。除了日本公使和總領事，誰的話也別聽！」

我考慮了一下，覺得他們的話很有道理，便不想再向總領事要求離津了。從此，我對羅振玉也不再感興趣了。第二年，他便賣掉了天津的房子，跑到了大連。

說也奇怪，羅振玉一走，謠言也少了，連榮源和祁繼忠也沒有驚人的情報了。事隔很久以後，我才明白一點其中的奧妙。

這是我的英文翻譯告訴我的。他和榮源是連襟，由於這種關係，也由於他和日軍司令部翻譯有事務上的交往，探聽到一點內幕情況，後來透露給我。原來，日軍司令部專門設了一個特務機關，長期做張園的工作，和這個機關有關係的，至少有羅振玉、謝介石、榮源這幾個人。我的英文翻譯曾由這三個人帶到這個特務機關的一處秘密地方，這地方對外的名稱，叫做「三野公館」。

他是在那天我接見了加藤之後被他們帶去的。他的翻譯工作做完之後，被羅、謝、榮三人截住，打聽會談情況。羅振玉等人聽說加藤對我出行毫不熱心，立刻鼓噪起來。從他們的議論中，英文翻譯聽出了司令部方面有人對羅振玉他們表示的態度完全不同，是說好了要把我送到旅順去住的。

爲了向司令部方面的人匯報加藤的談話，羅振玉等三人把英文翻譯帶到「三野公館」去找那人，結果沒找見，而英文翻譯卻發現了這個秘密地方。以後他從榮源和別的方面探聽出，這是個有鴉片煙、女人、金錢的地方。榮源是這裏的常客，有一次他甚至侮辱過一個被叫做大熊的日本人的妻子，大熊把他告到司令部，也沒有能動他。至於榮源等人和三野公館有些什麼具體活動，榮源卻不肯透露。

三野的全名是三野友吉，我認識這個人，他是司令部的一名少佐，常隨日軍司令官來張園做客。當時我絕沒想到，正是這個人，通過他的「公館」，與張園的某些人建立了極親密的來往，把張園裏的情形摸得透熟，把張園裏的榮源之流哄得非常聽話，以至後來能通過他們，把謠言送到我耳朵裏，弄得我幾次想往旅順跑。我聽到我的翻譯透露出來三野公館的一些情況後，只想到日軍司令部如此下功夫拉攏榮源等人，不過是爲了和領事館爭奪我，他們兩家的爭奪，正如鄭孝胥所說，是於我有益無損的事。

事實上，我能看到的現象也是如此：司令部與領事館的勾心鬥角，其激烈與錯綜複雜，是不下於我身邊的遺老們中間所發生的。

譬如司令部派了參謀每週給我講說時事，領事館就介紹了遠山猛雄做皇室教師；領事館每次邀請我必同時請鄭孝胥，司令部的邀請中就少不了羅振玉；領事館在張園派駐了日本警官，而司令部就有專設的三野公館，爲榮源、羅振玉、謝介石等人預備了女人、鴉片，等等。

至於黑龍會，我了解得最晚，還是鄭孝胥告訴我的。這個日本最大的浪人團體，前身名爲「玄洋社」，成立於中法戰爭之後，由日本浪人平岡浩太郎所創立，是在中國進行間諜活動的最早的特務組織，最初在福州、芝罘（煙台）、上海都有機關，以領事館、學校、照相館等爲掩護，如上海的「東洋學校」和後來的「同文書院」都是。「黑龍會」這個名字的意思是「超越黑龍江」，出現於一九〇一年。

在日俄戰爭中，這個團體起了很大作用，傳說在那時黑龍會會員已達幾十萬名，擁有巨大的活動資金。頭山滿是黑龍會最出名的領袖，在他的指揮下，他的黨羽深入到中國的各階層，從清末的王公大臣如升允之流的身邊，到販夫走卒如張園的隨侍中間，無一處沒有他們在進行著深謀遠慮的工作。

日本許多著名的人物，如土肥原、廣田、平沼、有田、香月等人都是頭山滿的門生。據鄭孝胥說，頭山滿是個佛教徒，有一把銀色長鬚，面容「慈祥」，平生最愛玫瑰花，終年不願離開他的花園。就是這樣的一個佛教徒，在玫瑰花香氣的氤氳中，持著銀鬚，面容「慈祥」地設計出駭人的陰謀和慘絕人寰的凶案。

鄭孝胥後來能認識到黑龍會和日本軍部系統的力量，是應該把它歸功於羅振玉的。鄭、羅、陳三人代表了三種不同的思想。

羅振玉認爲軍部人物以及黑龍會人物的話全是可靠的（他對謝米諾夫和多布端的信任，也一半是出於謝、多二人和黑龍會的關係），陳寶琛則認爲除了代表日本政府的總領事館以外，別的日本人的話全不可信。

鄭孝胥公開附和著陳寶琛，以反對羅振玉。他心裏起初也對司令部和黑龍會存著懷疑，但他逐漸地透過羅振玉的吹噓和黑龍會的胡作非爲，看出了東京方面某種勢力的動向，看出了日本當局的實在意圖，最後終於看出了這是他可以仗恃的力量。因此，他後來決定暫時放下追求各國共管的計劃，而束裝東行，專門到日本去找黑龍會和日本參謀總部。

六、鄭孝胥的理想

鄭孝胥在北京被羅振玉氣跑之後，轉年春天回到了我的身邊。這時羅振玉逐漸遭到懷疑和冷淡，敵對的人逐漸增多，而鄭孝胥卻受到了我的歡迎和日益增長的信賴。陳寶琛和胡嗣瑗跟他的關係也相當融洽。

一九二五年，我派他總管總務處，一九二八年，又派他總管外務，派他的兒子鄭垂承辦外務，一同做我對外聯絡活動的代表。後來他與我之間的關係，可以說是到了榮祿與慈禧之間的那種程度。

他比陳寶琛更隨和我。那次我會見張作霖，事前他和陳寶琛都表示反對，事後，陳寶琛鼓著嘴不說話，他卻說：「張作霖有此誠意表示，見之亦善。」他和胡嗣瑗都是善於爭辯的，但是胡嗣瑗出口或成文，只用些老古典，而他卻能用一些洋知識，如墨索里尼創了什麼法西斯主義，日本怎麼有個明治維新，英國《泰晤士報》上如何評論了中國局勢等等，這是胡嗣瑗望塵莫及的。陳寶琛是我認爲最忠心的人，然而講到我的未來，絕沒有鄭孝胥那種令我心醉的慷慨激昂，那種滿腔熱情，動輒聲淚俱下。有一次他在給我講《通鑒》時，話題忽然轉到了我未來的「帝國」：

「帝國的版圖，將超越聖祖仁皇帝一朝的規模，那時京都將有三座，一在北京，一在南京，一在帕米爾高原之上……」

他說話時是禿頭搖晃，唾星四濺，終至四肢顫動，老淚橫流。

有時，在同一件事上說的幾句話，也讓我覺出陳寶琛和鄭孝胥的不同。在康有爲賜諡問題上，他兩人都是反對的，陳寶琛在反對之餘，還表示以後少賜諡爲妥，而他在發表反對意見之後，又添了這麼一句：「戊戌之獄，將來自然要拿到朝議上去定。」好像我不久就可以回紫禁城似的。

鄭孝胥和羅振玉都積極爲復辟而奔走活動，但鄭孝胥的主張更使我動心。雖然他也是屢次反對我出洋和移居旅順、大連的計劃的。

鄭孝胥反對我離開天津到任何地方去，是七年來一貫的。甚至到「九一八」事變發生，羅振玉帶著關東軍的策劃來找我的時候，他仍然不贊成我動身。這除了由於他和羅振玉的對立，不願我被羅壟斷居奇，以及他比羅略多一點慎重之外，還有一條被人們忽視了的原因，這就是：他當時並不把日本當做唯一的依靠；他所追求的東西，是「列強共管」。

在天津時代，鄭孝胥有個著名的「三共論」。他常說：「大清亡於共和，共和將亡於共產，共產則必然亡於共管。」他把北伐戰爭是看做要實行「共產」的。這次革命戰爭失敗後，他還是念不絕口。他說：「又鬧罷工了，罷課了，外國人的商業受到了損失，怎能不出頭來管？」他的「三共論」表面上看，好像是他的感慨，其實是他的理想，他的願望。

如果考查一下鄭、羅二人與日本人的結交歷史，鄭到日本做中國使館的書記宮是一八九一年，羅賣古玩字畫、辦上海《農報》，由此結識了給《農報》譯書的日人藤田劍峰是在一八九六年，鄭結交日人比羅要早五年。但是羅振玉自從認識了日本方面的朋友，眼睛裏就只有日本人，辛亥後，他把復辟希望全放到日本人的身上，而鄭孝胥卻在日本看見了「列強」，從那時起他就認爲中國老百姓不用說，連做官的也都無能，沒出息，中國這塊地方理應讓「列強」來開發，來經營。

他比張之洞的「中學爲體，西學爲用」更發展了一步，不但要西洋技術，西洋資本，而且主張要西人來做官，連皇家的禁衛軍也要由客卿訓練、統領。不然的話，中國永遠是亂得一團糟，中國的資源白白藏在地裏，「我主江山」遲早被「亂黨」、「亂民」搶走，以至毀滅。辛亥革命以後，他認爲要想復辟成功，決不能沒有列強的幫忙。這種幫忙如何才能實現呢?他把希望寄託在「共管」上。

那時關於「列強」共管中國的主張，經常可以從天津外文報紙上看到。鄭孝胥對這類言論極爲留意，曾認真地抄進他的日記、札記，同時還叫他的兒子鄭垂譯呈給我。這是一九二七年六月九日登在日文報紙《天津日日新聞》上的一篇：

英人提倡共管中國

聯合社英京特約通信。據政界某要人表示意見謂：中國現局，日形紛亂，旅華外國觀察家曾留心考察，以為中國人民須候長久時期，方能解決內部糾紛，外國如欲作軍事的或外交的干涉，以解決中國時局問題，乃不可能之事。其唯一方法，只有組織國際共管中國委員會，由英美法日德意六國各派代表一名為該會委員，以完全管理中國境內之軍事。各委員之任期為三年，期內擔任完全責任，首先由各國代籌二百五十兆元以為行政經費，外交家或政客不得充當委員，委員人才須與美國商（務）部長胡佛氏相彷彿。此外，又組織對該委員會負責之中外混合委員會，使中國人得在上述之會內受訓練。

鄭孝胥認爲，這類的計劃如果能實現，我的復位的時機便到了。那年夏天我聽了羅振玉的勸說，打算到日本去，鄭孝胥就根據那篇文章勾起的幻想，向我提出了「留津不動，靜候共管」的勸告。

這是他記在日記裏的一段：

五月戊子二十四日（六月二十三日）。詣行在。召見，詢日領事約談情形（即去日事）。因奏曰：今乘輿狩於天津，皇帝與天下猶未離也。中原士大夫與列國人士猶得常接，氣脈未寒，若去津一步，則形勢大變，是為去國亡命，自絕於天下。若寄居日本，則必為日本所留，興復之望絕矣！自古中興之主，必藉兵力。今則海內大亂，日久莫能安戢，列國逼不得已，乃遣兵自保其商業。他日非為中國置一賢主，則將啟爭端，其禍益大。故今日皇上欲圖中興，不必待兵力也，但使聖德令名彰於中外，必有人人欲以為君之日。

他提出過不少使「聖德令名彰於中外」的辦法，如用我的名義捐款助賑，用我的名義編纂《清朝歷代政要》，用我的名義倡議召開世界各國弭兵會議等等。有的我照辦了，有的無法辦，我也表示了贊許和同意。

我委任奧國亡命貴族阿克第男爵到歐洲爲我進行遊說宣傳，臨行時，鄭孝胥親自向他說明，將來如蒙各國支持「復國」，立刻先實行這四條政策：

「一、設責任內閣，閣員參用客卿；二、禁衛軍以客將統帥、教練；三、速辦張家口——伊犁鐵路，用借款包工之策；四、國內設立之官辦商辦事業，限五年內一體成立。」

鄭孝胥的想法，以後日益體系化了。有一次，他說：「帝國鐵路，將四通八達，礦山無處不開，學校教育以孔教爲基礎……。」我問他：「列強真的會投資嗎？」他說：「他們要賺錢，一定爭先恐後。臣當年承辦瑷琿鐵路，投資承包的就是如此，可惜朝廷給壓下了，有些守舊大臣竟看不出這事大有便宜。」

那時我還不知道，作爲辛亥革命風暴導火線的鐵路國有化政策，原來就是鄭孝胥給盛宣懷做幕府時出的主意。假若我當時知道這事，就準不會再那樣相信他。當時聽他說起辦鐵路，只想到這樣的問題：「可是辛亥國變，不就是川、湘各地路礦的事鬧起來的嗎？」他附和說：「是的，所以臣的方策中有官辦有商辦。不過中國人窮，錢少少辦，外國人富，投資多多辦，這很公平合理。」

我又曾問過他：「那些外國人肯來當差嗎？」他說：「待如上賓，許以優待，享以特權，絕無不來之理。」

我又問他：「許多外國人都來投資，如果他們爭起來怎麼辦？」他很有把握地說：「唯因如此，他們更非尊重皇上不可。」

這就是由共管論引申出來的日益體系化的鄭孝胥的政策，也是我所贊許的政策。我和他共同認爲，只有這樣，才能取回我的寶座，繼續大清的氣脈，恢復宗室覺羅、文武臣僚、士大夫等等的舊日光景。

鄭孝胥在我出宮後，曾向段祺瑞活動「復原還宮」，在我到天津後，曾支持我拉攏軍閥、政客的活動，但是，在他心裏始終沒忘掉這個理想。特別是在其他活動屢不見效的情況下，他在這方面的願望尤其顯得熱烈。這在使用謝米諾夫這位客卿的問題上，分外地可以看出來。

當我把接見謝米諾夫的問題提出來時，陳寶琛擔心的是這件事會引起外界的責難，鄭孝胥著急的卻是怕我背著他和羅振玉進行這件事。他對陳寶琛說：「反對召見，反而使皇上避不諮詢，不如爲皇上籌一妥善謹密之策，召見一次。」結果，謝米諾夫這個關係便叫他拉到手上了。

使他對謝米諾夫最感到興趣的，是謝和列強的關係。當謝米諾夫吹噓列強如何支持他，而各國干涉中國的政局之聲又甚囂塵上的時候，鄭孝胥認爲時機來了，興高采烈地給張宗昌和謝米諾夫撮合，讓謝米諾夫的黨羽多布端到蒙古舉兵起事，並且親自跑上海，跑青島。

他進行了些什麼具體活動，我現在已記憶不清了，只記得他十分得意地寫了不少詩。他的日記裏有這樣自我欣賞的描寫：「晨起，忽念近事，此後剝極而復，乃乾旋坤轉之會，非能創能改之才，不足以應之也。」「如袁世凱之謀篡，張勳之復辟，皆已成而旋敗，何者？無改創之識則枘鑿而不合矣！」（一九二五年十一月）「諸人本極畏事，固宜如此！」「夜與謝米諾夫。包文淵、畢瀚章、劉鳳池同至國民飯店，……皆大歡暢，約爲同志，而推余爲大哥。」（一九二六年五月）

英國騙子羅斯，以辦報紙助我復辟爲名，騙了我一筆錢，後來又托鄭孝胥介紹銀行貸款，鄭孝胥因羅是謝米諾夫和多布端的朋友，就用自己的存摺作押，給他從銀行借了四千元。鄭垂覺得羅斯不可靠，來信請他父親留心，他回信教訓兒子說：「不能冒險，焉能舉事？」

後來果然不出他兒子所料，羅斯這筆錢到期不還，銀行扣了鄭的存款抵了賬。儘管如此，當羅斯底下的人又來向鄭借錢的時候，由於謝米諾夫的關係，經多布端的說情，他又掏出一千元給了那個騙子。當然，我的錢經他手送出去的，那就更多。被他譏笑爲「本極畏事，固宜如此」的陳寶琛，後來在歎息「蘇龕（鄭字），蘇龕，真乃疏忽不堪！」之外更加了一句：「慷慨，慷慨，豈非慷他人之慨！」

後來，他由期待各國支持謝米諾夫，轉而渴望日本多對謝米諾夫加點勁，他又由期待各國共管，轉而渴望日本首先加速對中國的干涉。

當他的路線轉而步羅振玉後塵的時候，他的眼光遠比羅振玉高得多，什麼三野公館以及天津日軍司令部和領事館，都不在他眼裏；他活動的對象是直接找東京。

不過他仍然沒忘了共管，他不是把日本看做唯一的外援，而是第一個外援，是求得外援的起點，也可以說是爲了吸引共管的第一步，爲「開放門戶」請的第一位「客人」。

他提出了到東京活動的建議，得到了我的贊許，得到了芳澤公使的同意。和他同去的，有一個在日本朝野間頗有「路子」的日本人太田外世雄。他經過這個浪人的安排，和軍部以及黑龍會方面都發生了接觸，後來，他很滿意地告訴我，日本朝野大多數都對我的復辟表示了「關心」和「同情」，對我們的未來的開放政策感到了興趣。總之，只要時機一到，我們就可以提出請求支援的要求來。

關於他在日本活動的詳細情形，我已記不清了。我把他的日記摘錄幾段如後，也可以從中看出一些他在日本廣泛活動的蛛絲馬跡：

八月乙丑初九日（陰曆，下同）。八點抵神戶。福田與其友來迎。每日新聞記者攜具來攝影。偕太田、福田步至西村旅館小憩，忽有岩田愛之助者，投刺云：兵庫縣得芳澤公使來電囑招待，兵庫縣在東京未回，今備汽車唯公所用。遂同出至中華會館。又至楠公廟，復歸西村館，即赴汽車站買票，至西京，入京都大旅館。來訪者有：大阪時事報社守田耕治、太田之友僧足利淨圓，岩田之友小山內大六，為國雜社幹事。與岩田、福田、太田同至山東館午飯。夜竹本多吉來訪，談久之。去云：十點將復來，候至十二點，竟不至。

丙寅初十日。……將訪竹本，遇於門外，遂同往。內藤虎來談久之。太田之友松尾八百藏來訪，密談奉天事。

丁卯十三日。福田以電話告：長尾昨日已歸，即與太田、大七走訪之。長尾猶臥，告其夫人今日勿來，遂乘電車赴大阪。……岩田愛之助與肅邸四子俱來訪。憲立（定之）密語余奉天事，消息頗急，欲余至東京日往訪藤田正實、宇垣一成。朝日、每日二社皆攝影，復與肅四子共攝一影，乃訪住友經理小倉君。……

庚午十四日。長尾來談，勸取奉天為恢復之基。……

壬申十六日。長尾雨山以電話約勿出，當即來訪，遂以汽車同遊天滿宮金閣寺而至嵐山。高峰峭立，水色甚碧，密林到頂，若無路可入者。入酒家，亦在林中，隱約見岩岫壓簷而已，飲酒食魚，談至三時乃去。

癸酉十七日。……長尾來贈畫扇，送至圓山公園，左阿、娶家、狩野、內藤、近重、鈴木皆至，頃之高瀨亦至，唯荒木、內村在東京未歸。……

丙子二十日。作字。雨。詣長尾辭行。……太田來云，東京備歡迎者甚眾，將先往約期。

辛巳廿五日。十一時至東京下火車。至車站投刺者數十人。小田切、高田豐村、岡野皆來帝國旅館。雨甚大。岩田、水野梅曉亦來。岡野自吳佩孚敗後遯而為僧。夜宿於此。

壬午二十六日。……水野談日政府近狀頗詳，謂如床次、後藤、細川侯、近衛公，皆可與談。

癸未二十七日。……遂過水野，復同訪床次。床次脫離民主黨而立昭和俱樂部，將為第三黨之魁。岩田來。小田切來。太田、白井、水野、佃信夫來。山田來。汪榮寶來。……夜赴近衛公之約，坐客十餘人，小田切、津田、水野、太田皆在坐。近衛詢上近狀，且極致殷勤。……

甲申二十九日。……川田瑞穗者稱，長尾雨山之代理人，與松本洪同來約九月初八日會宴，坐客為：平沼騏一郎，樞密院副議長；樺山資英，前內閣秘書長；牧野謙次郎，能文，早稻田教授；松平康國，早稻田教授；國分青崖，詩人；田邊碧堂，詩人；內田周平，能漢文。此外尚十餘人。……岩田與肅邸第十八子憲開來訪，今在士官學校。……津田靜枝海軍大佐邀至麻布區日本料理館，為海軍軍令部公宴。主席者為米內少將，坐客為：有田八郎，水野梅曉，中島少將，園田男爵（東鄉之婿），久保田久晴海軍中佐等。……

> 九月丙戌朔。太田來。參謀本部總長鈴木，次長南，以電話約十時會晤。與大七、太田同往。鈴木詢　上近狀，且云：有恢復之志否？南次長云：如有所求，可以見語。對曰：正究將來開放全國之策，時機苟至，必將來求。吉田茂外務次官約午飯，座中有：清浦子爵奎吾，岡部長景子爵，高田中將，池田男爵，有田，岩村，水野，太田等。……
>
> 丁亥初二日。……岩田偕憲開、李寶璉、劉牧蟾來訪。李劉皆在士官學校。……
>
> 庚寅初五日。……水野、太田來。與水野同訪後藤新平，談俄事良久。……
>
> 癸巳初八日。……工藤邀同至白井新太郎宅，晤高山中將，野中、多賀二少將，田鍋、松平皆在座，頗詢　行在情形。
>
> 戊戌十三日。太田送至神戶登長崎丸，長尾雨山自西京來別。富岡、福田皆來。十一點半展輪。……

他在日本，被當做我的代表，受到各種熱心於恢復清朝的人物的接待。其中有不少原是我的舊交，例如高田豐村是前天津駐屯軍司令官，有田八郎和吉田茂做過天津總領事，白井是副領事，竹本多吉是在北京時把我接進日本兵營的那位大佐。岩田愛之助就是在我窗外放槍的那位黑龍會會員，佃信夫則是不肯在總領事有田面前談「機密」的那位黑龍會重要人物。

不管他們在中國時怎樣不和，這時卻彼此融洽無間地共同接待著「鄭大臣」。除了這些過去曾直接出頭露面的以外，那些原居於幕後的大人物，如後來做過首相、陸相等要職的近衛（文麿）、宇垣（一成）、米內（光政）、平沼（騏一郎）、鈴木（貫太郎）、南（次郎），以及在第二次世界大戰後上台的吉田茂等人，還有一些出名的政客、財閥，此時全都出了面。

也許鄭孝胥和這些人會談時，他的「開放全國之策」引起的反應使他太高興了，所以在僞滿成立以後，第一批「客人」已經走進了打開的「門戶」，他仍然沒有忘記共管的理想，一有機會便向外面宣傳「門戶開放，機會均等」。

這猶如給強盜做底線的僕人，打開了主人家的大門，放進了一幫強盜，當了一幫強盜的大管事，尤感不足，一定還要向所有各幫強盜發請帖，以廣招徠。這自然就惹惱了已經進了門的強盜，一腳把他踢到一邊。

七、「行在」生活

我在張園裏住了一段時間以後，就覺得這個環境遠比北京的紫禁城舒服。我有了這樣的想法：除非復辟的時機已經成熟，或者發生了不可抗拒的外力，我還是住在這裏的好。這也是出洋念頭漸漸沖淡的一個原因。

張園（和後來的靜園）對我說來，沒有紫禁城裏我所不喜歡的東西，又保留了似乎必要的東西。在紫禁城裏我最不喜歡的，首先是連坐車、上街都不自由的那套規矩，其次是令我生氣的內務府那一批人。

如今我有了任意行事的自由，別人只能進諫而無法干涉。在紫禁城裏，我認爲必要的東西，是我的威嚴，在這裏也依然存在。雖然我已不穿笨拙的皇帝龍袍，經常穿的是普通的袍子馬褂，更多的是穿西裝，但是這並不影響別人來給我叩拜。

我住的地方從前做過遊藝場，沒有琉璃瓦，也沒有雕樑畫棟，但還有人把它稱做「行在」（我也覺得抽水馬桶和暖氣設備的洋樓遠比養心殿舒服），北京的宗族人等還要輪流來這裏給我「值班」，從前張園遊藝場售票處的那間屋子，猶如從前的「乾清門侍衛處」。

雖然這裏已沒有了南書房、懋勤殿、內務府這些名堂，但在人們的心目中，張園那塊「清室駐津辦事處」的牌子就是它們的化身。至於人們對我的稱呼，園子裏使用的宣統年號，更是一絲不苟地保留著，這對我說來，都是自然而必要的。

在張園時代，內務府大臣們只剩下榮源一個人，其餘的或留京照料，或告老退休。我到天津後最初發出的諭旨有這兩道：「鄭孝胥、胡嗣瑗、楊鍾羲、溫肅、景方昶、蕭丙炎、陳曾壽、萬繩栻、劉驤業皆駐津備顧問。」「設總務處，著鄭孝胥、胡嗣瑗任事，庶務處著佟濟煦任事，收支處著景方昶任事，交涉處著劉驤業任事。」

陳寶琛、羅振玉、鄭孝胥是每天必見的「近臣」，他們和那些顧問每天上午都要來一次，坐在樓外西邊的一排平房裏等著「召見」。在大門附近有一間屋子，是請求「覲見」者坐候傳喚的地方，曾經坐過的人，有武人、政客、遺老、各式「時新」人物、騷人墨客以及醫卜星相。

像青年黨黨魁曾琦，網球名手林寶華，《新天津報》主筆劉髯公，國民黨監察委員高友唐，……都曾加入張宗昌、劉鳳池的行列，在這裏恭候過「奏事官」的「引見」。駐園的日警，天津人稱之爲「白帽」的，駐在對面平房裏，每日登記著這些往來的人物。每逢我外出，便有一個日警便衣跟隨。

張園裏的經濟情況，和紫禁城比起來，自然差的多了，但是我還擁有一筆可觀的財產。我從宮裏弄出來的一大批財物，一部分換了錢，存在外國銀行裏生息，一部分變爲房產，按月收租金。

在關內外我還有大量的土地，即清朝入關後「跑馬圈地」弄來的所謂「皇產」，數字我不知道，據我從一種歷史刊物上看到的材料說，僅直隸省的皇產，不算八旗的，約有十二萬垧。即使把這數字打幾個折扣，也還可觀。

爲了處理這些土地的租賃與出售，民國政府直隸督辦和清室專設了一個「私產管理處」，兩家坐地分贓，賣一塊分一筆錢，也是一項收入。此外，前面我已說過，我和溥傑費了半年多功夫運出來的大批珍貴字畫古籍，都在我手裏。

我到天津之後，京、奉、津等地還有許多地方須繼續開支月費，爲此設立了「留京辦事處」、「陵廟承辦事務處」、「駐遼寧辦事處」、「宗人府」、「私產管理處（與民國當局合組的）」、「東陵守護大臣」和「西陵守護大臣」等去分別管理。

我找到了一份材料，這上面只算北京和東西陵這幾處的固定月費、薪俸、飯食，就要開支一萬五千八百三十七元八角四分❾，至於天津一地的開支，每月大約需一萬多元❿，最大宗的開支即收買和運動軍閥的錢，尚不在此數。

每月平均開支中的購買一項，約占全月開支三分之二，也沒有包括汽車、鑽石之類項目。天津時期的購買用品的開支比在北京時大得多，而且月月增加，像鋼琴、鐘錶、收音機、西裝、皮鞋、眼鏡，買了又買，不厭其多。

婉容本是一位天津大小姐，花錢買廢物的門道比我多。她買了什麼東西，文綉也一定要。我給文綉買了，婉容一定又要買，而且花的錢更多，好像不如此不足以顯示皇后的身分。文綉看她買了，自然又嘰咕著要。

這種競賽式的購買，弄得我後來不得不規定她們的月費定額，自然，給婉容定的數目要比文綉的大一些，記得起初是婉容一千，文綉八百，後來有了困難，減到三百與二百。至於我自己花錢，當然沒有限制。

由於這種昏天黑地的揮霍，張園又出現了紫禁城時代的窘狀，有時竟弄得過不了節，付不出房租，後來連近臣和「顧問」們的俸銀都開支不出來了。

我花了無數的錢，買了無數用不著的東西，也同時買來了一個比莊士敦給我的更強烈的觀念：外國人的東西，一切都是好的，而對照之下，我覺得在中國，除了帝制之外，什麼都是不好的。

一塊留蘭香牌口香糖，或者一片拜耳的阿司匹靈，這幾分錢的東西就足夠使我發出喟歎，認為中國人最愚蠢，外國人最聰明。當然，我想到的中國人，並沒有包括我自己，因為我自認自己是凌駕於一切臣民之上的。我認為就連那些聰明的外國人也是這樣看我的。

那時我在外國租界裏，受到的是一般中國人絕對得不到的待遇。除了日本人，美國、英國、法國、義大利等各國的總領事。駐軍長官、洋行老闆，對我也極為恭敬，稱我「皇帝陛下」，在他們的國慶日請我去閱兵，參觀兵營，參觀新到的飛機、兵艦，在新年和我的生日都來向我祝賀……

莊士敦沒走以前，給我介紹了英國總領事和英國駐軍司令，以後他們輾轉介紹，歷任的司令官都和我酬酢往還不斷。英王喬治五世的第三子過津時訪問過我，帶去了我送他父親的照片，後來英王來信向我致謝，並把他的照片交英國總領事送給我。通過義大利總領事，我還和義大利國王互贈過照片。

我看過不少兵營，參加過多次外國軍隊的檢閱。這些根據我的祖先——西太后承認的「庚子條約」而駐在中國土地上的外國軍隊，耀武揚威地從我面前走過的時候，我卻覺得頗為得意，認為外國人是如此的待我，可見他們還把我看做皇帝。

天津有一個英國人辦的名叫「鄉藝會」（Country Club）的俱樂部，是只准許外國大老闆進出的豪華遊樂場所，中國人是根本走不進那個大門的，只有對我是個例外⓫。我可以自由出入，而且可以帶著我的家人們，一起享受當「特殊華人」的滋味。

爲了把我自己打扮得像個西洋人，我盡量利用惠羅公司、隆茂洋行等等外國商店裏的衣飾、鑽石，把自己裝點成《老爺雜志》上的外國貴族模樣。

我每逢外出，穿著最講究的英國料子西服，領帶上插著鑽石別針，袖上是鑽石袖扣，手上是鑽石戒指，手提「文明棍」，戴著德國蔡司廠出品的眼鏡，渾身發著密絲佛陀、古龍香水和樟腦精的混合氣味，身邊還跟著兩條或三條德國獵犬和奇裝異服的一妻一妾……

我在天津的這種生活，曾引起過陳寶琛、胡嗣瑗這派遺老不少的議論。

他們從來沒反對我花錢去買東西，也不反對我和外國人來往，但是當我到中原公司去理髮，或者偶爾去看一次戲，或者穿著西服到蟾宮電影院看電影，他們就認爲大失帝王威儀，非來一番苦諫不可了。有一次，胡嗣瑗竟因我屢諫不改，上了自劾的請求告退的奏摺（原文抬頭處，我都改成了空一格）：

奏為微臣積年溺職，致聖德不彰，恐懼自陳，仰懇恩准即予罷斥事。竊臣粗知廉恥，本乏才能，國變以還，宦情都盡，只以　我朝三百年赫赫宗社，功德深入人心，又伏聞　皇上天稟聰明，同符　聖祖，雖賊臣幸竊成柄，必當有興復之一時。輒謬與諸遺臣密圖大計，丁巳垂成旋敗，良由策劃多歧。

十年來事勢日非，臣等不能不屍其咎。而此心耿耿，百折莫回者，所恃我　皇上聖不

> 虛生，龍潛成德也。洎乘輿出狩，奔向北來，猥荷錄其狂愚，置之密勿，時遭多難，義不敢辭。受事迄今，愆尤山積，或劾其才力竭蹶矣，或斥其妒賢嫉能矣，或病其性情褊急矣，或詆其貪糜厚祿矣。經臣再三求退，用恤人言，乃承　陛下屢予優容，不允所請。臣即萬分不肖，具有天良，清夜捫心，能勿感悚？……前者臣以翠華俯臨劇場，外議頗形輕侮，言之不覺垂涕。曾蒙褒賚有加，奉　諭嗣後事無大小，均望隨時規益，等因，欽此！仰見　皇上如天之度，葑菲不遺，宜如何披露腹心，力圖匡護。詎近來商場酒肆又傳不時遊幸，羅振玉且揚言眾中，謂有人親見　上至中原公司理髮，並購求玩具，動費千數百金等語。道路流傳，頗乖物聽。論者因疑左右但知容悅，竟無一效忠骨鯁之臣。臣既未能執奏於事前，更不獲弁明於事後，則臣之溺職者又一也。
>
> ……是臣溺職辜恩，已屬百喙難解，誠如亮言，宜責之以彰其慢者也，若復靦顏不去，伴食浮沉，上何以弼　聖功，下何以開賢路？長此因循坐誤，更何以偷息於人間？茹鯁在喉，彷徨無已，唯有披瀝愚悃，懇恩開去管理駐津辦事處一差，即行簡用勤能知大體人員，克日接管其事，則宗社幸甚！微臣幸甚！……

胡嗣瑗說的「俯臨劇場」，是指我和婉容到開明戲院看梅蘭芳先生演《西施》的那一次。他老先生在戲園裏看見了我，認為我失了尊嚴，回來之後就向我辭職。經我再三慰留，以至拿出了兩件狐皮筒子賞他，再次表示我從諫的決心，他才轉嗔爲喜，稱讚我是從諫如流的「英主」，結果雙方滿意，了事大吉。

這次由中原公司理髮引起的辭職，也是叫我用類似辦法解決的。我初到天津那年，婉容過二十整壽生日的時候，我岳父榮源要請一洋樂隊來演奏，遺老丁仁長聞訊趕忙進諫，說「洋樂之聲，內有哀音」，萬不可在「皇后千秋之日」去聽。結果是罷用洋樂，丁仁長得到二百塊大洋的賞賜。以物質獎賞諫臣，大概就是由這次開的頭。

從此以後，直到我進了監獄，我一直沒有在外面看過戲，理過髮。我遵從了胡嗣瑗的意見，並非是怕他再鬧，而確實是接受了他的教育，把到戲園子看戲當做有失身分的事。有一個例子可證明我的「進步」。後來有一位瑞典王子到天津，要和我見面，我因爲在報上看見他和梅蘭芳的合照，便認爲他失了身分，爲了表示不屑，我拒絕了他的要求，沒和他見面。

陳寶琛一派的胡嗣瑗、丁仁長這些遺老，到了後期，似乎對於復辟已經絕望，任何冒險的想法都不肯去試一試，這是他們和鄭孝胥、羅振玉等不同之處，但他們對於帝王的威嚴，卻比鄭孝胥等人似乎更重視，這也是使我依然信賴這些老頭子的原因。

儘管他們的意見常常被我視爲迂腐，遇到他們有矢忠表現的時候，我總還採納他們的意見。因此在那種十分新奇的洋場生活中，我始終沒忘記自己的身分，牢固地記住了「皇帝」的「守則」。

一九二七年，康有爲去世，他的弟子徐良求我賜以謚法。按我起初的想法，是要給他的。康在去世前一年，常到張園來看我，第一次見到我的時候，曾淚流滿臉地給我磕頭，向我敘述當年「德宗皇帝隆遇之思」，後來他繼續爲我奔走各地，尋求復辟支持者，叫他的弟子向海外華僑廣泛宣傳：「欲救中國非宣統君臨天下，再造帝國不可」。他臨死前不久，還向吳佩孚以及其他當權派呼籲過復辟。

我認爲從這些舉動上看來，給以謚法是很應當的。但是陳寶琛出來反對了。這時候在他看來，分辨忠奸不僅不能只看辮子，就連復辟的實際行動也不足爲據。他說：「康有爲的宗旨不純，曾有保中國不保大清之說。且當年忤逆孝欽太皇太后（慈禧），已不可赦！」胡嗣瑗等人完全附和陳寶琛，鄭孝胥也說光緒當年是受了康有爲之害。

就這樣，我又上了一次分辨「忠奸」的課，拒絕了賜謚給康有爲。據說後來徐良爲此還聲言要和陳、鄭等人「以老拳相見」哩。

一九三一年，文綉突然提出了離婚要求，在得到解決之後，遺老們還沒有忘記這一條：要發個上諭，貶淑妃爲庶人。我自然也照辦了。

說起文綉和我離婚這一段，我想起了我的家庭夫婦間的不正常的生活。這與其說是感情上的問題，倒不如說是由於張園生活上的空虛。

其實即使我只有一個妻子，這個妻子也不會覺得有什麼意思。因爲我的興趣除了復辟，還是復辟。

老實說，我不懂得什麼叫愛情，在別人是平等的夫婦，在我，夫婦關係就是主奴關係，妻妾都是君王的奴才和工具。

這裏是文綉在宮裏寫的一篇短文，這篇短文中多少流露出了她當時的心情：

哀苑鹿

春光明媚，紅綠滿園，余偶散步其中，遊目騁懷，信可樂也。倚樹稍憩，忽聞囿鹿，悲鳴宛轉，俛而視之，奄奄待斃，狀殊可憐。余以此麗得入御園，受恩俸豢養，永保其生，亦可謂之幸矣。然野畜不畜於家，如此鹿在園內，不得其自由，猶獄內之犯人，非遇赦不得而出也。莊子云：寧其生而曳尾於塗中，不願其死為骨為貴也。

文綉從小受的是三從四德的教育，不到十四歲，開始了「宮妃」生活，因此「君權」和「夫權」的觀念很深。她在那種環境中敢於提出離婚，不能說這不是需要雙重勇敢的行爲。她破除萬難，實現了離婚的要求，離婚之後，仍受到不少壓力。

有人說，她提出離婚是受了家裏人的教唆，是爲了貪圖一筆可觀的贍養費。事實上，她家裏的人給她精神上的迫害不見得比外來的少。據說她拿到的五萬元贍養費，經過律師、中間人以及家裏人的剋扣、佔用、「求助」，剩不了好多，而她精神上受的損害更大。她的一個哥哥曾在天津《商報》上發表了一封公開信給她，其中竟有這樣的話：

我家受清帝厚恩二百餘載，我祖我宗四代官至一品。且慢云遜帝對汝並無虐待之事，即果然虐待，在汝亦應耐死忍受。……汝隨侍遜帝，身披綾羅，口饜魚肉，使用僕婦，工資由賬房開支，購買物品物價由賬房開支，且每月有二百元之月費，試問汝一閨閣婦女，果有何不足？縱中宮待汝稍嚴，不肯假以辭色，然抱衾與裯，自是小星本分，實命不猶，抑又何怨……？

這封信曾在遺老們中間傳誦一時。文綉後來的情形不詳，只聽說她在天津當了小學教師，歿於一九五〇年，終身未再結婚。

如果從表面現象上看，文綉是被「中宮」擠跑了的。這雖非全部原因，也是原因之一。婉容當時的心理狀態，可以從她求的乩辭上窺得一斑（文內金榮氏指婉容，端氏指文綉）：

婉容求的乩文

吾仙師叫金榮氏聽我勸，萬歲與榮氏真心之好並無二意，榮氏不可多疑，吾仙師保護萬歲，榮氏後有子孫，萬歲後有大望，榮氏聽我仙師話，吾保護爾的身體，萬歲與端氏並無真心真意，榮氏你自管放心好了。

順便提一下，這種令人發笑的扶乩、相面、算卦、批八字等等活動，在那時卻是不足為怪的社會現象，在張園裏更是日常生活不可少的玩意。

在我後來住的靜園裏，就有房東陸宗輿設的「乩壇」。簡直可以說，那時乩壇和卜卦給我的精神力量，對我的指導作用，是僅次於師傅和其他近臣們對我的教育。我常常從這方面得到「某年入運」、「某歲大顯」之類預言的鼓舞。北京商會會長孫學仕自稱精通麻衣，曾預言我的「御容」何時將入運，何時又將握「大權」。日本領事館裏的一位日本相法家也說過我某某年必定成大事的話。這些都是我開倒車的動力。

註釋：

❶ 我在特赦後，聽到一個傳說，因已無印象，故附記於此，聊備參考。據說紹英曾托王國維替我賣一點字畫，羅振玉知道了，從王手裏要了去，說是他可以辦。羅振玉賣完字畫，把所得的款項（一千多元）作為王國維歸還他的債款，全部扣下。王國維向他索要，他反而算起舊賬，王國維還要補給他不足之數。王國維氣憤已極，對紹英的催促無法答覆，因此跳水自盡。據說王遺書上「義無再辱」四字即指此而言。

❷ 王國維在光緒戊戌年為汪康年的司書，後入羅所辦的「東文學社」求學。

❸ 蕭丙炎是清末都察院御史，任薩姆女士是婉容的英文教師。

④「田中奏摺」是田中上日本天皇的秘密奏摺，奏摺說：「吾人如欲征服中國，要先征服滿蒙，吾人如能征服中國，則其餘所有亞洲國家及南洋諸國，均將畏懼於我，投降於我。……當吾人得以支配中國全部資源之後，吾人將更能進而征服印度、南洋群島、小亞細亞以至歐洲。」又說：「第一步征服台灣，第二步征服朝鮮，現皆實現，唯第三步的滅亡滿蒙以及征服中國全土，……則尚未完成。」

⑤判決書於一九四八年公佈。

⑥索玉山是前禁衛軍的團長，漢卿是張學良，芳宸是李景林，蘊山是褚玉璞。

⑦關於張被殺經過及原因，參與這一陰謀的日本戰犯河本大作有過一段供述。據河本稱，是他親自指揮關東軍參謀部人員，事先在京奉和南滿鐵路交接點皇姑屯車站布下了「必死之陣」：在交接點埋了三十麻袋黃色炸藥，以設在五百公尺外瞭望台上的電氣機控制爆炸；並在交接點以北裝置了脫軌機、在附近埋伏了一排衝鋒隊。一九二八年六月四日五時半，張所乘之藍色鐵甲列車開到，東宮大尉一按電鈕，張與列車同時被毀。事後關東軍為掩蓋真相，立調工兵趕修鐵路，同時殺了兩個中國人扔在肇事地點，口袋裏塞上偽造的北伐軍信件，並逮捕了十餘名無辜居民，誣陷北伐軍所為。殺張之原因，河本說：「一切親日的軍閥，我們統統抓住。能利用的時候就援助；不能利用的時候就設法消滅！」一語道破了帝國主義的毒辣。

⑧這時張園管束「底下人」的辦法，根據師傅們的諫勸和佟濟煦的懇求，已經取消了鞭笞，改為輕者罰跪，重者罰扣餉銀。為了管束，我還親自訂了一套「規則」，內容見第六章。

⑨這個數字包括以下各項：

敬懿、榮惠兩太妃八〇〇〇元	醇親王二八〇〇元	壽皇殿總管太監等飯食七二元
太廟首領太監等錢糧一九點四四元	東陵奉祀九六〇元	西陵奉祀八三二元
東西陵守護大臣二〇〇元	醇賢親王園寢祭品每季二六六點四元	園寢翼領官兵口分一四四元
太妃邸內管領值班飯食八〇元	太妃邸內護軍住班飯食三二元	

留京辦事處長官及留用司員薪水一九三二元	宗人府辦公經費五〇〇元
以上共一五八三七點八四元	

⑩員工薪資約為四〇〇〇元，婉容、文綉月銀一八〇〇元，房租約二〇〇元，其他開支，據「駐津辦事處」的司房寫的一份「謹將各項用項繕呈御覽」的表格，其中核計出的每月平均開支如下：

膳房五三六點五一一元	電燈二三四點九四七元	番菜膳房二一五點一一五元
郵費一點八七七元	茶房一六八點七八二元	自來水六一點三四一元
辦事人員飯食二三六點一九四元	車費一一〇點六四二元	電話一一三點九四七元
旅費三八點三六四元	獎賞一四二點九〇二元	購物四一一八點七五四元
馬乾八五元	雜費二三六點八二五元	
合計六三一一點二〇一元		

⑪在後期也准許中國人去，但僅限買辦資本家之流，由外國會員帶去。這個地方在解放後被人民政府接收，改為人民俱樂部了。

第五章 潛往東北

一、不靜的「靜園」

一九二九年七月，我從日租界宮島街的張園，遷到協昌里的「靜園」。這是租的安福系政客陸宗輿的房子，原名「乾園」，我給它改了名字，是含有一層用意的。

北伐後，國民黨的勢力伸到了北方，和我有交情的軍閥紛紛垮台，被我寄託過希望的東三省，宣佈「易幟」。

張園上下因此一度感到一片悲觀失望。一部分遺老門客作鳥獸散了，和我廝守著的近臣們，除了鄭孝胥和羅振玉等人之外，幾乎再沒有別人談論什麼復辟。

像陳寶琛這樣的人，從前嘴邊上掛著的「天與人歸」、「臥薪嘗膽」的話，也不說了。人們唯一考慮的問題，是得到了江山的新王朝，將會怎樣對待我這個末代皇帝。我自己陷入了深沉的憂慮之中。

但是，這種情形並沒有繼續多久。我們很快就看到，五色旗才摘下來，打著青天白日旗的人又彼此廝殺起來，今天甲乙聯合反丙，明天乙丙又合作倒甲，情形和從前並沒有什麼兩樣。

蔣介石所達到的「統一」越看越不像那麼回事，蔣介石腳底下的江山，越看越不像料想中的那麼穩固。張園有了絕路逢生之感，不免漸漸重溫舊夢，覺得「定於一」的大業，似乎仍然非我莫屬。

不但遺老和門客們後來恢復了這個論調，就連每週「進講」時局的日本參謀們，也不避諱這種觀點。我把新居取名「靜園」的意思，並非是求清靜，而是要在這裏「靜觀變化，靜待時機。」

靜園裏日日望著，月月盼著。一九三一年的夏天，真盼來了消息。

「九一八」事變前的兩個月，在日本東京「學習院」讀書的溥傑正待回國度假，忽然接到鹿兒島來的一封信。

鹿兒島駐軍某聯隊的吉岡安直大隊長，曾經是天津日軍司令部的參謀，常到張園來講說時局，與溥傑也認識，這時他向溥傑發出邀請，請溥傑到鹿兒島做幾天客，然後再回國。

溥傑應邀到了鹿兒島，受到了吉岡少佐夫婦的殷勤招待。到了告別的時候，吉岡單獨對溥傑神秘而鄭重地說：「你到了天津，可以告訴令兄：現在張學良鬧得很不像話，滿洲在最近也許就要發生點什麼事情。……請宣統皇帝多多保重，他不是沒有希望的！」

七月十日溥傑到了天津，把這個消息告訴了我。七月二十九日，日本華族水野勝邦子爵前來訪問，在鄭孝胥和溥傑的陪侍下，我接見了他。在這次平常的會見中，客人送了我一件不平常的禮物：一把日本扇子，上面題著一聯詩句：「天莫空勾踐，時非無范蠡」。

原來溥傑回國之前，水野子爵親自找過他，接洽送扇子的事，因此，溥傑明白了這兩句詩的來歷，並且立即寫信報告了我。這是發生在日本南北朝內亂中的故事。受控制於鐮倉幕府的後醍醐天皇，發動倒幕失敗，被幕府捕獲，流放隱岐。

流放中，有個武士把這兩句詩刻在櫻樹幹上，暗示給他。後來，這位日本「勾踐」果然在一群「范蠡」的輔佐下，推翻了幕府，回到了京都。以後即開始了「建武中興」。

水野說的故事到此爲止，至於後醍醐天皇回京都不過三年，又被新的武士首領足利尊氏趕了出來，他就沒再說。當然，那時我也不會有心思研究日本歷史。

重要的是，這是來自日本人的暗示。那時正當「山雨欲來風滿樓」之際，東北局勢日益緊張，我的「重登大寶」的美夢已連做了幾天晚上。這時來了這樣的暗示——無論它是出於單純的私人關懷，還是出於某方的授意——對我說來，事實上都是起著行動信號的作用。

「九一八」前後那幾天的靜園動態，鄭孝胥日記裏留下了一些記載：

乙亥初六日（九月十七日）。詣行在。召見，商派劉驤業、鄭垂往大連。……

丙子初七日（九月十八日）。詣行在。召見，諮詢出行事宜。

丁丑初八日（九月十九日）。日本《日日新聞》送來號外傳單云：夜三時二十三分奉天電云：中日交戰。召見劉驤業、鄭垂，命劉驤業先赴大連。作字。遇弢庵（陳寶琛），談預料戰事恐復成日俄之戰。午原（劉驤業）來，求作書二紙，遺滿鐵總裁內田及日軍司令本莊。大七（鄭垂）往行日領館。云：昨日軍已占奉天，華軍自退，長春亦有戰事。……

戊寅初九日（九月二十日）。詣行在。進講。報言日軍據瀋陽，同時據長春、營口、安東、遼陽。東三省民報送至十八號，報中毫無知覺。……

己卯初十日（九月二十一日）。詣行在。進講。蔣介石返南京，對日本抗議，張學良令奉軍勿抵抗。……佟揖先（濟煦）來，自言欲赴奉天，謀復辟事。余曰：若得軍人商人百餘人倡議，脫離張氏，以三省、內蒙為獨立國，而向日本上請願書，此及時應為之事也。……

我從一聽見事變的消息時起，每分鐘都在想到東北去，但我知道不經日本人的同意是辦不到的。鄭孝胥對我說，瀋陽情況還不明朗，不必太著忙，日本人遲早會來請皇上，最好先和各方面聯絡一下。因此我決定派劉驤業，去找日本人在東北的最高統治者內田和本莊。另叫我的管家頭目佟濟煦，去東北看看遺老們那邊的情形。

這時商衍瀛也想去找那些有過來往的東北將領。這些辦理「及時應爲之事」的人走後，過了不久，鄭孝胥的話應驗了，關東軍派人找我來了。

九月三十日下午，日本天津駐屯軍司令部通譯官吉田忠太郎來到靜園，說司令官香椎浩平中將請我到司令部談一件重要的事情。他告訴我不要帶隨從，單獨前往。我懷著喜事臨門的預感，到了海光寺日本兵營，香椎正立在他的住宅門外等著我。

我進了他的客廳，在這裏我看見了兩個人恭恭敬敬地站著，一個是長袍馬褂的羅振玉，另一個是穿西服的陌生人，從他鞠躬姿勢上就可以看出是個日本人。香椎介紹說，他是關東軍參謀板垣大佐派來朝見我的，名叫上角利一。介紹了之後，香椎就出去了。

屋子裏只剩下我們三個人。羅振玉恭恭敬敬地給我請過安，拿出一個大信封給我。這是我的遠支宗室，東北保安副總司令張作相的參謀長熙洽寫來的。

張作相是兼職的吉林省主席，因爲到錦州奔父喪，不在吉林，熙洽便利用職權，乘機下令開城迎接日軍，因此，他的日本士官學校時代的老師多門師團長的軍隊，不費一槍一彈，就占領了吉林。

他在信裏說，他期待了二十年的機會，今天終於來到了，請我勿失時機，立即到「祖宗發祥地」主持大計，還說可以在日本人的支持下，先據有滿洲，再圖關內，只要我一回到瀋陽，吉林即首先宣佈復辟。

羅振玉等我看完了信，除了重複了一遍信中的意思，又大講了一番他自己的奔走和關東軍的「仗義協助」。

照他說，東北全境「光復」指日可待，三千萬「子民」盼我回去，關東軍願意我去復位，特意派了上角來接我。總之是一切妥善，只等我拔起腿來，由日本軍艦把我送到大連了。他說得興高采烈，滿臉紅光，全身顫動，眼珠子幾乎都要從眼眶子裏跳出來了。

他的興奮是有來由的。他不僅有熙洽的欲望，而且有呂不韋的熱衷。他現在既相信不久可以大過其蟒袍補褂三跪九叩之癮，而且看到利潤千萬倍於「墨緣堂」的「奇貨」。他這幾年來所花費的「苦功」，後來寫在他的自傳《集蓼編》裏了：

予自辛亥避地海東，意中日唇齒，彼邦人士必有明輔車之相依，燎原之將及者，乃歷八年之久，竟無所遇，於是浩然有歸志。

遂以己未（一九一九年）返國，寓天津者又十年，目擊軍人私鬥，連年不已，邪說橫行，人紀掃地，不忍見聞。事後避地遼東又三年。

衰年望治之心日迫，私意關內麻亂，無從下手，唯有東三省尚未糜爛，莫如籲懇 皇上先拯救滿蒙三千萬民眾，然後再以三省之力，戡定關內。唯此事非得東三省有勢力明大義者，不能相期有成。乃以辛未（一九三一年）春赴吉林，與熙君格民（洽）密商之。熙君夙具匡復之志，一見相契合，勉以珍重待時。

又以東三省與日本關係甚深，非得友邦諒解，不克有成。故居遼以後，頗與日本關東軍司令官相往還，力陳欲謀東亞之和平，非中日協力從東三省下手不可；欲維持東三省，非請我 皇上臨御，不能洽民望。友邦當道聞之，頗動聽。

關於羅振玉在一九二八年末搬到旅順大連以後的活動，他曾來信大略向我說過，那時在鄭孝胥和陳寶琛等人的宣傳下，我對這個「言過其實，舉止乖戾」的人，並沒抱太大的希望。正巧在幾個月之前，他剛剛又給我留下了一個壞印象。

幾個月以前，他忽然興沖沖地從大連跑來，拿著日本浪人田野豐寫的「勸進表」對我說，田野豐在日本軍部方面手眼通天，最近與一個叫高山公通的軍界宿耆共同活動，得到軍部的委託，擬定了一個計劃，要根據所謂「赤黨舉事」的情報，派謝米諾夫率白俄軍在日軍支援下乘機奪取「奉天」，同時將聯絡東北當地官吏「迎駕歸滿，宣詔收復滿蒙，復辟大清」。爲了實現這個計劃，希望我拿出一些經費給他。

我聽了這個計劃，很覺蹊蹺，未敢置信。過了兩天，日本駐北京的武官森赳忽然來找鄭孝胥，要我千萬不要相信田野豐的計劃，鄭孝胥連忙告訴了我，並且把羅振玉又攻擊了一頓。這件事情才過去不久，現在羅振玉又來和我談迎駕的問題，我自然不能不有所警惕。

我瞧瞧羅振玉，又瞧瞧生疏的上角利一，心中猶豫不定。顯然，羅振玉這次的出現，與以往任何一次不同，一則談話的地點是在日軍司令部，同來的還有關東軍板垣大佐的代表；二則他手裏拿著熙洽的親筆信；再則，前一天我從大連報紙上看到了「瀋陽各界準備迎立前清皇帝」的新聞，天津報上不斷登載的中國軍隊節節退讓，英國在國際聯盟袒護日本的消息。看來日軍對東北的統治是可能實現的，這一切都是我所希望的。但是，我覺得這件事還是和陳寶琛、鄭孝胥他們商量一下的好。

我向羅振玉和上角說，等我回去考慮一下再答覆他們。這時，不知躲在哪裏的香椎出場了，他向我表示，天津的治安情形不好，希望我能考慮關東軍板垣大佐的意見，動身到東北去。

他這幾句話，使我在坐進汽車之後，越想越覺得事情不像是假的。我的疑惑已經完全爲高興所代替了。不料回到了靜園，馬上就碰見了潑冷水的。

頭一個表示反對的是陳寶琛，追隨他的是胡嗣瑗、陳曾壽（婉容的師傅）。他們聽了我的敘述，立即認爲羅振玉又犯了魯莽乖戾的老病，認爲對於關東軍的一個大佐的代表，並不能貿然置信。

他們說，東北的局勢變化、國際列強的真正態度，以及「民心」的趨向等等，目前還未見分曉，至少要等劉驤業探得真相之後，才能決定行止。聽了這些泄氣話，我頗不耐煩地直搖頭：

「熙洽的信，決不會說謊。」

八十四歲的陳寶琛聽了我的話，樣子很難過，怔了一陣之後，很沉痛地說：

「天與人歸，勢屬必然，光復故物，豈非小臣終身之願？唯局勢混沌不分，貿然從事，只怕去時容易回時難！」

我看和這幾個老頭子說不通，叫人馬上催鄭孝胥來。鄭孝胥雖然七十一歲了，卻是勁頭十足的，他的「開門戶」、「借外援」。「三共論」以及「三都計劃」等等，已使我到了完全傾倒的程度。

不久前，我按他的意思，給他最崇拜的義大利首相墨索里尼寫了一塊「國士無雙」的橫幅。他曾說：「義大利必將成爲西方一霸，大清帝國必將再興乎東方，兩國分霸東西，其天意乎？」

爲了嘉勉我未來的黑衣宰相，這年春天我特授意我的父親，讓我的二妹和鄭孝胥的長孫訂了親，給以「皇親」的特殊榮譽。我估計他現在聽到熙洽和關東軍請我出關「主持大計」的消息，必定是與陳寶琛的反應不同，該是大大高興的。沒料到，他並沒表現出我所料想的那種興奮。

「輾轉相垂，至有今日。滿洲勢必首先光復，日本不迎聖駕，也不能收場。」他沉吟一下說，「不過，何時啓駕，等佟濟煦回來之後再定，更爲妥貼。」

這意思，竟跟陳寶琛一樣，也以爲時機未臻成熟。

其實，鄭孝胥腦袋裏所想的，並不是什麼時機問題。這可以由他不多天前的一篇日記來證明：

報載美國羅斯安吉（洛杉磯）十月四日合眾社電：羅斯安吉之出版人畢德，為本社撰一文稱：世界恢復之希望（按資本主義世界從一九二九年起發生了經濟大恐慌，報上經常有談論如何把資本主義世界從危機中拯救出來之類的文章——作者）端賴中國。

氏引英國著名小說家韋爾斯之最近建議，「需要一世界之獨裁者將自世界經濟蕭條中救出」，氏謂此項計劃，無異幻夢，不能實現。畢德建議美政府，應考慮極端之獨裁辦法，以拯救現狀。

第一步，應組一國際經濟財政銀行團，以美國為領袖，供給資金，唯一目的，為振與中國。氏主張美政府應速草一發展中國計劃。中國工業交通之需要如能應付，將成為世界之最大市場，償還美國之投資，當不在遠。此時集中注意於中國，美國社會經濟制度皆有改正，繁榮可以恢復，人類將受其福利云。

今年為民國二十年。……彼以雙十為國慶，這二十年整矣。此誠巧合，天告之也：民國亡，國民黨滅，開放之期已至！誰能為之主人者？

計亞洲中有資格者，一為日本天皇，一為宣統皇帝，然使日本天皇提出開放之議，各國聞之者，其感念如何？安乎？不安乎？日本皇帝自建此議，安乎？不安乎？若宣統皇帝，則已閒居二十年，其權力已失，正以權力已失，而益增其提議之資格。以其無種族國際之意見，且無逞強凌弱之野心故也。

可見，他不但看到滿洲，而且看到全中國，全國的「開放之期已至」，更何論東北！那時他考慮的主要問題，不在於去東北的時機，而在於如何應付羅振玉的新挑戰。

挑戰是從我去日軍司令部的前幾天就開始了的。那天，我接到了從東北來的兩封信，一封是羅振玉的，一封是給溥偉當秘書的周善培（在清末給岑春渲做過幕僚）的，都要求我「給以便宜行事」的「手諭」，以便爲我活動。

照他們的話說，時機已至，各方面一聯絡即成，目前只差他們的代表身分證明了。我把這事告訴了鄭孝胥，他慌忙攔阻道：「此事萬不可行！此類躁進之人見用，必有損令名！」

鄭孝胥怕我被羅振玉壟斷了去，對這一點，我當時自然理會不到，我只覺得既然都主張等一下去東北的人，而去東北的人也快回來了，不妨就等一等。

這時的陳曾壽唯恐我變了主意，忙給我上了一個奏摺。這個奏摺可說是代表了陳寶琛這派人當時思想的一個典型材料：

奏為密窺近日情勢，宜慎赴機宜，免誤本謀，恭摺仰祈聖鑒事。竊聞凡事不密則害成。所當暗中著著進行，不動聲色，使人無從窺其際。待機會成熟，然後一舉而起。故不動則已，動則必期於成。若事未實未穩，已顯露於外，使風聲四播，成為眾矢之的，未有不敗者也。

今　皇上安居天津，毫無舉動，已遠近傳言，多所揣測。若果有大連之行，必將中外喧騰，指斥無所不至，則日本縱有此心，亦將阻而變計。彼時進既不能，退又不可，其為危險豈堪設想。且事之進行，在人而不在地。苟機有可乘，在津同一接洽；若機無可圖，赴連亦屬罔濟。且在津則暗中進行，而易泯群疑，赴連則舉世驚嘩，而橫生阻礙。在津則事雖不成，猶有餘地以自處；赴連則事苟無著，即將懸寄而難歸。

事理昭然，有必至者。抑在今日局勢未定，固當沉機以觀變，即將來東省果有擁戴之誠，日本果有敦請　皇上復位之舉，亦當先察其來言者為何如人。若僅出於一部分軍人之意，而非由其政府完全諒解，則歧異可慮，變象難測。萬一其政府未能同意，中道改計，將若之何？是則斷不可冒萬險以供其軍人政策之嘗試。若來者實由其政府舉動，然後探其真意所在。如其確出仗義扶助之誠，自不可失此良機；如其懷有利用欺誘之意，則朝鮮覆轍具在，豈可明知其為陷阱而甘蹈之。

應付之計，宜與明定約言，確有保障而後可往。大抵路、礦、商務之利，可以酌量許讓。用人行政之權，必須完全自主。對外可與結攻守之同盟，內政必不容絲毫之干預。此當預定一堅決不移之宗旨，以為臨事應付之根本者也。昔晉文公借秦力以復國，必有欒、郤、狐，先為之內主；楚昭王借秦兵以卻吳，亦有子西等舊臣收合餘燼，以為先驅。自古未有專恃外力，而可以立國者。此時局勢，亦必東省士紳將帥先有擁戴歸向之表示，而後日本有所憑借，以為其扶助之資。此其時機，似尚未至。

今日東省人士猶懷觀望之心，若見日本與民國政府交涉決裂，當有幡然改圖者矣。今列強外相群集於日內瓦，欲借國聯局面施其調停。日本不肯開罪於列強，聞已提出條款大綱，若民國政府應允，即許退兵。在民國政府雖高唱不屈之論，實則色厲內荏，恐終出於屈服之途。日本苟嘗所欲，必將藉以收場。若交涉不能妥協，則或別有舉動。此時形勢猶徘徊歧路之間，萬不可冒昧輕動，陷於進退維谷之地也。

觀今日民國情形，南京與廣東雖趨合併，而彼此仇恨已深，同處一堂，互相猜忌，其合必不能久。彼等此時若與日本決裂，立將崩潰。如允日本要求，則與其平日誇示國人者完全背馳，必將引起內亂，無以自立。日本即一時撤兵，仍將伺隙而動。故此時我之所謀，即暫從緩動，以後機會甚多。若不察真相，輕於一試，一遭挫折，反永絕將來之望，而無以立足矣。皇上天縱英明，飽經憂患，必能堅持定見，動合機宜，不致輕為所搖。臣愚見所及，是否有當，理會恭摺密陳，伏祈聖鑒。謹奏。

在這各種不同的想法裏，靜園裏越加不能安靜了。與此同時，又發生了一件出乎意外的事情。

二、日本人意見分歧

還不等靜園裏商量出一致意見來，日本駐津總領事館的後藤副領事，第二天便找上了門。他們對我去日本兵營的事全知道了。

總領事館表示，他們對我的心情和處境是完全理解的，但我最好是慎重從事，現在不要離開天津；他們負有保護的責任，不得不作這個勸告。

從這天起，這位後藤副領事不是直接來見我，就是找陳寶琛舅甥或是鄭孝胥父子，進行勸阻。另方面，日本駐屯軍的通譯官吉田，卻一再向我宣傳，說日本軍方決心支持我上台，我最好立刻動身出行。

這時我對於日本軍政雙方有了新的看法，和陳寶琛那一夥人的看法有了分歧。陳寶琛一向認爲文人主政是天經地義，所以他只肯聯絡日本芳澤公使，他的外甥只肯和領事館以及東京的政友會人物來往。

這時他堅決主張，如果東京方面沒有表示，千萬別聽軍人們的話。我的看法則不同，認爲現在能決定我的命運的不是日本政客，而是軍人。

我並沒有什麼高深的見解和情報，我是從當前擺著的事實上看出來的。我看到日本人一方面在外交上宣稱，準備和南京政府通過和平途徑解決「中日糾紛」，另方面關東軍卻一路不停地前進，攻擊退卻著的中國軍隊。

我那時雖然還不太明白，這和蔣介石、汪精衛們一邊嚷著抵抗，一邊把國土讓給敵人，原都是用以欺世的兩面手法，但我能看出決定問題的還是日本軍人。陳寶琛指出國際列強的曖昧態度可慮，這也和我的感覺不同。我去過日本兵營後不多天，英國駐津軍隊司令官牛湛德准將忽然來到靜園訪問。他對「九一八」事變給我造成的機會，表示了「私人的祝賀」，並且說：「如果陛下能在偉大的滿洲重新登極，陛下的僕人牛湛德，願意充當龍旗下的一名士兵。」

這話使我更加相信鄭孝胥說的英方祖日的消息。牛湛德來訪之後，莊士敦也突然和我久別重逢，據他說這回是代表英國外交部，來辦理廢款和歸還威海衛的餘留問題，順便前來看望看望我。

他爲我的「前途」表示高興，同時請我爲他的著作《紫禁城的黃昏》書稿作一篇序文，他說，他將在這書的最末添上一章，叫做「龍歸故里」。

劉驤業和佟濟煦先後從東北帶來的消息，對我也是一種鼓舞。佟濟煦先回來說，他和瀋陽的遺老袁金鎧等人見了面，都認爲時機已至，不必遲疑。接著劉驤業也來了，雖然他沒有能見到內田康哉和本莊繁，這有點令人失望，但他見到了板垣和金梁，證實了羅振玉和上角利一並不是騙人的。

金梁對他表示的尤其樂觀：「奉天一切完備，唯候乘輿臨幸。」他也去過吉林，證實羅振玉說的不錯，日本軍隊已控制了全省，熙洽等人隨時準備響應復辟。

除了這些之外，當時出現的一些謠言也在促使我急於動身。那時天津的新聞界消息非常靈通，我去日本兵營的事，很快就傳到了社會上，有的報紙甚至報導了我已乘輪到了東北。與此同時，不知從哪裏傳來謠言，說中國人要對我有不利的舉動。因此我更覺得不能在天津待下去了。

我派鄭垂去拜會日本總領事桑島，說既然時機不至，我就不一定直去奉天，不妨先到旅順暫住，這總比在天津安全一些。桑島立刻表示，到旅順去也不必要。他叫鄭垂轉告我，滿鐵總裁內田康哉也不同意我現在動身，內田是日本政界的老前輩，日本軍部對他也是尊重的，因此還是慎重從事的好，至於安全，他願負完全責任。最後說，他要和駐屯軍司令官香椎交換一下意見。第二天，副領事來找鄭垂說，桑島和香椎商量過了，意見一致，都不主張我現在離開天津。

我聽了這消息覺得非常糊塗，爲了弄清真相，不得不把那位司令部的通譯官請來。不料吉田的回答卻是，所謂總領事和司令官的會商，根本沒這麼回事，香椎司令官主張我立刻隨上角利一走。

他給我出了個主意，由我親筆寫信給司令部，把堅決要走的態度告訴他。我在糊里糊塗中寫了這封信。可是不知怎麼弄的，日本總領事又知道了，連忙來找陳寶琛、鄭孝胥探聽有沒有這回事，那封信是真的還是假的？……

我對日本軍政兩界的這種摩擦非常生氣，可是又沒什麼辦法可想。這時二次去東北的劉驤業來了信，說是探得了關東軍司令官本莊的真正意思：現在東北三省尚未全部控制，俟「三省團結穩固，當由內田請上臨幸瀋陽」。既然決定命運的最高權威有了這樣的表示，我只好遵命靜候。

從那以後，我多少明白了一點，不僅天津的領事館與駐屯軍之間意見分歧，就連關東軍內部步調也不太一致。我對某些現象不由得有些擔心：前恭親王溥偉在日本人的保護下祭祀瀋陽北陵，遼寧省出現了「東北地方維持會」的組織，舊東北系重要人物臧式毅在受著關東軍的「優待」，前民國執政段祺瑞的行蹤消息，又出現於報端，傳聞日本人要用他組織北方政權。假如我當時知道日本人曾一度想用段祺瑞，又一度要用「東北行政委員會」的空架子，又一度要用溥偉搞「明光帝國」（這是很快就知道的），以及其他的一些可怕的主意，我的心情就更加難受了。

我給了羅振玉和上角利一「暫不出行」的答覆之後，度日如年地等著消息。在等待中，我連續發出「諭旨」，讓兩個剛從日本士官學校畢業的侄子憲原、憲基到東北宣撫某些蒙古王公，賞賜首先投靠日本占領軍的張海鵬、貴福等人以美玉。

我根據日本武官森糾的請求，寫信給正和張海鵬對抗的馬占山和具有民族氣節的另一些蒙古王公，勸他們歸降。我封張海鵬爲滿蒙獨立軍司令官，馬占山爲北路總司令，貴福爲西路總司令，賜憲原、憲基等以大佐軍銜。我預備了大批寫著各種官銜的空白封官諭旨，以備隨時塡上姓名……

特別應當提到的一件事，是我按照鄭孝胥的意見，直接派人到日本去進行活動。自從羅振玉遭到我的拒絕，快快離去之後，鄭孝胥一變表面上的愼重態度，由主張觀望變成反對觀望，主張積極行動了。這時他認爲在日本和鈴木、南次郎以及黑龍會方面所談的那個時機已經到來，是提出要求的時候了，同時，他大概也看出了有人在和我競爭著，所以主張派人到東京去活動。

我對這種突然的變化不但不驚異，反而十分高興。我背著陳寶琛，採納了鄭孝胥的意見，派了日本人遠山猛雄去日本，找剛上台的陸相南次郎和「黑龍會」首領頭山滿進行聯絡。我根據鄭孝胥起的草，用黃絹親筆給這兩個大人物各寫了一封信。

後來，一九四六年在東京國際法庭上南次郎拿出了這封信，給律師作爲替他辯護的證據。我因爲害怕將來回到祖國會受到審判，否認了這封信，引起了一場軒然大波。可惜此信的原文現在沒有得到，只好暫時從日本書籍上轉譯如下：

此次東省事變，民國政府處措失當，開衅友邦，塗炭生靈，予甚憫之。茲遣皇室家庭教師遠山猛雄赴日，慰視陸軍大臣南大將，轉達予意。我朝以不忍目睹萬民之疾苦，將政權讓之漢族，愈趨愈紊，實非我朝之初懷。今者欲謀東亞之強固，有賴於中日兩國提攜，否則無以完成。如不徹底解決前途之障礙，則殷憂四伏，永無寧日，必有赤黨橫行，災難無窮矣。

辛未九月一日（十月十一日）

宣統御璽

今上御筆

鄭孝胥（簽字）

我就這樣地一邊等待，一邊活動著。這封信由遠山猛雄帶走了三個多星期之後，我終於等到了鄭孝胥在自己的日記裏所寫的這一天：

九月辛酉二十三日（十一月二日）。詣行在。召對。上云：「商衍瀛來見，言奉天吉林皆望速幸；吉田來言，土肥原至津，與司令部秘商，謂宜速往。」對曰：「土肥原為本莊之參謀，乃關東軍中之要人，果來迎幸，則不宜遲。」明日以告領事館。夜召土肥原。……

三、夜見土肥原

在這裏所處理的時期之初，土肥原是日本陸軍大佐，一九四一年四月升到將官階級，在「九一八」事變前約十八年間居住中國，被視為陸軍部內的中國通。他對於在滿洲所進行的對華侵略戰爭的發動和進展，以及嗣後受日本支配的偽滿洲國之設立，都具有密切關係。日本軍部派對中國其他地區所採取的侵略政策，土肥原借著政治的謀略、武力的威脅、武力的行使，在促使事態的進展上擔任了顯著的任務。

土肥原當軍部派其他指導者設計、準備和實行將東亞及東南亞置於日本支配之下時，曾和他們保持密切聯絡而行動。

當他的對華的特殊知識和他的在華行使陰謀的能力已無需要時，他就以現地將官的地位來擔當實現他本人曾經參預的陰謀目的。他不但曾參加對中國的侵略戰爭的實行，並且也參加了對蘇聯以及對各國，即一九四一年至一九四五年日本曾對其實行侵略戰爭的各國，除法國以外的侵略戰爭的實行。

——《遠東國際軍事法庭判決書》

土肥原和板垣，在「遠東國際軍事法庭」審判的二十五名戰犯中，是被判定犯罪條款最多的兩人。他們兩人罪狀相同，都犯了七條「破壞和平罪」❶，犯了「違反戰爭法規慣例及違反人道之犯罪」中最重的一條，即「命令准許違約行爲」之罪。

遠東國際軍事法庭對這批戰犯拖到一九四八年十一月才判決，土肥原與板垣和其他五名戰犯都被判處了絞刑。

土肥原，是個完全靠侵略中國起家的日本軍人。他在陸軍士官學校十六期步兵科和陸軍大學畢業後，做過日本參謀本部部員，第十三步兵聯隊長，一九一三年起他來到中國，在關東軍中服務，給東北軍閥的顧問坂西利八郎中將當了十多年的副官。他和張作霖的關係特別深，一九二四年直奉戰爭中，他策動關東軍幫助過張作霖。

一九二八年關東軍決定消滅張作霖，在皇姑屯炸死張作霖的陰謀，也有他參加。不久，他即因功晉級大佐，擔任了瀋陽特務機關長的職務，從此開始了判決書上所述的那些罪行，開始了飛黃騰達。

其實土肥原的許多「傑作」《判決書》裏都沒有提到，例如一九三一年十一月的天津騷動事件、一九三二年熱河戰爭的爆發、一九三五年五月的豐台事變和冀東僞組織的成立、十一月香河流氓暴動和冀察的特殊政權的出現，都離不開土肥原的策劃活動。可以說，在那段時間裏，土肥原走到哪裏，災難就降臨哪裏。大約他的失敗只有過一次，即在他拉攏之下叛國的馬占山，後來反正抗日。但是這並沒有影響他後來的升遷，他被調去當旅團長的時間不長，又調回任關東軍的特務機關長。

一直到「七七」事變，日本人要成立的僞組織都成立起來了，騷亂、暴動等等手段也被武裝進攻代替了，土肥原才脫去了白手套，拿起了指揮刀，以師團長、軍團長、方面軍總司令等身分，統帥著日兵在中國大陸和東南亞進行屠殺和掠奪。就這樣，在屍骨和血泊中，他從「九一八」事變起不過十年間，由大佐升到大將。

那時關於他有種種充滿了神秘色彩的傳說，西方報紙稱他爲「東方的勞倫斯」[2]，中國報紙上說他慣穿中國服裝，擅長中國方言。根據我的了解，他在中國的活動如果都像鼓動我出關那樣做法，他並不需要傳說中的勞倫斯的詭詐和心機，只要有一副賭案上的面孔，能把謊話當真話說就行了。

那次他和我會見也沒有穿中國服裝，只不過一套日本式的西服；他的中國話似乎並不十分高明，爲了不致把話說錯和聽錯，他還用了吉田忠太郎充當我們的翻譯。

他那年四十八歲，眼睛附近的肌肉現出了鬆弛的跡象，鼻子底下有一撮小鬍子，臉上自始至終帶著溫和恭順的笑意。這種笑意給人的唯一感覺，就是這個人說出來的話，不會有一句是靠不住的。

他向我問候了健康，就轉入正題，先解釋日軍行動，說是只對付張學良一個人，說什麼張學良「把滿洲鬧得民不聊生，日本人的權益和生命財產得不到任何保證，這樣日本才不得已而出兵」。他說關東軍對滿洲絕無領土野心，只是「誠心誠意地要幫助滿洲人民，建立自己的新國家」，希望我不要錯過這個時機，很快回到我的祖先發祥地，親自領導這個國家；日本將和這個國家訂立攻守同盟，它的主權領土將受到日本的全力保護；作爲這個國家的元首，我一切可以自主。

他的誠懇的語調，恭順的笑容和他的名氣、身分完全不容我用對待羅振玉和上角利一的態度來對待他。陳寶琛所擔心的——怕羅和上角不能代表關東軍，怕關東軍不能代表日本政府——那兩個問題，我認爲更不存在了。土肥原本人就是個關東軍的舉足輕重的人物，況且他又斬釘截鐵地說：「天皇陛下是相信關東軍的！」

我心裏還有一個極重要的問題，我問道：

「這個新國家是個什麼樣的國家？」

「我已經說過，是獨立自主的，是由宣統帝完全做主的。」

「我問的不是這個，我要知道這個國家是共和，還是帝制？是不是帝國？」

「這些問題，到了瀋陽都可以解決。」

「不，」我堅持地說，「如果是復辟，我就去，不然的話我就不去。」

他微笑了，聲調不變地說：

「當然是帝國，這是沒有問題的。」

「如果是帝國，我可以去！」我表示了滿意。

「那麼就請宣統帝早日動身，無論如何要在十六日以前到達滿洲。詳細辦法到了瀋陽再談。動身的辦法由吉田安排吧。」

他像來時那樣恭敬地向我祝賀一路平安，行了禮，就告辭了。土肥原走後，我接見了和土肥原一齊來的金梁，他帶來了以袁金鎧爲首的東北遺老們的消息，說他們可以號召東北軍舊部歸服。總之，我認爲完全沒問題了。

土肥原去後，吉田告訴我，不必把這件事告訴總領事館；關於動身去大連的事，自有他給我妥善安排。我當時決定，除了鄭孝胥之外，再不找別人商量。

但是，這回消息比上次我去日本兵營傳得還快，第二天報上登出了土肥原和我見面的新聞，而且揭露出了土肥原此行的目的。

陳寶琛那幾天本來不在天津，得到了消息，匆忙地從北京跑回來，一下火車直奔鄭孝胥家裏，打探了消息，然後奔向靜園。這時正好劉驤業從日本東京發來一封電報，說日本軍部方面認爲我出山的時機仍然未至。看了這個電報，我不得不把會見土肥原的情形告訴了他，並且答應和大夥再商量一下。

這天是十一月五日，靜園裏開了一個別開生面的「御前會議」。記得被我召來的除陳寶琛、鄭孝胥、胡嗣瑗之外，還有在天津當寓公的袁大化和鐵良（升允此時剛剛去世）。在這次會議上，陳寶琛和鄭孝胥兩人展開了激烈的辯論。

「當前大局未定，輕舉妄動有損無益。羅振玉迎駕之舉是躁進，現在啓駕的主意何嘗不是躁進！」陳寶琛瞅著鄭孝胥說。

「彼一時，此一時。時機錯過，外失友邦之熱心，內失國人之歡心，不識時務，並非持重！」鄭孝胥瞅著陳寶琛說。

「日本軍部即使熱心，可是日本內閣還無此意。事情不是兒戲，還請皇上三思而定。」

「日本內閣不足道，日本軍部有帷幄上奏之權。三思再思，如此而已！」

「我說的請皇上三思，不是請你三思！」

「三思！三思！等日本人把溥偉扶上去，我們為臣子的將陷皇上於何地？」

「溥偉弄好弄壞，左不過還是個溥偉。皇上出來只能成，不能敗。倘若不成，更陷皇上於何地？更何以對得起列祖列宗？」

「眼看已經山窮水盡了！到了關外，又恢復了祖業，又不再愁生活，有什麼對不起祖宗的？」

在鄭孝胥的飛濺唾星下，陳寶琛臉色蒼白，顫巍巍地扶著桌子，探出上身，接近對面的禿頭頂，冷笑道：

「你，有你的打算，你的熱衷。你，有何成敗，那是毫無價值可言！……」

一言不發的袁大化，低頭不語的鐵良，以及由於身分夠不上說話只能在旁喘粗氣的胡嗣瑗，覺著不能再沉默了，於是出來打圓場。鐵良說了些「從長計議」的話，透出他是支持陳寶琛的，袁大化嘟囔了幾句，連意思都不清楚。胡嗣瑗想支持陳寶琛，可是說不明白。我在會上沒有表示態度，但心裏認爲陳寶琛是「忠心可嘉，迂腐不堪」。

我覺得最好的辦法，還是不要表示自己的想法，不透露自己的意圖。對身邊的人如此，對社會上更要如此。在這裏我要插敘一下，大約是土肥原會見後的兩三天，我接見高友唐的一段事。

那幾天要求見我的人非常多，我認爲全部加以拒絕，只能證實報紙上的推測，那對我會更加不利。至於這個高友唐，更有接見的必要。他以前也是張園的客人，張園把他看做遺老，因爲他是清朝仕學館出身，做過清朝的官，後來辦過幾種報紙，當了國民黨的監察院委員，曾自動爲我向南京要求過「歲費」（沒有結果）。我想他可能透點什麼消息給我，所以接見了他。沒想到他是給蔣介石來做說客的。

他說國民黨政府給他來了電報，叫他告訴我，國民政府願意恢復優待條件，每年照付優待費，或者一次付給我一筆整數也可以，請我提出數目；至於住的地方，希望我選擇上海，我如果要出洋，或者要到除了東北和日本以外的任何地方，都可以。

聽了他的話，我冷笑說：

「國民政府早幹什麼去了？優待條件廢了多少年，孫殿英瀆犯了我的祖陵，連管也沒有管，現在是怕我出去丟蔣介石他們的人吧，這才想起來優待。我這個人是不受什麼優待的，我也不打算到哪兒去。你還是個大清的舊臣，何必替他們說話！」

高友唐是用遺老身分，以完全爲我設想的口氣，向我說話的。他說國民政府的條件對我很有利，當然，他們常常說話不算數，但是，如果我認爲有必要，可以由外國銀行做保。他說：「如果有外國人做保，蔣介石這回是決不敢騙人的。」他似乎頗能懂得我的心理，說優待條件恢復了，當然也恢復帝號，假使想回北京，也可以商量。

我對他的話並不相信。我早聽說蔣介石的手腕厲害，有人說他爲了和英美拉攏而娶宋美齡，連他的髮妻都不要了，根本不講信義，這種人是專門欺軟怕硬的。因爲他怕日本人，現在看見日本人和我接近，就什麼條件都答應下來，等我離開了日本人，大概就該收拾我了。就算他說的都算數，他給了我一個帝號，又哪比得上土肥原答應的帝位呢？他能給我的款子，又怎麼比得上整個的東北呢？蔣介石再對我好，他能把江山讓給我嗎？想到這裏，我就不打算再跟高友唐說下去了。

「好吧，你的話我都知道了，這次談話可以告一段落。」

高友唐看我沉思之後說了這麼一句，卻誤認爲事情有希望，連忙說：「好，好，您再想想，等過幾天我再來。」

「嗯，再來吧。」

他滿懷希望地走了。後來聽說他向我七叔活動之後從北京回來，遇上了「天津事變」，被截在租界外邊。等他設法進了日租界，我已經不在靜園了。

那兩天裏陸陸續續還來了些探聽消息的或提出忠告的人，我也收到了不少的來信。人們對我有忠告，有警告，甚至有姓愛新覺羅的勸我不要認賊作父，要顧惜中國人的尊嚴。

我已經被復辟的美夢完全迷了心竅，任何勸告都沒有生效。我決定對外不說任何真心話。有個天津小報的記者，叫劉髯公的，也是張園和靜園常來的客人，時常在他的報上寫文章恭維我，這時跑來打聽我有沒有出關的意思。他見我極力否認，於是又替我盡了闢謠的義務。

他卻沒想到，就在他的報上登出了爲我闢謠新聞的同一天，我登上了去營口的日本輪船。

在我離津前兩天發生的一件事，不可不說。

那天我正在唾星噴射之下聽著進講：

「勿失友邦之熱心，勿拒國人之歡心……此乃英雄事業，決非書生文士所能理解……」

「不好了！」我的隨侍祁繼忠，忽然慌慌張張地跑了進來，「炸彈！兩個炸彈！……」

我坐在沙發上，嚇得連站也站不起來了。在混亂中，好容易才弄明白，剛才有個陌生人送來一份禮品，附著一張原東北保安總司令部顧問趙欣伯的名片。

來人放下了禮品，揚長而去。祁繼忠按例檢視了禮品，竟在水果筐子裏發現了兩顆炸彈。

造的。

靜園上下驚魂未定，日本警察和日軍司令部的軍官來了，拿走了炸彈。第二天，吉田翻譯官向我報告說，那兩顆炸彈經過檢驗，證明是張學良的兵工廠製造的。

「宣統帝不要再接見外人了。」吉田忠告我，「還是早些動身的好。」

「好！請你快些安排吧。」

「遵命！請陛下不要對不相干的人說。」

「不說。我這回只帶鄭孝胥父子和一兩個隨侍。」

那兩天我接到了不少恐嚇信。有的信文很短，而措詞卻很嚇人。有一封只有這麼一句話：「如果你不離開這裏，當心你的腦袋！」

更驚人的，是祁繼忠接到了一個電話。據祁繼忠說，對方是維多利亞餐廳的一個茶房，他警告我這幾天不要去那裏吃飯，因為有些「形跡可疑的人」到那裏打聽我。這個關心我的朋友還說，他見那些形跡可疑的人，好像衣服裏面藏有電刀。更奇的是，他居然能認出那些人都是張學良派來的。

那個茶房是怎樣的人，我已說不清了，關於祁繼忠這人，我卻永遠忘不了他。他是我從北京帶到天津的男僕，宮裏遣散太監後，他來到宮裏，那時候還是個少年，很受我的寵信。

在天津時代，他是我最喜歡的隨侍之一，在偽滿時，我送他到日本士官學校培養。可是後來，我發現了他竟是「內廷穢聞」中的人物，那時正巧聽說他在日本和同學吵架，我就借了個破壞日滿邦交的題目，請日本人把他開除出了學校。後來他經日本人介紹到華北當上僞軍軍官，以後又搖身一變成了華北僞軍少將，解放後因反革命案被鎭壓。

我離開天津去東北，他是隨我同去的三個隨侍之一，我的舉動他無一不知。我到很晚才明白過來，日本人和鄭孝胥對我當時的動靜那麼清楚，對我的心情掌握的那麼準確及時，而演給我看的那齣戲——雖然演員們演的相當笨拙——效果又是那麼好，祁繼忠實在是個很有關係的人。

緊接著炸彈、黑信、電話而至的，是「天津事件」的發生。日本人組織的漢奸便衣隊對華界大肆騷擾（這也是土肥原導演的「傑作」），日租界宣佈戒嚴，斷絕了與華界的交通。靜園門外開來擔任「保護」之責的鐵甲車。於是靜園和外界也隔絕了。能拿到通行證的，只有鄭氏父子二人。

後來我回想起來，土肥原這樣急於弄我到東北去，如果不是關東軍少壯派爲了急於對付他們內部的反對派，或其他別的原因，而僅僅是怕我再變了主意的話，那就把外界對我的影響估計得太高了。

事實上，不但我這時下定決心，就連陳寶琛影響下的胡嗣瑗、陳曾壽等人，態度上也起了變化。他們不再堅持觀望，開始打算主動和日本進行接觸。不過他們仍怕軍人靠不住，認爲還是找日本政府的好。這些人的變化，和我一樣是既怕錯過機會，又怕羊肉沒吃成反而惹上一身羶。對於和日本人交涉的條件，他們關心的是能不能當上大官，因此主張「用人權」必須在我，至於什麼民族榮譽、經濟利權等等，是完全可以當做換取自己地位的代價送出去的。陳曾壽在我會見土肥原後立刻遞上了這樣一個奏摺：

奏為速赴機宜，以策萬全，恭摺仰祈聖鑒事。今日本因列強反對而成僵局，不得不變動東三省局面以自解於列強，乃有此勸進之舉，誠千載一時之機會。遇此機會而無以赴之，則以後更有何機之可待？唯赴機若不得其宜，則其害有甚於失機者。今我所以自處之道，可兩言而決：能與日本訂約，酌讓路、礦、商務之利，而用人行政之權，完全自主，則可以即動，否則萬不可動，如是而已。現報紙喧騰，敵人疑忌，天津已有不能安處之勢。欲動則恐受賺於日本，欲靜又失此良機，進退兩難，唯有請 皇上密派重臣徑赴日本，與其政府及元老西園寺等商洽，直接訂約後再赴瀋陽，則萬全而無失矣。臣愚昧之見，是否有當，伏祈聖鑒。

四、白河偷渡

動身日期是十一月十日。按照計劃，我必須在這天傍晚，瞞過所有的耳目，悄悄混出靜園的大門。

我爲這件事臨時很費了一番腦筋。我先是打算不走大門，索性把汽車從車房門開出去。

我命令最親近的隨侍大李去看看能不能打開車房門，他說車房門久未使用，門外已經被廣告招貼糊住了。後來還是祁繼忠想出了個辦法，這就是把我藏進一輛跑車（即只有雙座的一種敞篷車）的後箱裏，然後從隨侍裏面挑了一個勉強會開車的，充當臨時司機。他自己坐在司機旁邊，押著這輛「空車」，把我載出了靜園。

在離靜園大門不遠的地方，吉田忠太郎坐在一輛汽車上等著，一看見我的汽車出了大門，他的車便悄悄跟在後面。

那時正是天津騷亂事件的第三天。日本租界和鄰近的中國管區一帶整日戒嚴。這次騷亂和戒嚴，究竟是有意的佈置還是偶合，我不能斷定，總之給我的出奔造成了極爲順利的環境。在任何中國人的車輛不得通行的情況下，我這輛汽車走到每個路口的鐵絲網前，遇到日本兵阻攔時，經後面的吉田一打招呼，便立刻通過。所以雖然祁繼忠找來的這個二把刀司機技術實在糟糕（一出靜園大門車就撞在電線桿子上，我的腦袋給箱蓋狠狠碰了一下，一路上還把我顛撞得十分難受），但是總算順利地開到了預定的地點——敷島料理店。

汽車停下之後，祁繼忠把開車的人支到一邊，吉田過來打開了車箱，扶我出來，一同進了敷島料理店。早等候在這裏的日本軍官，叫真方勛大尉，他拿出了一件日本軍大衣和軍帽，把我迅速打扮了一下，然後和吉田一同陪我坐上一部日軍司令部的軍車。這部車在白河岸上暢行無阻，一直開到一個碼頭。

車子停下來之後，吉田和真方勛扶我下了車。我很快就看出來，這不是日租界，不覺有點發慌。吉田低聲安慰我說：「不要緊，這是英租界。」我在他和真方勛二人的夾扶下，快步在水泥地面上走了一段，一隻小小的沒有燈光的汽船出現在眼前。我走進船艙，看見了鄭孝胥父子倆如約候在裏面，心裏才穩定下來。

坐在這裏的還有三個日本人，一個是上角利一，一個是從前在升允手下做過事的日本浪人工藤鐵三郎，還有一個叫大谷的，現在忘了他的來歷。我見到了船長西長次郎，知道了船上還有十名日本士兵，由一個名叫諏訪績的軍曹帶領著，擔任護送之責。這條船名叫「比治山丸」，是日軍司令部運輸部的。

爲了這次特殊的「運輸」任務，船上堆了沙袋和鋼板。過了二十年之後，我從日本的《文藝春秋》雜誌上看到了工藤寫的一篇回憶錄。

據他說當時船上暗藏了一大桶汽油，準備萬一被中國軍隊發現，無法脫逃的時候，日本軍人就放火燒，讓我們這幾個人證與船同歸於盡。那時我的座位距離汽油桶大概不會超過三米遠，我還認爲離著「幸福」是越來越近了呢！

吉田和真方勛大尉離開了汽船，汽船離了碼頭。電燈亮了，我隔窗眺望著河中的夜景，心中不勝感慨。白天的白河我曾到過幾次，在東北海軍畢庶澄的炮艦上和日本的驅逐艦上，我曾產生過幻想，把白河看做我未來奔向海洋彼岸，尋找復辟外援的通路。如今我真的航行在這條河上了，不禁得意忘形，高興得想找些話來說說。

可是我高興得未免太早，鄭垂告訴我：「外國租界過去了，前邊就是中國人的勢力。軍糧城那邊，可有中國軍隊守著哩！」

聽了這話，我的心一下子提到了嗓子眼。看看鄭氏父子和那幾個日本人，全都板著臉，一語不發。大家在沉默中過了兩個小時，突然間從岸上傳來一聲吆喝：「停——船！」

像神經一下子被切斷了似的，我幾乎癱在地上。艙裏的幾個日本兵忽嚕忽嚕地上了甲板，甲板上傳來低聲的口令和零亂的腳步聲。我探頭到窗外，看見每個沙包後都有人伏著，端槍做出準備射擊的姿勢。

這時我覺出船的行速在下降，航向好像是靠近河岸。我正不解其故，忽然電燈全熄了，岸上響起了槍聲，幾乎是同時，機器聲突然大作，船身猛然加速，只覺一歪，像跳起來似地掠岸而過，岸上的喊聲，槍聲，漸漸遠了。原來日本人早準備好了這一手，先裝作聽命的樣子，然後乘岸上不備，一溜煙逃過去了。

過了一會，燈光亮起來，艙裏又有了活氣。半夜時到了大沽口外。在等待著商輪「淡路九」出口外接我們的時候，日本兵拿出了醬湯、鹹白菜和日本酒。鄭孝胥活躍起來了，高談其同文同種的謬論，把這一場驚險經歷描繪成「英雄事業」的一部分。他和日本兵乾杯，詩興大發，即興吟了一首詩道：

同洲二帝欲同尊，七客同舟試共論；
人定勝天非浪語，相看應在不多言。

因爲這天晚上吃了大米和大麥合製的日本飯，鄭孝胥後來刻了兩個圖章給我，一個是「不忘在莒」，一個是「滹沱麥飯」。前者是借魯昭公奔莒的故事，暗示我安不忘危，別忘了我和他在一起的這一晚；後者是借劉秀敗走滹沱河，大樹將軍馮異爲他烤衣服、做麥飯充饑的故事。鄭孝胥把我比做劉秀，他自己自然是比做大樹將軍了。

鄭孝胥這天晚上的高興，除了由於他成了一個勝利者外，大概還有另一層不便說出的原因，這就是他從日本軍政的表面摩擦和分歧中，比任何人更早地看出了他們的一致。在我會見土肥原後的第二天（十一月三日），他的日記上寫道：

大七（即鄭垂）至日本領事館，後藤言：土肥原謂此來即為迎上赴奉天，領事館可佯為不知。

二次大戰後被發現的日本外務省的檔案，其中有十一月六日外相幣原給天津桑島總領事的一封密電稿，說明了白河偷渡的戲劇性：

關於擁戴宣統帝的運動。認為如果過度拘束皇帝的自由，對內、外的關係反會不好。曾把這種意見在外務方面協議過，外務方面雖然也同意，但關於滿洲目前的局勢，各方面都有擁戴皇帝的運動，因此，對於帝國國策的執行上，難保不受到連累。同時，皇帝身邊的保護也屬必要，所以做了相當的警備。再外務方面也表示，現在滿洲方面的政局，也稍安穩，東三省的民眾總的意志，也想擁戴皇帝。如果對於國策的執行沒有妨礙，聽其自然也無不可。

五、在封鎖中

在淡路丸上，鄭孝胥講了一整天治國平天下的抱負。十三日早晨，我們到達了遼寧省營口市的「滿鐵」碼頭。

爲什麼去瀋陽要從營口登陸，這個問題我根本不曾考慮過，我想到的只是東北民眾將如何在營口碼頭上來接我。在我的想像中，那裏必定有一場民眾歡呼的場面，就像我在天津日租界日僑小學裏看到的那樣，人們搖著小旗，向我高呼萬歲。但是船身越靠近碼頭，越不像那麼回事。那裏並沒有人群，更沒有什麼旗幟。等到上了岸，這才明白，不但迎接的人很少，而且全是日本人。

經過上角利一的介紹，才知道這都是板垣派來的人，爲首的叫甘粕正彥。此人在中國知道他的不多，在日本卻大有名氣。他原是個憲兵大尉。日本大地震時，日本軍部趁著震災造成的混亂，迫害進步人士，遭難的大杉榮夫婦和七歲的孩子就是死在他手裏的。震災後，這個慘案被人揭發出來，在社會輿論壓力之下，軍部不得不讓他充當替罪羊，交付軍事法庭會審，處以無期徒刑。

過了不久，他獲得了假釋，被送往法國去念書。他在法國學的是美術和音樂，幾年之後，這位藝術家回到日本，隨即被派到關東軍特務機關。據二次大戰後日本出版的一本書上說，作爲「九一八」事變信號的柳條溝鐵道的爆炸，就是他的一件傑作。在營口碼頭上，我怎麼也不會想到，這個彬彬有禮的戴細腿近視眼鏡的人，會有這麼不平凡的經歷。如果沒有他的傑作，也許我還不會到東北來哩。

甘粕正彥把我和鄭氏父子讓進預備好的馬車，把我們載到火車站。坐了大約一個多鐘頭的火車，又換上了馬車。一路上沒聽到任何解釋，稀里糊塗地到了湯崗子溫泉療養區。我懷著狐疑的心情走進了對翠閣溫泉旅館。

對翠閣旅館是日本「滿鐵」的企業，日本風格的歐式洋樓，設備相當華麗，只有日本軍官、滿鐵高級人員和中國的官僚有資格住。我被帶進了樓上的非常講究的客房，在這裏見著了羅振玉、商衍瀛和佟濟煦。羅振玉給我請安後即刻告訴我，他正在和關東軍商洽復辟建國的事，又說在商談結束前，不宜把我到達這裏的消息洩露出去，而且除了他之外別人也不宜出頭露面。

他這話的真正用意我沒有領會，我卻自以爲弄清了一個疑團：怪不得沒有熱烈歡迎的場面，原來人們還都不知我來。

我相信和關東軍的談判是容易的，不久就可以宣佈我這大清皇帝在瀋陽故宮裏復位的消息，那時就不會是這樣冷冷清清的了。我想得很高興，全然沒有注意到鄭氏父子的異樣神色。我痛痛快快地吃了一餐別有風味的日本飯菜，在窗口眺望了一會這個風景區的夜色，就心曠神怡地睡覺去了。

過了一宿，我才明白這次又樂得太早了。

漱洗之後，我招呼隨侍祁繼忠，說我要出去蹓躂一下，看看左近的風景。

「不行呵，不讓出去啦！」祁繼忠愁眉苦臉地說。

「怎麼不行？」我詫異地問。「誰說的？到樓下去問問！」

「連樓也不讓下呵！」

我這時才知道，對翠閣旅館已經被封鎖起來，不但外面的人不准進到旅館範圍裏來，就是住在樓下的人也休想上樓（樓上只有我們這幾個人住）。尤其令人不解的是，爲什麼連樓上的人也不許下去呢？找羅振玉，羅振玉已不知何往。鄭孝胥父子都很生氣，請我找日本人問問這是怎麼回事。陪我們住在這裏的日本人，帶頭的是上角利一和甘粕正彥。祁繼忠把上角找來了，他笑嘻嘻地用日本腔的中國話說：

「這是爲了安全的，爲了宣統帝安全的。」

「我們在這裏住到什麼時候？」鄭孝胥問。

「這要聽板垣大佐的。」

「熙洽他們呢？不是羅振玉說熙洽要接我到奉天嗎？」

「這，也要聽板垣大佐的。」

「羅振玉呢？」鄭垂問。

「到瀋陽找板垣大佐去了。現在還在討論著新國家的問題，討論出一致的意見，就來請宣統帝去的。」

「糟！」鄭垂一甩手，忿忿地走到一邊去了。這個「君前失禮」的舉動很使我看不慣，不過這時更引起我注意的，卻是上角說的「新國家」問題還在討論。這可太奇怪了，不是土肥原和熙洽都說一切沒問題，就等我來主持大計了嗎？上角現在說「還在討論」，這是什麼意思呢？我提出了這個問題，上角利一含糊其詞地回答說：

「這樣的大事，哪能說辦就辦的？宣統帝不要著急，到時候自然要請宣統帝去的。」

「到哪裏去呢？」鄭垂匆匆地走過來插嘴，「到奉天嗎？」

「這要聽板垣大佐的。」

我很生氣地躲開了他們，到另一間屋子叫來了佟濟煦，問他從瀋陽拍來電報說「萬事俱妥」是什麼意思。佟濟煦說這是袁金鎧說的，不知這是怎麼鬧的。我又問商衍瀛，他對這件事怎麼看，他也沒說出個什麼道理來，只抱怨這地方沒有「乩壇」，否則的話，他一定可以得到神仙的解答。

這時我還不知道，日本人正在忙亂中。日本在國際上處勢孤立，內部對於採取什麼形式統治這塊殖民地，意見還不統一，關東軍自然還不便於立刻讓我出場。我只感覺出日本人對我不像在天津那麼尊敬了，這個上角也不是在天津駐屯軍司令部裏的那個上角了。我在不安的預感中，等待了一個星期，忽然接到了板垣的電話，請我搬到旅順去。

爲什麼不去瀋陽呢？上角利一笑嘻嘻地解釋說，這還要等和板垣大佐談過才能定。爲什麼要到旅順等呢？據上角說，因爲湯崗子這地方附近有「匪」，很不安全，不如住旅順好，旅順是個大地方，一切很方便。我聽著有理，於是這天晚上搭上火車，第二天一早到了旅順。

在旅順住的是大和旅館。又是在對翠閣的一套做法，樓上全部歸我們這幾個人佔用，告訴我不要下樓，樓下的人也不准上來。上角和甘粕對我說的還是那幾句：新國家問題還在討論，不要著急，到時候就有人請我到瀋陽去。

在這裏住了不多天，鄭孝胥父子便獲得了羅振玉一樣的待遇，不但外出不受阻攔，而且還可以到大連去。這時鄭孝胥臉上的鬱鬱不樂的神色沒有了，說話的調子也和羅振玉一樣了，說什麼「皇上天威，不宜出頭露面，一切宜由臣子們去辦，待爲臣子的辦好，到時候皇上自然就會順理成章地面南受賀」。又說在事成之前，不宜宣揚，因此也不要接見一切人員，關東軍目前是這裏的主人，我在「登極」之前，在這裏暫時還算是客人，客隨主便，也是理所當然。聽了他們的話，我雖然心裏著急，也只好捺下心等著。

事實上，這些口口聲聲叫我皇上的，這些絞著腦汁、不辭勞苦、爲我奔波著的，他們心裏的我，不過是紙牌上的皇帝，這種皇帝的作用不過是可以吃掉別人的牌，以贏得一筆賭注而已。日本人爲了應付西方的磨擦和國內外的輿論壓力，才準備下我這張牌，自然他們在需要打出去之前，要嚴密加以保藏。

鄭羅之流爲了應付別的競爭者，獨得日本人的犒賞，也都想獨占我這張牌，都費盡心機把持我。於是就形成了對我的封鎖，使我處於被隔離的狀態中。在湯崗子，羅振玉想利用日本人規定的限制來斷絕我和別人的來往，曾阻止我和鄭孝胥與日本關東軍的接觸，以保障他的獨家包辦。

到了旅順，鄭孝胥和日本人方面發生了關係，跟他唱上了對台戲，於是他只好亡羊補牢，設法再不要有第三個人插進來。在防範我這方面，羅和鄭聯合起來，這就出現了鄭羅二人一方面聯合壟斷我，一方面又勾心鬥角地在日本人方面爭寵。

這些事實的內幕，我當時自然不明白。我只覺出了羅振玉和鄭孝胥父子跟日本人沆瀣一氣，要把我和別人隔離開。他們對於佟濟煦和只知道算卦求神的商衍瀛，不怎麼注意，對於從天津來的要見我的人，卻防範得很厲害，甚至連對婉容都不客氣。

我在離開靜園以前，留下了一道手諭，叫一名隨侍交給胡嗣瑗，命他隨後來找我，命陳曾壽送婉容來。這三個人聽說我在旅順，就來到了大連。羅振玉派人去給他們找了地方住下，說關東軍有命令，不許他們到旅順來。婉容對這個命令起了疑心，以爲我出了什麼岔子，便大哭大鬧，非來不可，這樣才得到允許來旅順看了我一次。過了大概一個月，關東軍把我遷到善耆（這時已死）的兒子憲章家裏去住，這才讓婉容和後來趕到的二妹、三妹搬到我住的地方來。

我本來還想讓胡嗣瑗、陳曾壽兩人也搬到我身邊，但鄭孝胥說關東軍規定，除了他父子加上羅振玉和萬繩栻這幾個人之外，任何人都不許見我。我請求他去和甘粕、上角商量，結果只准許胡嗣瑗見一面，條件是當天必須回大連。

胡嗣瑗在這種情形下，一看見我就咧開大嘴哭起來了，說他真想不到在我身旁多年，今日落得連見一面都受人限制，說得我心裏很不自在。一種孤立無援的恐懼在壓迫著我，我只能安慰胡嗣瑗幾句，告訴他等我到了可以說話的時候，一定「傳諭」叫他和陳曾壽到我身邊來。胡嗣瑗聽了我的話，止住了哭泣，趁著室裏沒人，一五一十地向我敘說了鄭羅二人對他們的多方刁難，攻擊他們是「架空欺罔，挾上壓下、排擠忠良」。

胡嗣瑗和陳曾壽住在大連，一有機會就托人帶奏摺和條陳來，在痛罵鄭羅「雖秦檜、仇士良之所爲，尚不敢公然無狀、欺侮挾持一至於此」之外，總要酸勁十足和焦急萬分地一再說些「當茲皇上廣選才俊，登用賢良之時，如此掣肘，尚有何希望乎？」這類的話。胡嗣瑗曾勸我向日本人要求恢復天津的形勢，身邊應有親信二三人，意思是他仍要當個代拆代行的大軍機。

陳曾壽則對我大談「建國之道，內治莫先於綱紀，外交莫重於主權」，所謂「綱紀最要者，魁柄必操自上，主權最要者，政令必出自上」，總之一句話，我必須有權能用人，因爲這樣他才能做大官。這些人自然鬥不過鄭羅，在後來封官晉爵的時候，顯貴角色裏根本沒有他們。

後來經我要求，給了陳曾壽一個秘書職務，但他不幹，請假走了，直到以後設立了內廷局叫他當局長，他才回來。胡嗣瑗曾和陳曾壽表示決不做官，「願以白衣追隨左右」，我給他弄上個秘書長的位置，他才不再提什麼「白衣」。由於他恨極了當國務總理的鄭孝胥，後來便和羅振玉聯合起來攻鄭。結果沒有攻倒，自己反倒連秘書長也沒有做成，這是後話，暫且不提。

我到旅順的兩個月後，陳寶琛也來了。鄭孝胥這時成了關東軍的紅人，羅振玉眼看就要敗在他手裏，正當他接近全勝，他和關東軍的交易接近成熟的時候，看見威望超過他的「帝師」出現在大連，立刻引起了他的警惕。他生怕他這位同鄉會引起日本人更大的興趣，急忙想攆陳回去。所以陳寶琛在旅順一共住了兩宿，只和我見了兩面，就被鄭孝胥藉口日本人要在旅館開會給送走了。

同時，天津和北京的一些想做官的遺老們藉口服侍我，跑到旅順來，也都被鄭孝胥和甘粕正彥擋了駕。就連恭親王溥偉想見我也遇到攔阻。我過生日的時候，他們再找不到藉口，才無可奈何地讓一部分人見了我，給我祝壽。其中有寶熙、商衍瀛、沈繼賢、金卓、王季烈、陳曾壽、毓善等人，後來在偽滿成立時都成了大小新貴。

當時互相傾軋、你爭我奪的不但有遺老，在日本浪人和特務之間也不例外，得勢的當然是板垣手下的上角和甘粕這一夥。當過我父親家裏家庭教師的遠山猛雄本想到我身邊沾沾光，由於不是軍部系統的，最後都給上角和甘粕擠走了。

發生在鄭與羅之間的鬥爭是最激烈的。這是這對冤家最後的殊死戰，因此都使用出了全身的力氣。羅振玉利用他和板垣、上角利一這些人的勢力，對鄭孝胥一到東北即行封鎖，是他的頭一「招」。他自恃有首倡「迎立」之功，相信只要能把我壟斷在手，用我這張牌去和日本人談判，一定可以達到位居首輔的目的。可是他在談判中，一上來就堅持要大清復辟。日本方面對他這個意見不感興趣。

他跟我一樣地不明白，復辟的做法和日本人宣傳的「滿洲民眾要求獨立自治」的說法，是配不上套的。這時日本人在國際上十分孤立，還不能把這場傀儡戲立刻搬上台去，因此關東軍並不急於定案，暫時仍用什麼「自治指導部」、「維持會」等名目支撐著。羅振玉認爲鄭孝胥被他封鎖住，其他人更無法靠近我的身邊，無從代表我和日本人去說話，他大可用獨家經理的身分，不慌不忙地和日本人辦交涉。復辟大清和另立國家之爭正懸而未決，我和鄭孝胥到了旅順，出乎羅振玉的意外，他對鄭孝胥的封鎖失了效，關東軍方面請鄭孝胥去會談。

羅振玉既不知道鄭孝胥和東京軍部的關係，也想不到鄭孝胥在離津之前就認識了上角利一。就像我出宮那年，羅振玉與日本竹本大佐的關係變成了鄭孝胥的關係一樣，這回羅振玉帶來的上角也很快變成了鄭孝胥的朋友，成了鄭與關東軍之間的橋梁。鄭氏父子到了營口、旅順，和甘粕正彥談了幾次心，關東軍因此了解到他父子遠比羅振玉「靈活」，不像羅振玉那樣非有蟒袍補褂、三跪九叩不過癮，因此樂於以他爲交易對手。

鄭孝胥被看中了之後，第一次和板垣會面（一九三二年一月二十八日在旅順），聽到板垣要叫我當「滿蒙共和國大總統」，先很驚訝，後來明白了日本軍方決不肯給我一頂皇帝帽子，便馬上改了主意，由他兒子鄭垂出面找軍方選中的殖民地總管駒井德三，表示日本如果認爲「帝國」稱呼不適於這個新國家的話，只要同意他任未來的內閣首揆，一切沒有問題，他可負責說服「宣統帝」接受其他的元首稱號。

順便說一句，這時搶這個首揆椅子的，卻大有人在。不但有羅振玉，還有張景惠、臧式毅、熙洽等人。熙洽幾次派人送錢給我，共有十幾萬元，求我授他「總理」之職。鄭孝胥自然很著急，所以忙不迭地叫鄭垂從旁搶先遞「價碼」。駒井德三把這袖筒裏來的價碼告訴了本莊和板垣，於是鄭孝胥便成了奉天關東軍司令官的客人。就這樣，關東軍的第一交易對手由羅振玉變成了鄭孝胥。

自然，這些真相是我在封鎖中所看不透的。我所見到的是另外一樣……

六、所見與所思

我到旅順以後，感到最惶惑不安的，倒不是因爲受到封鎖、隔離，而是從上角這幾個日本人口中聽到，關東軍似乎連新國家的國體問題還沒定下來。

這對我說來，比沒有人在碼頭上迎接我更堵心。沒有人迎接，還可以用「籌備不及」、「尚未公佈」的話來解釋。「國體未定」又是怎麼回事呢？國體既然未定，土肥原幹麼要請我到滿洲來呢？

鄭孝胥和上角向我解釋說，土肥原沒有說謊，關東軍支持我復位和主持大計的話全不錯，不過這是滿洲的事，當然還要和滿洲人商量，沒有商量好以前，自然叫做「未定」。

我已經不像在湯崗子那樣容易相信這些人了，但我又找不到任何別人商議事情。這還是我第一次離開我的師傅。在沒師傅指點的情形下，我只好採取商衍瀛的辦法，找神仙幫忙來解答問題。我拿出從天津帶來的一本《未來預知術》，搖起了金錢神課。記得我搖出了一課「乾乾」卦，卦辭還算不壞。於是我就這樣的在鄭孝胥、羅振玉和諸葛亮❸的一致勸導下，捺著性子等待下去。

有一天，上角來問我，是不是認識馬占山。我說在天津時，他到張園來過，算是認識吧。上角說，板垣希望我能寫一封信，勸馬占山歸順。我說在天津時已曾寫過一封，如果需要，還可以再寫。這第二封勸降書並沒有用上，馬占山就投降了。雖然我的信未發生作用，可是關東軍請我寫信這件事給了我一種安慰，我心裏這樣解釋：這顯然是日本人承認我的威信，承認這塊江山必須由我統治才行。我是誰呢，不就是大清的皇帝嗎？這樣一想，我比較安心了些。

這樣等了三個月，到我過生日的第二天，即一九三二年二月十九日，忽然來了一個消息，剛剛復會的「東北行政委員會」通過了一項決議，要在滿洲建立一個「共和國」。所謂東北行政委員會是二月十八日復會的，這個委員會由投降的原哈爾濱特區長官張景惠、遼寧（這時被改稱奉天）省主席臧式毅、黑龍江省代理主席馬占山和被這委員會追認的吉林省主席熙洽組成，張景惠爲委員長。二月十九日，這個委員會在板垣導演下通過了那項決議，接著又發表了一個「獨立宣言」。這些消息傳來之後，除了鄭氏父子以外，我身邊所有的人，包括羅振玉在內無不大起恐慌，人人忿慨。

這時佔據著我全心的，不是東北老百姓死了多少人，不是日本人要用什麼辦法統治這塊殖民地。它要駐多少兵，要採什麼礦，我一概不管，我關心的只是要復辟，要他們承認我是個皇帝。如果我不爲了這點，何必千里迢迢跑來這裏呢？我如果不當皇帝，我存在於世上還有什麼意義呢？陳寶琛老夫子以八十高齡的風燭殘年之身來到旅順時，曾再三對我說：「若非復位以正統系，何以對待列祖列宗在天之靈！」

我心中把土肥原、板垣恨得要死。那天我獨自在前肅親王的客廳裏像發了瘋似地轉來轉去，紙煙被我捏斷了一根又一根，《未來預知術》被我扔到地毯上。我一下子想起了我的靜園，想到假如我做不成皇帝，還不如去過舒適的寓公生活，因爲那樣我還可以賣掉一部分珍玩字畫，到外國去享福。這樣一想，我有了主意，我要向關東軍表明態度，如果不接受我的要求，我就回天津去。我把這主意告訴了羅振玉和鄭孝胥，他們都不反對。羅振玉建議我先送點禮物給板垣，我同意了，便從隨身帶的小件珍玩中挑了幾樣叫他去辦。恰好這時板垣來電話請鄭羅二人去會談，於是我便叫陳曾壽爲我寫下必須「正統系」的理由，交給他們帶給板垣，叫他們務必堅持，向板垣說清楚我的態度。

我寫的那些理由共十二條（後四條是陳曾壽續上的）：

一、尊重東亞五千年道德，不得不正統系。

二、實行王道，首重倫常綱紀，不得不正統系。

三、統馭國家，必使人民信仰欽敬，不得不正統系。

四、中日兩國為兄弟之邦，欲圖共存共榮，必須尊崇固有之道德，使兩國人民有同等之精神，此不得不正統系。

五、中國遭民主制度之害已二十餘年，除少數自私自利者，其多數人民厭惡共和，思念本朝，故不得不正統系。

六、滿蒙人民素來保存舊習慣，欲使之信服，不得不正統系。

七、共和制度日熾，加以失業人民日眾，與日本帝國實有莫大之隱憂；若中國得以恢復帝制，於兩國人民思想上。精神上保存至大，此不得不正統系。

八、大清在中華有二百餘年之歷史，（入關前）在滿洲有一百餘年之歷史，從人民之習慣，安人民之心理，治地方之安靖，存東方之精神，行王政之復古，鞏固貴國我國之皇統，不得不正統系。

九、貴國之興隆，在明治大帝之王政。觀其訓諭群工，莫不推揚道德，教以忠義。科學兼採歐美，道德必本諸孔孟，保存東方固有之精神，挽回濡染歐風之弊習，故能萬眾人心親上師長，保護國家，如手足之捍頭目。此予之所敬佩者。為趨步明治大帝，不能不正統系。

十、蒙古諸王公仍襲舊號，若行共和制度，欲取消其以前爵號，則因失望而人心渙散，更無由統制之，故不能不正統系。

十一、貴國扶助東三省，為三千萬人民謀幸福，至可感佩。唯予之志願，不僅在東三省之三千萬人民，實欲以東三省為張本，而振興全國之人心，以救民於水火，推至於東亞共存共榮，即貴國之九千萬人民皆有息息相關之理，兩國政體不得歧異。為振興兩國國勢起見，不得不正統系。

十二、予自辛亥遜政，退處民間，今已二十年矣，毫無為一己尊崇之心，專以救民為宗旨。只要有人出而任天下之重，以正道挽回劫運，予雖為一平民，亦所欣願。若必欲予承之，本個人之意見，非正名定分，實有用人行政之權，成一獨立國家，不能挽回二十年來之弊政。否則有名無實，諸多牽制，毫無補救於民，如水益深，如火益熱，徒負初心，更滋罪戾，此萬萬不敢承認者也。倘專為一己尊榮起見，則二十年來杜門削跡，一旦加之以土地人民，無論為總統，為王位，其所得已多，尚有何不足之念。實以所主張者純為人民，純為國家，純為中日兩國，純為東亞大局起見，無一毫私利存乎其間，故不能不正統系。

鄭孝胥知道，這次瀋陽之行是決定自己命運的關鍵。因爲關東軍在叫東北行政委員會通過「國體」之前，要先排定一下「開國元勳」們的位置。因此，他在動身之前，對我盡量表示順從，以免引起我對他發生戒心。

但是等到他的目的已經達到，從瀋陽返回來的時候，那情形就變了。他勸我不要和關東軍爭論，勸我接受共和制，出任「執政」。

「什麼執政？叫我當共和國的執政？」我跳了起來。

「這事已成定局，臣再三向軍方爭論無效。軍方表示，執政即元首⋯⋯」

我不理他，轉身問羅振玉，這是怎麼回事。羅振玉說：「臣就見了板垣一面，是鄭孝胥跟板垣談的。」

後來據陳曾壽說，鄭孝胥父子根本沒把我的十二條「正統系」給板垣拿出來，而且還向板垣保證：「皇上的事，我全可以包下來，」「皇上如同一張白紙，你們軍部怎麼畫都行，」等等。當時我還不知道這回事，只認爲他們不會辦事，都受了日本人的騙。

「你們都沒用！」我大聲喊道，「你們爲什麼不說，我的要求達不到，我就回天津！」

「皇上還是再三思考爲好。」鄭孝胥說，「復辟必須依賴日本，眼前與日本反目，將來的希望也完了。將來復辟不是沒有希望呵！」

他又講了一些歷史故事，勸我答應，可是那些故事我早就聽夠了，再說無論是劉秀還是重耳，也都沒有放棄君主稱號的。最後他說：

「下午板垣就來覲見，請皇上對板垣說吧！」

「讓他來！」我氣呼呼地回答。

七、會見板垣

板垣征四郎是一九二九年調到關東軍當參謀的，據遠東國際軍事法庭揭露，他在一九三〇年五月就對人說，他對解決「滿洲問題」已有了一個「明確的想法」，他認爲必須以武力解決中日間的問題。至少在「九一八」事變前一年，他就主張驅逐張學良，在東北建立一個「新國家」。

判決書上說：他「自一九三一年起，以大佐地位在關東軍參謀部參加了當時以武力占領滿洲爲直接目的的陰謀，他進行了支持這種目標的煽動，他協助製造引起所謂『滿洲事變』的口實，他壓制了若干防止這項軍事行動的企圖，他同意了和指導了這種軍事行動。嗣後，他在鼓動『滿洲獨立』的欺騙運動中以及樹立傀儡僞『滿洲國』的陰謀中，都擔任了主要的任務。」

他於一九三四年任關東軍副參謀長，一九三七年「七七」事變後是師團長，一九三八年做了陸軍大臣，一九三九年任中國派遣軍的參謀長，以後做過朝鮮司令官、駐新加坡的第七方面軍司令官。在華北內蒙樹立僞政權、進攻中國內地、樹立汪精衛僞政權、發動哈桑湖對蘇聯進攻等等重大事件中，他都是重要角色。

二月二十三日下午，我會見了板垣，由關東軍通譯官中島比多吉任翻譯。板垣是個小矮個，有一個剃光的頭，一張刮得很乾淨的青白色的臉，眉毛和小鬍子的黑色特別顯眼。在我見過的日本軍官中，他的服裝算是最整潔的了，袖口露出白得刺眼的襯衫，褲腿管上的圭角十分觸目，加上他的輕輕搓手的習慣動作，給了我一個頗爲斯文和瀟灑的印象。

板垣先對我送他禮物表示了謝意，然後表明，他奉關東軍本莊司令官之命，向我報告關於「建立滿洲新國家」的問題。

他慢條斯理地從什麼「張氏虐政不得人心，日本在滿權益絲毫沒有保障」談起，大談了一陣日軍行動的「正義性」，「幫助滿洲人民建立王道樂土的誠意」。

我聽著他的話，不斷地點頭，心裏卻希望他快些把我關心的答案說出來。好不容易，他總算談到了正題：

「這個新國家名號是『滿洲國』，國都設在長春，因此長春改名爲新京，這個國家由五個主要民族組成，即滿族、漢族、蒙古族、日本族和朝鮮族。日本人在滿洲花了幾十年的心血，法律地位和政治地位自然和別的民族相同，譬如同樣地可以充當新國家的官吏。……」

不等中島翻譯完，他從皮包裏又拿出了《滿蒙人民宣言書》以及五色的「滿洲國國旗」，放到我面前的沙發桌上。我氣得肺都要炸了。我的手顫抖著把那堆東西推了一下，問道：

「這是個什麼國家？難道這是大清帝國嗎？」

我的聲音變了調。板垣照樣地不緊不慢地回答：「自然，這不是大清帝國的復辟，這是一個新國家，東北行政委員會通過決議，一致推戴閣下爲新國家的元首，就是『執政』。」

聽到從板垣的嘴裏響出個「閣下」來，我覺得全身的血都湧到臉上來了。這還是第一次聽日本人這麼稱呼我呢！「宣統帝」或者「皇帝陛下」的稱謂原來就此被他們取消了，這如何能夠容忍呢？在我的心裏，東北二百萬平方里的土地和三千萬的人民，全抵不上那一聲「陛下」呀！

我激動得幾乎都坐不住了，大聲道：

「名不正則言不順，言不順則事不成！滿洲人心所向，不是我個人，而是大清的皇帝，若是取消了這個稱謂，滿洲人心必失。這個問題必須請關東軍重新考慮。」

板垣輕輕地搓著手，笑容滿面地說：

「滿洲人民推戴閣下為新國家的元首，這就是人心所歸，也是關東軍所同意的。」

「可是日本也是天皇制的帝國，為什麼關東軍同意建立共和制呢？」

「如果閣下認為共和制不妥，就不用這個字眼。這不是共和制，是執政制。」

「我很感謝貴國的熱誠幫助，但是別的都可說，唯有這個執政制卻不能接受。皇帝的稱謂是我的祖宗所留下的，我若是把它取消了，即是不忠不孝。」

「所謂執政，不過是過渡而已，」板垣表示十分同情，「宣統帝是大清帝國的第十二代皇帝陛下，這是很明白的事，將來在議會成立之後，我相信必定會通過恢復帝制的憲法，因此目前的執政，不過是過渡時期的方法而已。」

我聽到「議會」這兩字，像挨了一下火燙似的，連忙搖頭說：「議會沒有好的，再說大清皇帝當初也不是什麼議會封的！」

我們爭來爭去，總談不到一起。板垣態度平和，一點不著急，青白臉上浮著笑容，兩隻手搓來搓去；我不厭其煩地重複著那十二條不得不正統系的道理，翻來覆去地表示，不能放棄這個皇帝的身分。

我們談了三個多鐘頭，最後，板垣收拾起了他的皮包，表示不想再談下去了。他的聲調沒變，可是臉色更青更白了，笑容沒有了，一度回到他口頭上的宣統帝的稱呼又變成了閣下：「閣下再考慮考慮，明天再談。」他冷冷地說完，便告辭走了。

這天晚上，根據鄭氏父子和上角的意見，我在大和旅館裏專爲板垣舉行了一個宴會。照他們的話說，這是爲了聯絡感情。

我在宴會上的心情頗爲複雜。我所以敢於拒絕執政的名義，多少是受了胡嗣瑗、陳曾壽這些人的影響，即認爲日本人把東北弄成目前這種局面，非我出來就不能收拾，因此，只要我堅持一下，日本人就會讓步。

但是，在我拒絕了板垣之後，鄭孝胥就提醒我，無論如何不能和日本軍方傷感情，傷了感情一定沒有好處，張作霖的下場就是殷鑒。我一聽這話，又害怕起來。

我原來認爲，土匪出身的張作霖和我這「自與常人殊」的「龍種」按理不能並列，現在我看出了，在日本人心裏並不把我當做「龍種」看待，因此我不得不時時注意著板垣的那張青白臉。

那張臉竟是個沒有春夏秋冬的臉。他大口喝酒，對任何人的敬酒都表現十分豪爽，絕口不提白天的爭論，就好像根本不曾發生過什麼似的。

這天晚上猶如約定好了一樣，宴會上的人除了風花雪月，煙酒飲食，沒有人說別的。一直到晚上十點鐘結束宴會，我還沒看出板垣臉上的氣候。

可是用不著我再費多少時間去試探，第二天早晨，板垣把鄭孝胥、羅振玉、萬繩栻和鄭垂都叫到大和旅館，讓他們向我傳達了他的「氣候」：

「軍部的要求再不能有所更改。如果不接受，只能被看做是敵對態度，只有用對待敵人的手段做答覆。這是軍部最後的話！」

聽到了這個回答，我怔住了。我的腿一軟，跌坐在沙發上，半晌說不出話來。羅振玉垂頭喪氣，不發一言，萬繩栻驚慌不安地立在一旁，別人也都不言語。靜了一回，只聽見鄭孝胥說：「臣早說過，不可傷日本的感情……不過現在還來得及，臣已經在板垣面前極力擔承，說皇上必能乾綱獨斷。」

我沒有作聲。

「不入虎穴焉得虎子？」鄭垂走了過來，滿面春風地說，「識時務者為俊傑。咱君臣現在是在日本人掌心裏，不能吃眼前虧，與其跟他們決裂，不如索性將計就計，以通權達變之方，謀來日之宏舉。」

昨晚在宴會上鄭垂是最活躍的一個，他和板垣一再乾杯，宴會後又拉著板垣喝酒。今天他的通權達變、將計就計論說得如此娓娓動聽，我沒把它和昨晚的特殊舉動聯繫起來，只奇怪他和他老子去瀋陽之前，還說過非大清復辟不幹，怎麼變的這麼快呢？

鄭孝胥看我不作聲，又換上了激昂的聲調說：「日本人說得出做得出，眼前這個虧不能吃，何況日本人原是好意，讓皇上當元首，這和做皇帝是一樣。臣伺候皇上這些年，還不是為了今天？若是一定不肯，臣只有收拾舖蓋回家。」

聽了他這話，我發了慌。他兒子接著說：「現在答應了日本軍部，將來把實力培植起來，不愁沒有辦法按著咱的意思去辦。」

這時羅振玉垂頭喪氣地說：「事已如此，悔之不及，只有暫定以一年爲期，如逾期仍不實行帝制，到時即行退位，看以此爲條件，板垣還怎麼說。」

我再沒有辦法，歎一口氣，便叫鄭孝胥去和板垣說說看。

過了不多時，鄭孝胥頭頂閃著光回來了，說板垣已經同意，並且今晚要「爲未來的執政舉行一個小規模的宴會！」

我就是這樣，一方面是渾身沒有一根骨頭是硬的，一方面還幻想著未來的「復位登極」，公開走上了這條卑鄙無恥的道路，確定了頭號漢奸的身分，給血腥的統治者充當了遮羞布。

在這塊布底下，從一九三二年二月二十三日這天起，祖國的東北完全變成了殖民地，三千萬同胞開始了染滿血淚的苦難生活。同時，我也給本莊、板垣之流增添了信心，奠定了他們「發家」的基石。鄭孝胥日記裏這樣記下了本莊、板垣等人的命運關頭：

> 上乃決，覆命萬繩栻往召板垣。遂改「暫為維持」四字。板垣退而大悅。昨日本莊兩次電話來詢情形，板垣今日十一時當去。暫許之議，十時乃定。危險之機，間不容髮。蓋此議不成，則本莊、板垣皆當引咎辭職，而日本陸軍援立之策敗矣。

註釋：

❶這七條是：十八年間一貫為控制東南亞及太平洋的陰謀、對華實行侵略戰爭、對美實行侵略戰爭、對英實行侵略戰爭、對荷蘭實行侵略戰爭、對法實行侵略戰爭、製造張鼓峰事件、製造諾門坎事件。

❷著名的英國老特務。

❸《未來預知術》是香港出版的一本迷信書，偽稱是諸葛亮的著作，可是其中的封辭中有漢代以後的詩文典故。

【復刻版】末代皇帝自傳（上）

作者：愛新覺羅・溥儀
發行人：陳曉林
出版所：風雲時代出版股份有限公司
地址：10576台北市民生東路五段178號7樓之3
電話：(02) 2756-0949
傳真：(02) 2765-3799
執行主編：劉宇青
美術設計：吳宗潔
業務總監：張瑋鳳

初版日期：2024年4月 新版一刷
ISBN：978-626-7369-34-0

風雲書網：http://www.eastbooks.com.tw
官方部落格：http://eastbooks.pixnet.net/blog
Facebook：http://www.facebook.com/h7560949
E-mail：h7560949@ms15.hinet.net
劃撥帳號：12043291
戶名：風雲時代出版股份有限公司

風雲發行所：33373桃園市龜山區公西村2鄰復興街304巷96號
電話：(03) 318-1378
傳真：(03) 318-1378
法律顧問：永然法律事務所 李永然律師
　　　　　北辰著作權事務所 蕭雄淋律師

行政院新聞局局版台業字第3595號 營利事業統一編號22759935

定價：320元

國家圖書館出版品預行編目資料

末代皇帝自傳(復刻版) / 愛新覺羅.溥儀著. -- 臺北市：
風雲時代出版股份有限公司, 2024.01　冊；　公分

ISBN 978-626-7369-34-0 (上冊：平裝). --
1.CST: (清)溥儀 2.CST: 傳記

627.99　　　　112019702